FREUD-STUDIENAUSGABE

BAND VIII

Herausgegeben von

Alexander Mitscherlich · Angela Richards · James Strachey †

Mitherausgeber des Ergänzungsbandes

Ilse Grubrich-Simitis

Band VIII: Analyse der Phobie eines fünfjährigen Knaben [»Der kleine
Hans«], (1909) · Aus der Geschichte einer infantilen Neurose
[»Der Wolfsmann«], (1918 [1914])

SIGMUND FREUD

Studienausgabe

BAND VIII

Zwei Kinderneurosen

S. FISCHER VERLAG

Die Freud-Studienausgabe erschien ursprünglich (1969–1979)
im Rahmen der S. Fischer-Reihe
Conditio humana
Ergebnisse aus den Wissenschaften vom Menschen

Siebte, korrigierte Auflage
31. bis 33. Tausend
Für sämtliche Freud-Texte:
© S. Fischer Verlag GmbH, Frankfurt am Main, 1969
Für das aus der *Standard Edition of the Complete Psychological Works of
Sigmund Freud* entnommene Material:
© The Institute of Psycho-Analysis, London, und Angela Richards, Eynsham, 1969
Für zusätzliches editorisches Material:
© Angela Richards, Eynsham, 1969
Alle Rechte, auch die des Abdrucks im Auszug
und der photomechanischen Wiedergabe, vorbehalten.
Satz: Buchdruckerei Eugen Göbel, Tübingen
Druck: Gutmann + Co., Heilbronn
Bindearbeiten: G. Lachenmaier, Reutlingen
Printed in Germany 1980
ISBN 3 10 822708 4

INHALT

ZU DIESEM BAND

Eine genauere Darstellung der Gliederung und der Ziele der vorliegenden Ausgabe sowie der editorischen Methode findet sich in den Erläuterungen zur Edition, die dem Band I vorangestellt sind. Diese Gesichtspunkte sollen daher hier nur noch einmal kurz zusammengefaßt werden; zugleich möchten wir dem Leser mit einigen Erklärungen einen Wegweiser zum vorliegenden Band geben.

Ziel dieser nach Themen gegliederten Ausgabe ist es, vor allem den Studenten aus den an die Psychoanalyse angrenzenden Wissensgebieten – Soziologie, Politische Wissenschaften, Sozialpsychologie, Pädagogik usw. –, aber auch interessierten Laien die Hauptwerke Sigmund Freuds in preiswerter Ausstattung mit einem detaillierten neuen Anmerkungsapparat systematischer und in größerem Umfang zugänglich zu machen, als dies in den Taschenbuchausgaben einiger Einzelwerke möglich ist.

Zunächst bestand die Absicht, die Schriften zur Behandlungstechnik und zur Theorie der Therapie nicht in die Edition aufzunehmen. Auf vielfachen Wunsch wird dieser Teil von Freuds Werk in einem nichtnumerierten Ergänzungsband nachgereicht.

Die Veröffentlichung der *Studienausgabe* erfolgt nach dem Tode von James Strachey, des Seniors des Herausgebergremiums, der jedoch bis zu seinem Tode im April 1967 an den Vorbereitungen, vor allem am Inhaltsplan und an den Richtlinien für die Kommentierung, mitgearbeitet hat.

Die für diese Ausgabe benutzten Texte sind im allgemeinen die der letzten deutschen Ausgaben, die noch zu Freuds Lebzeiten veröffentlicht wurden, in den meisten Fällen also die der zuerst in London erschienenen *Gesammelten Werke* (die ihrerseits großenteils Photokopien der noch in Wien publizierten *Gesammelten Schriften* sind). Wo dies nicht zutrifft, wird die genaue Quelle in der das betreffende Werk einführenden ›Editorischen Vorbemerkung‹ genannt. Ein paar Seitenhinweise Freuds auf frühere, heute kaum noch erreichbare Ausgaben sind von den Herausgebern weggelassen worden, statt dessen wurden deskriptive Fußnoten hinzugefügt, welche es dem Leser ermöglichen, die entsprechenden Stellen in heute greifbaren Editionen aufzufinden; dies betrifft vor allem die *Traumdeutung*. Um unnötige Wiederholungen zu vermeiden, sind auch ausführliche bibliographische Angaben Freuds über eigene Werke sowie über Schriften anderer Autoren, die in den älteren Editionen im Text enthalten sind, in der Regel in die Bibliographie am Schluß der Bände der *Studienausgabe* verwiesen worden. Außer diesen unwesentlichen Änderungen und dem einheitlichen Gebrauch der Abkürzung »S.« für Seitenverweise (auch dort, wo Freud, wie vor allem in den frühen Arbeiten, »p.« schrieb) sowie schließlich einigen wenigen Modernisierungen der Orthographie, Interpunktion und Typographie wird jede Änderung, die am Quellentext vorgenommen wurde, in einer Fußnote erklärt.

Das in die *Studienausgabe* aufgenommene editorische Material entstammt der *Standard Edition of the Complete Psychological Works of Sigmund Freud,* der englischen Ausgabe also, die unter der Leitung James Stracheys hergestellt wurde; es wird hier mit Erlaubnis des Institute of Psycho-Analysis (London) und des Verlages Hogarth Press (London) in der Übersetzung wiedergegeben. Wo es das Ziel der vorliegenden Ausgabe erforderte, wurde dieses Material gekürzt und adaptiert; zugleich wurden einige wenige Korrekturen vorgenommen und ergänzende Anmerkungen hinzugefügt. Abgesehen von den ›Editorischen Vorbemerkungen‹, stehen sämtliche von den Herausgebern stammenden Zusätze in eckigen Klammern.

Die Herausgeber sind Ilse Grubrich-Simitis vom S. Fischer Verlag zu großem Dank verbunden. Ohne ihre Initiative wäre diese Studienausgabe nicht begonnen worden; in allen Stadien der Vorbereitung hat sie unschätzbare Hilfen und kenntnisreiche Anregungen gegeben. Großer Dank gebührt auch Käte Hügel für die Übertragung des editorischen Materials ins Deutsche sowie Ingeborg Meyer-Palmedo für ihre sorgfältige Hilfe beim Korrekturlesen und beim Bearbeiten des Registers.

Die in diesem Band verwendeten speziellen Abkürzungen sind in der Liste der Abkürzungen auf S. 240 erklärt. Im Text oder in den Fußnoten sind gelegentlich Werke von Freud erwähnt, die nicht in die *Studienausgabe* aufgenommen wurden. Die Bibliographie am Ende jedes Bandes (in welcher die Daten aller erwähnten technischen Arbeiten Freuds und anderer Autoren enthalten sind) informiert den Leser darüber, ob die betreffende Arbeit in die *Studienausgabe* aufgenommen wurde oder nicht. Auf S. 255 ff. findet sich außerdem ein Gesamtinhaltsverzeichnis der *Studienausgabe*.

Die Herausgeber

Analyse der Phobie
eines fünfjährigen Knaben

[»Der kleine Hans«]

(1909)

EDITORISCHE VORBEMERKUNG

Deutsche Ausgaben:

1909 *Jb. psychoanalyt. psychopath. Forsch.*, Bd. 1 (1), 1–109.
1913 *S. K. S. N.*, Bd. 3, 1–122 (1921, 2. Auflage).
1924 *G. S.*, Bd. 8, 129–263.
1932 *Vier Krankengeschichten*, 142–281.
1941 *G. W.*, Bd. 7, 243–377.

›Nachschrift zur Analyse des kleinen Hans‹:

1922 *Int. Z. Psychoanal.*, Bd. 8 (3), 321.
1924 *G. S.*, Bd. 8, 264–265.
1932 *Vier Krankengeschichten*, 282–283.
1940 *G. W.*, Bd. 13, 431–432.

Einige Aufzeichnungen über die frühe Lebensgeschichte des kleinen Hans hatte Freud schon zwei Jahre zuvor in seinem ›Offenen Brief an Dr. M. Fürst: Zur sexuellen Aufklärung der Kinder‹ (1907 c) veröffentlicht. In den ersten Ausgaben jenes Artikels wurde der Knabe noch »der kleine Herbert« genannt; nach der Veröffentlichung der vorliegenden Arbeit wurde er jedoch in »der kleine Hans« umgetauft. Dieselbe Krankengeschichte wird kurz in einer weiteren frühen Arbeit Freuds, deren Ausgangsbasis sie eigentlich bildet, erwähnt, nämlich in der Arbeit ›Über infantile Sexualtheorien‹ (1908 c); dort finden sich schon viele der wichtigsten, in der vorliegenden Krankengeschichte erörterten Theorien. Zu erwähnen ist ferner, daß die Krankengeschichte des kleinen Hans bei der Erstveröffentlichung im *Jahrbuch* nicht als »von« Freud, sondern »mitgeteilt von« Freud bezeichnet wurde. Für den achten Band der *Gesammelten Schriften* (1924), der diese und vier weitere lange Krankengeschichten enthält, fügte Freud in einer Fußnote hinzu, daß der Fallbericht »mit ausdrücklicher Zustimmung« des Vaters des kleinen Hans veröffentlicht werde.

Später benutzte Freud die Krankengeschichte des kleinen Hans als Grundlage für seine Betrachtung über das Wesen der Angst in den Kapiteln IV und VII der Arbeit *Hemmung, Symptom und Angst* (1926 d). Auch im Zusammenhang von Totemismus und Tierphobien wird sie in *Totem und Tabu* (1912–1913), Aufsatz IV, Abschnitt 3, erwähnt. Weiteres über Angst und Phobien bei Kindern findet sich in der 25. der *Vorlesungen zur Einführung in die Psychoanalyse* (1916–1917) und in Kapitel VIII von *Hemmung, Symptom und Angst* sowie schließlich auch in der Krankengeschichte des »Wolfsmannes«, im vorliegenden Band, S. 129 ff.

Die folgende Zeittafel mit einigen dem Fallbericht entnommenen Daten soll dem Leser helfen, den Verlauf der Krankheit des kleinen Hans zu verfolgen:

1903 (April) Geburt des kleinen Hans.

1906 (Lebensalter 3–3³/₄ J.) Erste Berichte.

    (3¹/₄–3¹/₂ J.) (Sommer) Erster Aufenthalt in Gmunden.

    (3¹/₂ J.) Kastrationsdrohung.

    (3¹/₂ J.) (Oktober) Geburt von Hanna.

1907 (3³/₄ J.) Erster Traum.

    (4 J.) Umzug in eine neue Wohnung.

    (4¹/₄–4¹/₂ J.) (Sommer) Zweiter Aufenthalt in Gmunden, Episode mit dem beißenden Pferd.

1908 (4³/₄ J.) (Januar) Episode mit dem umfallenden Pferd. Ausbruch der Phobie.

    (5 J.) (Mai) Ende der Analyse.

I

EINLEITUNG

Die auf den folgenden Blättern darzustellende Kranken- und Heilungs-
geschichte eines sehr jugendlichen Patienten entstammt, streng genommen, nicht meiner Beobachtung. Ich habe zwar den Plan der Behandlung im ganzen geleitet und auch ein einziges Mal in einem Gespräche
mit dem Knaben persönlich eingegriffen; die Behandlung selbst hat aber
der Vater des Kleinen durchgeführt, dem ich für die Überlassung seiner
Notizen zum Zwecke der Veröffentlichung zu ernstem Danke ver-
pflichtet bin. Das Verdienst des Vaters reicht aber weiter; ich meine, es
wäre einer anderen Person überhaupt nicht gelungen, das Kind zu solchen Bekenntnissen zu bewegen; die Sachkenntnis, vermöge welcher der
Vater die Äußerungen seines 5jährigen Sohnes zu deuten verstand, hätte
sich nicht ersetzen lassen, die technischen Schwierigkeiten einer Psychoanalyse in so zartem Alter wären unüberwindbar geblieben. Nur die
Vereinigung der väterlichen und der ärztlichen Autorität in einer Person, das Zusammentreffen des zärtlichen Interesses mit dem wissenschaftlichen bei derselben, haben es in diesem einen Falle ermöglicht, von
der Methode eine Anwendung zu machen, zu welcher sie sonst ungeeig-
net gewesen wäre[1].

Der besondere Wert dieser Beobachtung ruht aber in Folgendem: Der
Arzt, der einen erwachsenen Nervösen psychoanalytisch behandelt, gelangt durch seine Arbeit des schichtweisen Aufdeckens psychischer Bildungen schließlich zu gewissen Annahmen über die infantile Sexualität,
in deren Komponenten er die Triebkräfte aller neurotischen Symptome
des späteren Lebens gefunden zu haben glaubt. Ich habe diese Annahmen in meinen 1905 veröffentlichen *Drei Abhandlungen zur Sexualtheorie* [1905 *d*] dargelegt; ich weiß, daß sie dem Fernerstehenden ebenso
befremdend erscheinen wie dem Psychoanalytiker unabweisbar. Aber
auch der Psychoanalytiker darf sich den Wunsch nach einem direkteren,

---

[1] [Spätere Erfahrungen zeigten Freud, daß eine solche Einschränkung nicht notwendig
war. (Vgl. die auf S. 122 in der Anmerkung angeführten Arbeiten.) Einige weitere
Bemerkungen über den Nutzen der Kinderanalyse für die Theorie finden sich am Anfang des Fallberichts über den »Wolfsmann«, S. 130 f. des vorliegenden Bandes.]

auf kürzerem Wege gewonnenen Beweise jener fundamentalen Sätze einzugestehen. Sollte es denn unmöglich sein, unmittelbar am Kinde in aller Lebensfrische jene sexuellen Regungen und Wunschbildungen zu erfahren, die wir beim Gealterten mit soviel Mühe aus ihren Verschüttungen ausgraben, von denen wir noch überdies behaupten, daß sie konstitutionelles Gemeingut aller Menschen sind und sich beim Neurotiker nur verstärkt oder verzerrt zeigen?

In solcher Absicht pflege ich meine Schüler und Freunde seit Jahren anzueifern, daß sie Beobachtungen über das zumeist geschickt übersehene oder absichtlich verleugnete Sexualleben der Kinder sammeln mögen. Unter dem Material, welches infolge dieser Aufforderung in meine Hände gelangte, nahmen die fortlaufenden Nachrichten über den kleinen Hans bald eine hervorragende Stelle ein. Seine Eltern, die beide zu meinen nächsten Anhängern gehörten, waren übereingekommen, ihr erstes Kind mit nicht mehr Zwang zu erziehen, als zur Erhaltung guter Sitte unbedingt erforderlich werden sollte, und da das Kind sich zu einem heiteren, gutartigen und aufgeweckten Buben entwickelte, nahm der Versuch, ihn ohne Einschüchterung aufwachsen und sich äußern zu lassen, seinen guten Fortgang. Ich gebe nun die Aufzeichnungen des Vaters über den kleinen Hans wieder, wie sie mir zugetragen wurden, und werde mich selbstverständlich jedes Versuches enthalten, Naivität und Aufrichtigkeit der Kinderstube durch konventionelle Entstellungen zu stören.

Die ersten Mitteilungen über Hans datieren aus der Zeit, da er noch nicht ganz drei Jahre alt war. Er äußerte damals durch verschiedene Reden und Fragen ein ganz besonders lebhaftes Interesse für den Teil seines Körpers, den er als »Wiwimacher« zu bezeichnen gewohnt war. So richtete er einmal an seine Mutter die Frage:

Hans: »Mama hast du auch einen Wiwimacher?«

Mama: »Selbstverständlich. Weshalb?«

Hans: »Ich hab' nur gedacht.«

Im gleichen Alter kommt er einmal in einen Stall und sieht, wie eine Kuh gemolken wird. »Schau, aus dem Wiwimacher kommt Milch.«

Schon diese ersten Beobachtungen machen die Erwartung rege, daß vieles, wenn nicht das meiste, was uns der kleine Hans zeigt, sich als typisch für die Sexualentwicklung des Kindes herausstellen wird. Ich habe einmal ausgeführt[1], daß man nicht zu sehr entsetzt zu sein braucht, wenn

---

[1] ›Bruchstück einer Hysterie-Analyse‹ (1905 e) [im letzten Drittel des Abschnitts I].

man bei einem weiblichen Wesen die Vorstellung vom Saugen am männlichen Gliede findet. Diese anstößige Regung habe eine sehr harmlose Abkunft, da sie sich vom Saugen an der Mutterbrust ableitet, wobei das Euter der Kuh – seiner Natur nach eine Mamma, seiner Gestalt und Lage nach ein Penis – eine passende Vermittlung übernimmt. Die Entdeckung des kleinen Hans bestätigt den letzten Teil meiner Aufstellung.

Sein Interesse für den Wiwimacher ist indes kein bloß theoretisches; wie zu vermuten stand, reizt es ihn auch zu Berührungen des Gliedes. Im Alter von 3½ Jahren wird er von der Mutter, die Hand am Penis, betroffen. Diese droht :»Wenn du das machst, lass' ich den Dr. A. kommen, der schneidet dir den Wiwimacher ab. Womit wirst du dann Wiwi machen?«

Hans: »Mit dem Popo.«

Er antwortet noch ohne Schuldbewußtsein, aber er erwirbt bei diesem Anlasse den »Kastrationskomplex«, den man in den Analysen der Neurotiker so oft erschließen muß, während sie sich sämtlich gegen die Anerkennung desselben heftig sträuben. Über die Bedeutung dieses Elements der Kindergeschichte wäre viel Wichtiges zu sagen. Der »Kastrationskomplex« hat im Mythus (und zwar nicht nur im griechischen) auffällige Spuren hinterlassen; ich habe seine Rolle in einer Stelle der *Traumdeutung* [1900 *a*] (S. 385 der zweiten Auflage, 7. Aufl. S. 456)[1] und noch anderwärts gestreift[2].

---

[1] [Auf einer der letzten Seiten des Buches. Der Terminus »Kastrationskomplex« wurde von Freud zum erstenmal in seiner Arbeit ›Über infantile Sexualtheorien‹ (1908 *c*), die er kurze Zeit vor der hier vorliegenden Krankengeschichte veröffentlichte, verwendet (s. Editorische Vorbemerkung, oben S. 11).]

[2] (Zusatz 1923:) Die Lehre vom Kastrationskomplex hat seither durch die Beiträge von Lou Andreas[-Salomé, 1916], A. Stärcke [1910], F. Alexander [1922] u. a. einen weiteren Ausbau erfahren. Man hat geltend gemacht, daß der Säugling schon das jedesmalige Zurückziehen der Mutterbrust als Kastration, d. h. als Verlust eines bedeutsamen, zu seinem Besitz gerechneten Körperteils empfinden mußte, daß er die regelmäßige Abgabe des Stuhlgangs nicht anders werten kann, ja daß der Geburtsakt als Trennung von der Mutter, mit der man bis dahin eins war, das Urbild jeder Kastration ist. Unter Anerkennung all dieser Wurzeln des Komplexes habe ich doch die Forderung aufgestellt, daß der Name Kastrationskomplex auf die Erregungen und Wirkungen zu beschränken sei, die mit dem Verlust des Penis verknüpft sind. Wer sich in den Analysen Erwachsener von der Unausbleiblichkeit des Kastrationskomplexes überzeugt hat, wird es natürlich schwierig finden, ihn auf eine zufällige und doch nicht so allgemein vorkommende Androhung zurückzuführen, und wird annehmen müssen, daß das Kind sich diese Gefahr auf die leisesten Andeutungen hin, an denen es ja niemals fehlt, konstruiert. [Vgl. Freuds Diskussion über »Urphantasien« in der 23. seiner *Vorlesungen zur Einführung in die Psychoanalyse* (1916–17) und in den Abschnitten V und VIII der Krankengeschichte des »Wolfsmannes«, im vorliegenden Band S. 167 ff., 208 ff.] Dies ist ja auch das Motiv, das den Anstoß gegeben hat, nach den

Etwa im gleichen Alter (3½ Jahre) ruft er in Schönbrunn vor dem Löwenkäfige freudig erregt aus: »Ich hab' den Wiwimacher vom Löwen gesehen.«

Die Tiere verdanken ein gutes Stück der Bedeutung, die sie im Mythus und im Märchen haben, der Offenheit, mit der sie dem kleinen, wißbegierigen Menschenkinde ihre Genitalien und ihre sexuellen Funktionen zeigen. Die sexuelle Neugierde unseres Hans leidet wohl keinen Zweifel, aber sie macht ihn auch zum Forscher, gestattet ihm richtige begriffliche Erkenntnisse.

Er sieht auf dem Bahnhofe, 3¾ Jahre alt, wie aus einer Lokomotive Wasser ausgelassen wird. »Schau, die Lokomotive macht Wiwi. Wo hat sie denn den Wiwimacher?«

Nach einer Weile setzt er nachdenklich hinzu: »Ein Hund und ein Pferd hat einen Wiwimacher; ein Tisch und ein Sessel nicht.« So hat er ein wesentliches Kennzeichen für die Unterscheidung des Lebenden vom Leblosen gewonnen.

Wißbegierde und sexuelle Neugierde scheinen untrennbar voneinander zu sein. Hans' Neugierde erstreckt sich ganz besonders auf die Eltern.

Hans, 3¾ Jahre: »Papa, hast du auch einen Wiwimacher?«

Vater: »Ja, natürlich.«

Hans: »Aber ich hab' ihn nie gesehen, wenn du dich ausgezogen hast.«

Ein andermal sieht er gespannt zu, wie sich die Mama vor dem Schlafengehen entkleidet. Diese fragt: »Was schaust du denn so?«

Hans: »Ich schau' nur, ob du auch einen Wiwimacher hast?«

Mama: »Natürlich. Hast du denn das nicht gewußt?«

Hans: »Nein, ich hab' gedacht, weil du so groß bist, hast du einen Wiwimacher wie ein Pferd.«

Wir wollen uns diese Erwartung des kleinen Hans merken; sie wird später zu Bedeutung kommen.

Das große Ereignis in Hansens Leben ist aber die Geburt seiner kleinen Schwester Hanna, als er genau 3½ Jahre alt war (April 1903 bis Oktober 1906). Sein Benehmen bei diesem Anlasse wurde vom Vater unmittelbar notiert:

> Früh um 5 Uhr, mit dem Beginne der Wehen, wird Hans' Bett ins Nebenzimmer gebracht; hier erwacht er um 7 Uhr und hört das

---

allgemein vorfindlichen tieferen Wurzeln des Komplexes zu suchen. Um so wertvoller wird es aber, daß im Falle des kleinen Hans die Kastrationsdrohung von den Eltern berichtet wird und zwar aus einer Zeit, da seine Phobie noch nicht in Frage kam. [Vgl. Freud 1924 *d*, sechsten Paragraphen.]

Stöhnen der Gebärenden, worauf er fragt: »Was hustet denn die Mama?« – Nach einer Pause: »Heut' kommt gewiß der Storch.«

Man hat ihm natürlich in den letzten Tagen oft gesagt, der Storch wird ein Mäderl oder Buberl bringen, und er verbindet das ungewohnte Stöhnen ganz richtig mit der Ankunft des Storches.

Später wird er in die Küche gebracht; im Vorzimmer sieht er die Tasche des Arztes und fragt: »Was ist das?«, worauf man ihm sagt: »Eine Tasche.« Er dann überzeugt: »Heut' kommt der Storch.« Nach der Entbindung kommt die Hebamme in die Küche und Hans hört, wie sie anordnet, man möge einen Tee kochen, worauf er sagt: »Aha, weil die Mammi hustet, bekommt sie einen Tee.« Er wird dann ins Zimmer gerufen, schaut aber nicht auf die Mama, sondern auf die Gefäße mit blutigem Wasser, die noch im Zimmer stehen, und bemerkt, auf die blutige Leibschüssel deutend, befremdet: »Aber aus meinem Wiwimacher kommt kein Blut.«

Alle seine Aussprüche zeigen, daß er das Ungewöhnliche der Situation mit der Ankunft des Storches in Zusammenhang bringt. Er macht zu allem, was er sieht, eine sehr mißtrauische, gespannte Miene, und *zweifellos hat sich das erste Mißtrauen gegen den Storch bei ihm festgesetzt.*

Hans ist auf den neuen Ankömmling sehr eifersüchtig und sagt, wenn irgendwer sie lobt, schön findet usw., sofort höhnisch: »Aber sie hat noch keine Zähne[1].« Als er sie nämlich zum erstenmal sah, war er sehr überrascht, daß sie nicht sprechen kann, und meinte, sie könne nicht sprechen, weil sie keine Zähne habe. Er wird in den ersten Tagen selbstverständlich sehr zurückgesetzt und erkrankt plötzlich an Angina. Im Fieber hört man ihn sagen: »Aber ich will kein Schwesterl haben!«

Nach etwa einem halben Jahre ist die Eifersucht überwunden, und er wird ein ebenso zärtlicher wie seiner Überlegenheit bewußter Bruder[2].

Ein wenig später sieht Hans zu, wie man seine einwöchentliche Schwester badet. Er bemerkt: »Aber ihr Wiwimacher ist noch klein«, und

---

[1] Wiederum ein typisches Verhalten. Ein anderer, nur um zwei Jahre älterer Bruder pflegte unter den gleichen Verhältnissen ärgerlich mit dem Ausrufe »zu k(l)ein, zu k(l)ein« abzuwehren.

[2] »Der Storch soll ihn wieder mitnehmen«, äußerte ein anderes, etwas älteres Kind zum Willkomm des Brüderchens. Vergleiche hiezu, was ich in der *Traumdeutung* über die Träume vom Tode teuerer Verwandter bemerkt habe (S. 173 ff., 8. Aufl. [1900 *a*, Kap. V, Abschnitt D (β)]).

setzt wie tröstend hinzu: »Wenn sie wachst, wird er schon größer werden [1].«

Im gleichen Alter, zu 3³/4 Jahren, liefert Hans die erste Erzählung eines Traumes. »Heute, wie ich geschlafen habe, habe ich geglaubt, ich bin in Gmunden [2] mit der Mariedl.«

Mariedl ist die 13jährige Tochter des Hausherrn, die oft mit ihm gespielt hat.

Wie nun der Vater den Traum der Mutter in seiner Gegenwart erzählt, bemerkt Hans richtigstellend: »Nicht mit der Mariedl, ganz allein mit der Mariedl.«

Hiezu ist zu bemerken:

Hans war im Sommer 1906 in Gmunden, wo er sich den Tag über mit den Hausherrnkindern herumtrieb. Als wir von Gmunden abreisten, glaubten wir, daß ihm der Abschied und die Übersiedlung in die Stadt schwerfallen würden. Dies war überraschenderweise nicht der Fall. Er freute sich offenbar über die Abwechslung und erzählte durch

---

[1] Das nämliche Urteil, in den identischen Worten ausgedrückt und von der gleichen Erwartung gefolgt, wurde mir von zwei anderen Knaben berichtet, als sie den Leib eines kleinen Schwesterchens zuerst neugierig beschauen konnten. Man könnte über diese frühzeitige Verderbnis des kindlichen Intellekts erschrecken. Warum konstatieren diese jugendlichen Forscher nicht, was sie wirklich sehen, nämlich daß kein Wiwimacher vorhanden ist? Für unseren kleinen Hans können wir allerdings die volle Aufklärung seiner fehlerhaften Wahrnehmung geben. Wir wissen, er hat sich durch sorgfältige Induktion den allgemeinen Satz erworben, daß jedes belebte Wesen im Gegensatze zum Unbelebten einen Wiwimacher besitzt; die Mutter hat ihn in dieser Überzeugung bestärkt, indem sie ihm bejahende Auskünfte über solche Personen gab, die sich einer eigenen Beobachtung entzogen. Er ist nun ganz und gar unfähig, seine Errungenschaft wegen der einen Beobachtung an der kleinen Schwester wieder aufzugeben. Er urteilt also, der Wiwimacher ist auch hier vorhanden, er ist nur noch sehr klein, aber er wird wachsen, bis er so groß geworden ist wie der eines Pferdes.
Wir wollen zur Ehrenrettung unseres kleinen Hans ein Weiteres tun. Er benimmt sich eigentlich nicht schlechter als ein Philosoph der Wundtschen Schule. Für einen solchen ist das Bewußtsein der nie fehlende Charakter des Seelischen, wie für Hans der Wiwimacher das unentbehrliche Kennzeichen alles Lebenden. Stößt der Philosoph nun auf seelische Vorgänge, die man erschließen muß, an denen aber wirklich nichts von Bewußtsein wahrzunehmen ist – man weiß nämlich nichts von ihnen und kann doch nicht umhin, sie zu erschließen – so sagt er nicht etwa, dies seien *un*bewußte seelische Vorgänge, sondern er heißt sie *dunkelbewußte*. Der Wiwimacher ist noch sehr klein! Und bei diesem Vergleiche ist der Vorteil noch auf Seiten unseres kleinen Hans. Denn, wie so häufig bei den Sexualforschungen der Kinder, ist auch hier hinter dem Irrtume ein Stück richtiger Erkenntnis verborgen. Das kleine Mädchen besitzt allerdings auch einen kleinen Wiwimacher, den wir Klitoris heißen, wenn er auch nicht wächst, sondern verkümmert bleibt. (Vgl. meine kleine Arbeit ›Über infantile Sexualtheorien‹ (1908 c) [und den Abschnitt über ›Die infantile Sexualforschung‹ in der zweiten der *Drei Abhandlungen zur Sexualtheorie* (1905 d)].)
[2] [Ferienort im Salzkammergut.]

mehrere Wochen sehr wenig von Gmunden. Erst nach Ablauf von Wochen stiegen öfter lebhaft gefärbte Erinnerungen an die in Gmunden verbrachte Zeit in ihm auf. Seit etwa 4 Wochen verarbeitet er diese Erinnerungen zu Phantasien. Er phantasiert, daß er mit den Kindern Berta, Olga und Fritzl spielt, spricht mit ihnen, als ob sie gegenwärtig wären, und ist imstande, sich stundenlang so zu unterhalten. Jetzt, wo er eine Schwester bekommen hat und ihn offenbar das Problem des Kinderkriegens beschäftigt, nennt er Berta und Olga nur mehr »seine Kinder« und fügt einmal hinzu: »Auch meine Kinder, Berta und Olga, hat der Storch gebracht.« Der Traum, jetzt nach 6monatlicher Abwesenheit von Gmunden, ist offenbar als Ausdruck seiner Sehnsucht, nach Gmunden zu fahren, zu verstehen.

So weit der Vater; ich bemerke vorgreifend, daß Hans mit der letzten Äußerung über seine Kinder, die der Storch gebracht haben soll, einem in ihm steckenden Zweifel laut widerspricht.

Der Vater hat zum Glück mancherlei notiert, was später zu ungeahntem Werte kommen sollte. [Vgl. S. 37 ff.]

Ich zeichne Hans, der in letzter Zeit öfter in Schönbrunn war, eine Giraffe. Er sagt mir: »Zeichne doch auch den Wiwimacher.« Ich darauf: »Zeichne du ihn selbst dazu.« Hierauf fügt er an das Bild der Giraffe folgenden Strich (die Zeichnung liegt bei) [1], den er zuerst kurz zieht und dem er dann ein Stück hinzufügt, indem er bemerkt: »Der Wiwimacher ist länger.«

Wiwimacher

Fig. 1

Ich gehe mit Hans an einem Pferde vorbei, das uriniert. Er sagt: »Das Pferd hat den Wiwimacher unten so wie ich.«

Er sieht zu, wie man seine 3monatliche Schwester badet, und sagt bedauernd: »Sie hat einen ganz, ganz kleinen Wiwimacher.«

Er erhält eine Puppe zum Spielen, die er auskleidet. Er schaut sie sorgfältig an und sagt: »Die hat aber einen ganz kleinen Wiwimacher.«

---

[1] [Auf allen späteren Wiedergaben dieser Abbildung ist eine unerklärte horizontale Linie zu sehen. Bei der Nachprüfung der Erstveröffentlichung im *Jahrbuch* fand sich am Ende dieser horizontalen Linie das Wort »Wiwimacher«. Linie und Wort waren also, vermutlich ursprünglich von Hansens Vater, zur Erklärung hinzugefügt. Dieses erklärende Wort ist hier wieder eingesetzt worden.]

Wir wissen bereits, daß es ihm mit dieser Formel möglich gemacht ist, seine Entdeckung [der Unterscheidung des Lebenden vom Leblosen] (vgl. S. 16 [und 18, Anm. 1]) aufrechtzuhalten.

Jeder Forscher ist in Gefahr, gelegentlich dem Irrtume zu verfallen. Ein Trost bleibt es, wenn er, wie unser Hans im nächsten Beispiele, nicht allein irrt, sondern sich zur Entschuldigung auf den Sprachgebrauch berufen kann. Er sieht nämlich in seinem Bilderbuche einen Affen und zeigt auf dessen aufwärts geringelten Schwanz: »Schau, Vatti, der Wiwimacher.«

In seinem Interesse für den Wiwimacher hat er sich ein ganz besonderes Spiel ausgedacht.

Im Vorzimmer ist der Abort und eine dunkle Holzkammer. Seit einiger Zeit geht Hans in die Holzkammer und sagt: »Ich geh' in mein Klosett.« Einmal schaue ich hinein, um zu sehen, was er in der dunklen Kammer macht. Er exhibiert und sagt: »Ich mache Wiwi.« Das heißt also: er »spielt« Klosett. Der Spielcharakter erhellt nicht nur daraus, daß er das Wiwimachen bloß fingiert und nicht etwa wirklich ausführt, sondern auch daraus, daß er nicht ins Klosett geht, was eigentlich viel einfacher wäre, vielmehr die Holzkammer vorzieht, die er »sein Klosett« heißt.

Wir würden Hans unrecht tun, wenn wir nur die autoerotischen Züge seines Sexuallebens verfolgten. Sein Vater hat uns ausführliche Beobachtungen über seine Liebesbeziehungen zu anderen Kindern mitzuteilen, aus denen sich eine »Objektwahl« wie beim Erwachsenen ergibt. Freilich auch eine ganz bemerkenswerte Beweglichkeit und polygamische Veranlagung.

Im Winter (3³/₄ Jahre) nehme ich Hans auf den Eislaufplatz mit und mache ihn mit den beiden etwa 10 Jahre alten Töchterchen meines Kollegen N. bekannt. Hans setzt sich neben sie, die im Gefühle ihres reifen Alters ziemlich verächtlich auf den Knirps herabblicken, und schaut sie verehrungsvoll an, was ihnen keinen großen Eindruck macht. Hans spricht trotzdem von ihnen nur als »meine Mäderln«. »Wo sind denn meine Mäderln? Wann kommen denn meine Mäderln?« und quält mich zu Hause einige Wochen lang mit der Frage: »Wann geh' ich wieder auf den Eisplatz zu meinen Mäderln?«

Ein 5jähriger Cousin von Hans ist bei dem nun 4jährigen zu Besuch. Hans umarmt ihn fortwährend und sagt einmal bei einer solchen zärtlichen Umarmung: »Ich hab' dich aber lieb.«

Es ist dies der erste, aber nicht der letzte Zug von Homosexualität, dem wir bei Hans begegnen werden. Unser kleiner Hans scheint wirklich ein Ausbund aller Schlechtigkeiten zu sein!

Wir sind in eine neue Wohnung eingezogen. (Hans ist 4 Jahre alt.) Von der Küche führt die Tür auf einen Klopfbalkon, von wo aus man in eine vis-à-vis gelegene Hofwohnung sieht. Hier hat Hans ein etwa 7–8jähriges Mäderl entdeckt. Er setzt sich nun, um sie zu bewundern, auf die Stufe, die zum Klopfbalkon führt, und bleibt dort stundenlang sitzen. Speziell um 4 Uhr p. m., wenn das Mäderl aus der Schule kommt, ist er nicht im Zimmer zu halten und läßt sich nicht abbringen, seinen Beobachtungsposten zu beziehen. Einmal, als das Mäderl sich nicht zur gewohnten Stunde beim Fenster zeigt, wird Hans ganz unruhig und belästigt die Hausleute mit Fragen: »Wann kommt das Mäderl? Wo ist das Mäderl?« usw. Wenn sie dann erscheint, ist er ganz selig und wendet den Blick von der Wohnung gegenüber nicht mehr ab. Die Heftigkeit, mit der diese »Liebe per Distanz«[1] auftrat, findet ihre Erklärung darin, daß Hans keinen Kameraden und keine Gespielin hat. Zur normalen Entwicklung des Kindes gehört offenbar reichlicher Verkehr mit anderen Kindern.

Dieser wird dann Hans zuteil, als wir kurz darauf (4½ Jahre[2]) zum Sommeraufenthalte nach Gmunden übersiedeln. In unserem Hause sind seine Spielgefährten die Kinder des Hausherrn: Franzl (etwa 12 Jahre), Fritzl (8 Jahre), Olga (7 Jahre), Berta (5 Jahre) und überdies die Nachbarkinder: Anna (10 Jahre) und noch zwei Mäderl im Alter von 9 und 7 Jahren, deren Namen ich nicht mehr weiß. Sein Liebling ist Fritzl, den er oft umarmt und seiner Liebe versichert. Er wird einmal gefragt: »Welches von den Mäderln hast du denn am liebsten?« Er antwortet: »Den Fritzl.« Gleichzeitig ist er gegen die Mädchen sehr aggressiv, männlich, erobernd, umarmt sie und küßt sie ab, was sich namentlich Berta ganz gerne gefallen läßt. Als Berta eines Abends aus dem Zimmer kommt, umhalst er sie und sagt im zärtlichsten Tone: »Berta, du bist aber lieb«, was ihn übrigens nicht hindert, auch die anderen zu küssen und seiner Liebe zu versichern. Auch die etwa 14 Jahre alte Mariedl, ebenfalls eine Tochter des Hausherrn, die mit ihm spielt, hat er gerne und sagt eines Abends, als er zu Bette gebracht wird: »Die Mariedl soll bei mir schlafen.« Auf die Antwort: »Das geht nicht«, sagt er: »So soll sie bei der Mammi oder

---

[1] W. Busch: Und die Liebe per Distanz,
   Kurzgesagt, mißfällt mir ganz.
[2] [Irrtümlich für 4¼.]

dem Vatti schlafen.« Man erwidert ihm: »Auch das geht nicht, die Mariedl muß bei ihren Eltern schlafen«, und nun entwickelt sich folgender Dialog:

Hans: »So geh' ich halt hinunter zur Mariedl schlafen.«

Mama: »Du willst wirklich von der Mammi weggehen, um unten zu schlafen?«

Hans: »No, früh komm' ich doch wieder herauf zum Kaffeetrinken und Aufdieseitegehen.«

Mama: »Wenn du wirklich von Vatti und Mammi gehen willst, so nimm dir deinen Rock und deine Hose und – adieu!«

Hans nimmt wirklich seine Kleider und geht zur Treppe, um zur Mariedl schlafen zu gehen, wird natürlich zurückgeholt.

(Hinter dem Wunsche: »Die Mariedl soll bei uns schlafen«, steckt natürlich [1] der andere: Die Mariedl, mit der er so gerne beisammen ist, soll in unsere Hausgemeinschaft aufgenommen werden. Zweifellos sind aber dadurch, daß Vater und Mutter Hans, wenn auch nicht allzu häufig, in ihr Bett nahmen, bei diesem Beieinanderliegen erotische Gefühle in ihm erweckt worden, und der Wunsch, bei der Mariedl zu schlafen, hat auch seinen erotischen Sinn. Bei Vater oder Mutter im Bette liegen, ist für Hans wie für alle Kinder eine Quelle erotischer Regungen.)

Unser kleiner Hans hat sich bei der Herausforderung der Mutter benommen wie ein rechter Mann, trotz seiner homosexuellen Anwandlungen.

Auch in dem folgenden Falle sagte Hans zur Mammi: »Du, ich möcht einmal so gerne mit dem Mäderl schlafen.« Dieser Fall gibt uns reichlich Gelegenheit zur Unterhaltung, denn Hans benimmt sich hier wirklich wie ein Großer, der verliebt ist. In das Gasthaus, wo wir zu Mittag essen, kommt seit einigen Tagen ein etwa 8jähriges hübsches Mädchen, in das sich Hans natürlich sofort verliebt. Er dreht sich auf seinem Sessel fortwährend um, um nach ihr zu schielen, stellt sich, nachdem er gegessen hat, in ihrer Nähe auf, um mit ihr zu kokettieren, wird aber feuerrot, wenn man ihn dabei beobachtet. Wird sein Blick von dem Mäderl erwidert, so schaut er sofort verschämt auf die ent-

---

[1] [Das Wort »natürlich« ist (vielleicht versehentlich) in allen der Erstausgabe folgenden Editionen fortgelassen worden. – In den Ausgaben vor 1924 war dieser ganze Absatz in eckige Klammern gesetzt. James und Alix Strachey, die diese Arbeit ins Englische übersetzten, schlossen 1923 daraus, sowie aus der Tatsache, daß von Hansens Eltern in der dritten Person gesprochen wird, daß es sich um einen Kommentar von Freud handelte. Sie fragten Freud danach; er erklärte jedoch ausdrücklich, daß der Absatz von Hansens Vater stamme. Ab 1924 sind dann die eckigen Klammern durch runde ersetzt.]

gegengesetzte Seite. Sein Benehmen ist natürlich ein großes Gaudium für alle Gasthausgäste. Jeden Tag, wenn er ins Gasthaus geführt wird, fragt er: »Glaubst du, wird das Mäderl heute dort sein?« Wenn sie endlich kommt, wird er ganz rot wie ein Erwachsener im gleichen Falle. Einmal kommt er glückselig zu mir und flüstert mir ins Ohr: »Du, ich weiß schon, wo das Mäderl wohnt. Dort und dort habe ich gesehen, wie sie die Stiege hinaufgegangen ist.« Während er sich gegen die Mäderl im Hause aggressiv benimmt, ist er hier ein platonisch schmachtender Verehrer. Dies hängt vielleicht damit zusammen, daß die Mäderl im Hause Dorfkinder sind, diese aber eine kultivierte Dame. Daß er einmal sagt, er möchte mit ihr schlafen, ist schon erwähnt worden.

Da ich Hans nicht in der bisherigen seelischen Spannung lassen will, in die ihn seine Liebe zu dem Mäderl versetzt hat, habe ich seine Bekanntschaft mit ihr vermittelt und das Mäderl eingeladen, nachmittags zu ihm in den Garten zu kommen, wenn er seinen Nachmittagsschlaf absolviert hat. Hans ist durch die Erwartung, daß das Mäderl zu ihm kommen wird, so aufgeregt, daß er zum erstenmal am Nachmittage nicht schläft, sondern sich unruhig im Bette hin und her wälzt. Die Mama fragt ihn: »Warum schläfst du nicht? Denkst du vielleicht an das Mäderl?«, worauf er beglückt »ja« sagt. Er hat auch, als er aus dem Gasthofe nach Hause kam, allen Leuten im Hause erzählt: »Du, heute kommt mein Mäderl zu mir«, und die 14jährige Mariedl berichtet, daß er sie fortwährend gefragt hat: »Du, glaubst du, daß sie mit mir lieb sein wird? Glaubst du, daß sie mir einen Kuß geben wird, wenn ich sie küß?« u. dgl.

Nachmittags regnete es aber, und so unterblieb der Besuch, worauf sich Hans mit Berta und Olga tröstete.

Weitere Beobachtungen noch aus der Zeit des Sommeraufenthaltes lassen vermuten, daß sich bei dem Kleinen allerlei Neues vorbereitet.

Hans, 4¼ Jahre. Heute früh wird Hans von seiner Mama wie täglich gebadet und nach dem Bade abgetrocknet und eingepudert. Wie die Mama bei seinem Penis, und zwar vorsichtig, um ihn nicht zu berühren, pudert, sagt Hans: »Warum gibst du denn nicht den Finger hin?«

Mama: »Weil das eine Schweinerei ist.«

Hans: »Was ist das? Eine Schweinerei? Warum denn?«

Mama: »Weil es unanständig ist.«

Hans (lachend): »Aber lustig!«[1]

---

[1] Einen ähnlichen Verführungsversuch berichtete mir eine selbst neurotische Mutter,

Ein etwa gleichzeitiger Traum unseres Hans kontrastiert recht auffällig mit der Dreistigkeit, die er gegen die Mutter gezeigt hat. Es ist der erste durch Entstellung unkenntliche Traum des Kindes. Dem Scharfsinne des Vaters ist es aber gelungen, ihm die Lösung abzugewinnen.

Hans, 4¼ Jahre. *Traum.* Heute früh kommt Hans auf und erzählt: »Du, heute nachts habe ich gedacht: *Einer sagt: Wer will zu mir kommen? Dann sagt jemand: Ich. Dann muß er ihn Wiwi machen lassen.«*

Weitere Fragen stellten klar, daß diesem Traume alles Visuelle fehlt, daß er dem reinen *type auditif* angehört. Hans spielt seit einigen Tagen mit den Kindern des Hausherrn, darunter seine Freundinnen Olga (7 Jahre) und Berta (5 Jahre)[1], Gesellschaftsspiele, auch Pfänderauslösen. (A.: Wem gehört das Pfand in meiner Hand? B.: Mir. Dann wird bestimmt, was B. zu tun hat.) Diesem Pfänderspiele ist der Traum nachgebildet, nur wünscht Hans, daß derjenige, der das Pfand gezogen hat, nicht zu den usuellen Küssen oder Ohrfeigen verurteilt werde, sondern zum Wiwimachen, oder genauer: jemand muß ihn Wiwi machen lassen[2].

Ich lasse mir den Traum noch einmal erzählen; er erzählt ihn mit denselben Worten, nur setzt er anstatt: »dann sagt jemand« – »dann sagt sie«. Diese »sie« ist offenbar Berta oder Olga, mit denen er gespielt hat. Der Traum lautet also übersetzt: Ich spiele mit den Mäderln Pfänderauslösen. Ich frage: Wer will zu mir kommen? Sie (Berta oder Olga) antwortet: Ich. Dann muß sie mich Wiwi machen lassen. (Beim Urinieren behilflich sein, was Hans offenbar angenehm ist.)

Es ist klar, daß das Wiwimachenlassen, wobei dem Kinde die Hose geöffnet und der Penis herausgenommen wird, für Hans lustbetont ist. Auf Spaziergängen ist es ja zumeist der Vater, der dem Kinde diese Hilfe leistet, was Anlaß zur Fixierung homosexueller Neigung auf den Vater gibt.

---

die an die infantile Masturbation nicht glauben wollte, von ihrem 3½ Jahre alten Töchterchen. Sie hatte der Kleinen Unterhöschen anfertigen lassen und probierte nun, ob sie nicht im Schritt zu eng seien, indem sie mit ihrer Hand an der Innenfläche des Oberschenkels nach aufwärts strich. Die Kleine schloß plötzlich die Beine über die Hand zusammen und bat: »Mama, laß die Hand doch da. Das tut so gut.«

[1] [In den Ausgaben vor 1924 ist das Alter der beiden Mädchen irrtümlicherweise vertauscht angegeben. Vgl. S. 21.]

[2] [Man wird jedoch gleich sehen, daß es dem Sinne nach heißen muß: »oder genauer, er muß jemanden Wiwi machen lassen«.]

Zwei Tage vorher hat er, wie berichtet, die Mama beim Waschen und Einpudern der Genitalgegend gefragt: »Warum gibst du nicht den Finger hin?« Gestern, als ich Hans auf die Seite gehen ließ, sagte er mir zum erstenmal, ich solle ihn hinters Haus führen, damit niemand zuschauen könne, und fügte hinzu: »Voriges Jahr, wie ich Wiwi gemacht habe, haben mir die Berta und die Olga zugesehen.« Ich meine, das heißt, voriges Jahr war ihm dieses Zuschauen der Mädchen angenehm, jetzt aber nicht mehr. Die Exhibitionslust unterliegt jetzt der Verdrängung. Daß der Wunsch, Berta und Olga mögen ihm beim Wiwimachen zuschauen (oder ihn Wiwi machen lassen), jetzt im Leben verdrängt wird, ist die Erklärung für dessen Auftreten im Traume, in dem er sich die hübsche Einkleidung durch das Pfänderspiel geschaffen hat. – Ich beobachtete seither wiederholt, daß er beim Wiwimachen nicht gesehen werden will.

Ich bemerke hiezu nur, daß auch dieser Traum sich der Regel fügt, die ich in der *Traumdeutung* (S. 283 f., 7. Aufl.[1]) gegeben habe: Reden, die im Traume vorkommen, stammen von gehörten oder selbst gehaltenen Reden der nächstvorigen Tage ab.

Aus der Zeit bald nach der Rückkehr nach Wien hat der Vater noch eine Beobachtung fixiert:

Hans (4½ Jahre) sieht wieder zu, wie seine kleine Schwester gebadet wird, und fängt an zu lachen. Man fragt ihn: »Warum lachst du?« Hans: »Ich lache über den Wiwimacher der Hanna.« –
»Warum?« – »Weil der Wiwimacher so schön ist.«

Die Antwort ist natürlich eine falsche. Der Wiwimacher kam ihm eben komisch vor. Es ist übrigens das erstemal, daß er den Unterschied zwischen männlichem und weiblichem Genitale in solcher Weise anerkennt, anstatt ihn zu verleugnen.

---

[1] [1900 *a*, Kap. VI (F).]

KRANKENGESCHICHTE UND ANALYSE

Geehrter Herr Professor! Ich sende Ihnen wieder ein Stückchen Hans, diesmal leider Beiträge zu einer Krankengeschichte. Wie sie daraus lesen, hat sich bei ihm in den letzten Tagen eine nervöse Störung entwickelt, die mich und meine Frau sehr beunruhigt, weil wir kein Mittel zu ihrer Beseitigung finden konnten. Ich erbitte mir die Erlaubnis, Sie morgen ... zu besuchen, habe Ihnen aber ... das verfügbare Material schriftlich aufgezeichnet.

Sexuelle Übererregung durch Zärtlichkeit der Mutter hat wohl den Grund gelegt, aber den Erreger der Störung weiß ich nicht anzugeben. Die Furcht, *daß ihn auf der Gasse ein Pferd beißen werde*, scheint irgendwie damit zusammenzuhängen, daß er durch einen großen Penis geschreckt ist – den großen Penis des Pferdes hat er, wie Sie aus einer früheren Aufzeichnung wissen, schon zeitig bemerkt, und er hat damals den Schluß gezogen, daß die Mama, weil sie so groß ist, einen Wiwimacher haben müsse wie ein Pferd. [Vgl. S. 16.]

Brauchbares weiß ich damit nicht anzufangen. Hat er irgendwo einen Exhibitionisten gesehen? Oder knüpft das Ganze nur an die Mutter an? Es ist uns nicht angenehm, daß er schon jetzt anfängt, Rätsel aufzugeben. Abgesehen von der Furcht, auf die Gasse zu gehen, und der abendlichen Verstimmung ist er übrigens ganz der Alte, lustig, heiter.

Wir wollen uns weder die begreiflichen Sorgen noch die ersten Erklärungsversuche des Vaters zu eigen machen, sondern uns zunächst das mitgeteilte Material beschauen. Es ist gar nicht unsere Aufgabe, einen Krankheitsfall gleich zu »verstehen«, dies kann erst später gelingen, wenn wir uns genug Eindrücke von ihm geholt haben. Vorläufig lassen wir unser Urteil in Schwebe und nehmen alles zu Beobachtende mit gleicher Aufmerksamkeit hin.

Die ersten Mitteilungen aber, die aus den ersten Jännertagen dieses Jahres, 1908, stammen, lauten:

Hans (4³/₄ Jahre) kommt morgens weinend auf und sagt der Mama auf die Frage, warum er weine: »Wie ich geschlafen hab', hab' ich gedacht, du bist fort und ich hab' keine Mammi zum Schmeicheln« (= liebkosen).

Also ein Angsttraum.

Etwas Ähnliches habe ich schon im Sommer in Gmunden bemerkt. Er wurde abends im Bette meist sehr weich gestimmt und machte einmal die Bemerkung (ungefähr): wenn ich aber keine Mammi hab', wenn du fortgehst, oder ähnlich; ich habe den Wortlaut nicht in Erinnerung. Wenn er in einer solchen elegischen Stimmung war, wurde er leider immer von der Mama ins Bett genommen.

Etwa am 5. Jänner kam er früh zur Mama ins Bett und sagte bei diesem Anlasse: »Weißt du, was Tante M. gesagt hat: ›Er hat aber ein liebes Pischl[1].‹« (Tante M. hatte vor 4 Wochen bei uns gewohnt; sie sah einmal zu, wie meine Frau den Knaben badete, und sagte Obiges tatsächlich leise zu meiner Frau. Hans hat es gehört und suchte es zu verwerten.)

Am 7. Jänner geht er mit dem Kindermädchen wie gewöhnlich in den Stadtpark, fängt auf der Straße an zu weinen und verlangt, daß man mit ihm nach Hause gehe, er wolle mit der Mammi »schmeicheln«. Zu Hause befragt, weshalb er nicht weiter gehen wollte und geweint hat, will er es nicht sagen. Bis zum Abend ist er heiter wie gewöhnlich; abends bekommt er sichtlich Angst, weint und ist von der Mama nicht fortzubringen; er will wieder schmeicheln. Dann wird er wieder heiter und schläft gut.

Am 8. Jänner will die Frau selbst mit ihm spazierengehen, um zu sehen, was mit ihm los ist, und zwar nach Schönbrunn, wohin er sehr gerne geht. Er fängt wieder an zu weinen, will nicht weggehen, fürchtet sich. Schließlich geht er doch, hat aber auf der Straße sichtlich Angst. Auf der Rückfahrt von Schönbrunn sagt er nach vielem Sträuben zur Mutter: *Ich hab' mich gefürchtet, daß mich ein Pferd beißen wird.* (Tatsächlich wurde er in Schönbrunn unruhig, als er ein Pferd sah.) Abends soll er wieder einen ähnlichen Anfall bekommen haben wie tags vorher, mit Verlangen zu schmeicheln. Man beruhigt ihn. Er sagt weinend: »Ich weiß, ich werde morgen wieder spazierengehen müssen«, und später: »Das Pferd wird ins Zimmer kommen.«

Am selben Tage fragt ihn die Mama: »Gibst du vielleicht die Hand zum Wiwimacher?« Darauf sagt er: »Ja jeden Abend, wenn ich im Bett bin.« Am nächsten Tage, 9. Jänner, wird er vor dem Nachmittagsschlaf gewarnt, die Hand zum Wiwimacher zu geben. Nach dem

---

[1] Pischl = Genitale. Liebkosungen der Kindergenitalien in Worten oder auch Tätlichkeiten von seiten zärtlicher Verwandter, mitunter auch der Eltern selbst, gehören zu den gewöhnlichsten Vorkommnissen, von denen die Psychoanalysen voll sind.

Aufwachen befragt, sagt er, er hat sie doch für kurze Zeit hingegeben.

Dies wäre also der Anfang der Angst wie der Phobie. Wir merken ja, daß wir guten Grund haben, die beiden voneinander zu sondern. Das Material erscheint uns übrigens zur Orientierung vollkommen ausreichend, und kein anderer Zeitpunkt ist dem Verständnisse so günstig wie ein solches, leider meist vernachlässigtes oder verschwiegenes Anfangsstadium. Die Störung setzt mit ängstlich-zärtlichen Gedanken und dann mit einem Angsttraum ein. Inhalt des letzteren: Die Mutter zu verlieren, so daß er mit ihr nicht schmeicheln kann. Die Zärtlichkeit für die Mutter muß sich also enorm gesteigert haben. Dies das Grundphänomen des Zustandes. Erinnern wir uns noch zur Bestätigung der beiden Verführungsversuche, die er gegen die Mutter unternimmt, von denen der erste noch in den Sommer fällt [S. 23], der zweite, knapp vor dem Ausbruche der Straßenangst, einfach eine Empfehlung seines Genitales enthält. Diese gesteigerte Zärtlichkeit für die Mutter ist es, die in Angst umschlägt, die, wie wir sagen, der Verdrängung unterliegt. Wir wissen noch nicht, woher der Anstoß zur Verdrängung stammt; vielleicht erfolgt sie bloß aus der für das Kind nicht zu bewältigenden Intensität der Regung, vielleicht wirken andere Mächte, die wir noch nicht erkennen, dabei mit. Wir werden es weiterhin erfahren. Diese, verdrängter erotischer Sehnsucht entsprechende, Angst ist zunächst wie jede Kinderangst objektlos, noch Angst und nicht Furcht. Das Kind kann nicht [anfänglich] wissen, wovor es sich fürchtet, und wenn Hans auf dem ersten Spaziergange mit dem Mädchen nicht sagen will, wovor er sich fürchtet, so weiß er es eben noch nicht. Er sagt, was er weiß, daß ihm die Mama auf der Straße fehlt, mit der er schmeicheln kann, und daß er nicht von der Mama weg will. Er verrät da in aller Aufrichtigkeit den ersten Sinn seiner Abneigung gegen die Straße.

Auch seine, an zwei Abenden hintereinander vor dem Schlafengehen wiederholten, ängstlichen und noch deutlich zärtlich getönten Zustände beweisen, daß zu Beginn der Erkrankung eine Phobie vor der Straße oder dem Spaziergange oder gar vor den Pferden noch gar nicht vorhanden ist. Der abendliche Zustand würde dann unerklärlich; wer denkt vor dem Zubettgehen an Straße und Spaziergang? Hingegen ist es vollkommen durchsichtig, daß er abends so ängstlich wird, wenn ihn vor dem Zubettgehen die Libido, deren Objekt die Mutter ist, und deren Ziel etwa sein könnte, bei der Mutter zu schlafen, verstärkt überfällt. Er hat doch die Erfahrung gemacht, daß die Mutter sich durch solche Stimmungen *in Gmunden* bewegen ließ, ihn in ihr Bett zu nehmen, und er möchte dasselbe hier in Wien erreichen. Nebenbei vergessen wir nicht daran, daß er in Gmunden zeitweise mit der Mutter allein war, da der Vater nicht die ganzen Ferien dort verbringen konnte; ferner daß sich dort seine Zärtlichkeit auf eine Reihe von Gespielen, Freunde, Freundinnen, verteilt hatte, die ihm hier abgingen, so daß die Libido wieder ungeteilt zur Mutter zurückkehren konnte.

Die Angst entspricht also verdrängter Sehnsucht, aber sie ist nicht dasselbe wie die Sehnsucht; die Verdrängung steht auch für etwas. Die Sehnsucht läßt sich voll in Befriedigung verwandeln, wenn man ihr das ersehnte Objekt zuführt; bei der Angst nützt diese Therapie nichts mehr, sie bleibt, auch wenn die Sehnsucht befriedigt sein könnte, sie ist nicht mehr voll in Libido zurückzuverwandeln; die Libido wird durch irgend etwas in der Verdrängung zurückgehalten[1]. Dies zeigt sich bei Hans auf dem nächsten Spaziergange, den die Mutter mit ihm macht. Er ist jetzt mit der Mutter und hat doch Angst, d. h. ungestillte Sehnsucht nach ihr. Freilich, die Angst ist geringer, er läßt sich ja doch zum Spaziergange bewegen, während er das Dienstmädchen zum Umkehren gezwungen hat; auch ist die Straße nicht der richtige Ort fürs »Schmeicheln«, oder was der kleine Verliebte sonst möchte. Aber die Angst hat die Probe bestanden und muß jetzt ein Objekt finden. Auf diesem Spaziergange äußert er zunächst die Furcht, daß ihn ein Pferd beißen werde. Woher das Material dieser Phobie stammt? Wahrscheinlich aus jenen noch unbekannten Komplexen, die zur Verdrängung beigetragen haben und die Libido zur Mutter im verdrängten Zustand erhalten. Das ist noch ein Rätsel des Falles, dessen weitere Entwicklung wir nun verfolgen müssen, um die Lösung zu finden. Gewisse Anhaltspunkte, die wahrscheinlich verläßlich sind, hat uns der Vater schon gegeben, daß er die Pferde wegen ihrer großen Wiwimacher immer mit Interesse beobachtet, daß er angenommen, die Mama müsse einen Wiwimacher haben wie ein Pferd u. dgl. So könnte man meinen, das Pferd sei nur ein Ersatz für die Mama. Aber was soll es heißen, daß Hans am Abend die Furcht äußert, das Pferd werde ins Zimmer kommen? Eine dumme Angstidee eines kleinen Kindes, wird man sagen. Aber die Neurose sagt nichts Dummes, so wenig wie der Traum. Wir schimpfen immer dann, wenn wir nichts verstehen. Das heißt, sich die Aufgabe leicht machen.

---

[1] Ehrlich gesagt, wir heißen eben eine ängstlich-sehnsüchtige Empfindung von dem Momente an eine pathologische Angst, wenn sie nicht mehr durch die Zuführung des ersehnten Objektes aufzuheben ist.

Vor dieser Versuchung müssen wir uns noch in einem andern Punkte hüten. Hans hat gestanden, daß er sich jede Nacht vor dem Einschlafen zu Lustzwecken mit seinem Penis beschäftigt. Nun, wird der Praktiker gerne sagen, nun ist alles klar. Das Kind masturbiert, daher also die Angst. Gemach! Daß das Kind sich masturbatorisch Lustgefühle erzeugt, erklärt uns seine Angst keineswegs, macht sie vielmehr erst recht rätselhaft. Angstzustände werden nicht durch Masturbation, überhaupt nicht durch Befriedigung hervorgerufen. Nebenbei dürfen wir annehmen, daß unser Hans, der jetzt $4^3/4$ Jahre alt ist, sich dieses Vergnügen gewiß schon seit einem Jahre (vgl. S. 15) allabendlich gönnt, und werden erfahren [S. 31-2], daß er sich gerade jetzt im Abgewöhnungskampfe befindet, was zur Verdrängung und Angstbildung besser paßt.

Auch für die gute und gewiß sehr besorgte Mutter müssen wir Partei nehmen. Der Vater beschuldigt sie, nicht ohne einen Schein von Recht, daß sie durch übergroße Zärtlichkeit und allzu häufige Bereitwilligkeit, das Kind ins Bett zu nehmen, den Ausbruch der Neurose herbeigeführt; wir könnten ihr ebensowohl den Vorwurf machen, daß sie durch ihre energische Abweisung seiner Werbungen (»das ist eine Schweinerei« [S. 23]) den Eintritt der Verdrängung beschleunigt habe. Aber sie spielt eine Schicksalsrolle und hat einen schweren Stand.

Ich verabrede mit dem Vater, daß er dem Knaben sagen solle, das mit den Pferden sei eine Dummheit, weiter nichts. Die Wahrheit sei, daß er die Mama so gern habe und von ihr ins Bett genommen werden wolle. Weil ihn der Wiwimacher der Pferde so sehr interessiert habe, darum fürchte er sich jetzt vor den Pferden. Er habe gemerkt, es sei unrecht, sich mit dem Wiwimacher, auch mit dem eigenen, so intensiv zu beschäftigen, und das sei eine ganz richtige Einsicht. Ferner schlug ich dem Vater vor, den Weg der sexuellen Aufklärung zu betreten. Da wir nach der Vorgeschichte des Kleinen annehmen durften, seine Libido hafte am Wunsche, den Wiwimacher der Mama zu sehen, so solle er ihm dieses Ziel durch die Mitteilung entziehen, daß die Mama und alle anderen weiblichen Wesen, wie er ja von der Hanna wissen könne – einen Wiwimacher überhaupt nicht besitzen. Letztere Aufklärung sei bei passender Gelegenheit im Anschlusse an irgendeine Frage oder Äußerung von Hans zu erteilen.

Die nächsten Nachrichten über unsern Hans umfassen die Zeit vom 1. bis zum 17. März. Die monatlange Pause wird bald ihre Erklärung finden.

Der Aufklärung[1] folgt eine ruhigere Zeit, in der Hans ohne besondere Schwierigkeit zu bewegen ist, täglich in den Stadtpark spazierenzugehen. [Vgl. S. 87.] Seine Furcht vor Pferden verwandelt sich
mehr und mehr in den Zwang, auf Pferde hinzusehen. Er sagt: »Ich
muß auf die Pferde sehen und dann fürchte ich mich.«

Nach einer Influenza, die ihn für zwei Wochen ans Bett fesselt, verstärkt sich die Phobie wieder so sehr, daß er nicht zu bewegen ist,
auszugehen; höchstens geht er auf den Balkon. Sonntags fährt er jede
Woche mit mir nach Lainz[2], weil an diesem Tage wenig Wagen auf der
Straße zu sehen sind und er zur Bahnstation nur einen kurzen Weg
hat. In Lainz weigert er sich einmal, aus dem Garten heraus spazierenzugehen, weil ein Wagen vor dem Garten steht. Nach einer weiteren
Woche, die er zu Hause bleiben muß, weil ihm die Mandeln geschnit-
ten wurden, verstärkt sich die Phobie wieder sehr. Er geht zwar auf
den Balkon, aber nicht spazieren, d. h. er kehrt, wenn er zum Haustor kommt, rasch wieder um.

Sonntag, den 1. März entwickelt sich auf dem Wege zum Bahnhofe
folgendes Gespräch: Ich suche ihm wieder zu erklären, daß Pferde
nicht beißen. Er: »Aber weiße Pferde beißen; in Gmunden ist ein
weißes Pferd, das beißt. Wenn man die Finger hinhält, beißt es.« (Es
fällt mir auf, daß er sagt: die Finger anstatt: die Hand.) Er erzählt
dann folgende Geschichte, die ich hier zusammenhängend wiedergebe:
»Wie die Lizzi hat wegfahren müssen, ist ein Wagen mit einem weißen
Pferde vor ihrem Hause gestanden, das das Gepäck auf die Bahn
bringen sollte. (Lizzi ist, wie er mir erzählt, ein Mäderl, das in einem
Nachbarhause wohnte.) Ihr Vater ist nahe beim Pferde gestanden
und das Pferd hat den Kopf hingewendet (um ihn zu berühren), und
er hat zur Lizzi gesagt: *Gib nicht die Finger zum weißen Pferd, sonst
beißt es dich.*« Ich sage darauf: »Du, mir scheint, das ist kein Pferd,
was du meinst, sondern ein Wiwimacher, zu dem man nicht die Hand
geben soll.«

Er: »Aber ein Wiwimacher beißt doch nicht.«

Ich: »Vielleicht doch«, worauf er mir lebhaft beweisen will, daß es
wirklich ein weißes Pferd war[3].

Am 2. März sage ich ihm, wie er sich wieder fürchtet: »Weißt du was?

---

[1] Was seine Angst bedeute; noch nichts über den Wiwimacher der Frauen.
[2] Vorort von Wien [gleich hinter Schönbrunn], wo die Großeltern wohnen.
[3] Der Vater hat keinen Grund zu bezweifeln, daß Hans hier eine wirkliche Begebenheit erzählt hat. – Die Juckempfindungen an der Eichel, welche die Kinder zur Berührung veranlassen, werden übrigens in der Regel so beschrieben: Es *beißt* mich.

Die Dummheit« – so nennt er seine Phobie – »wird schwächer werden, wenn du öfter spazierengehst. Jetzt ist sie so stark, weil du
nicht aus dem Hause herausgekommen bist, weil du krank warst.«

Er: »O nein, sie ist so stark, weil ich immer wieder die Hand zum
Wiwimacher gebe jede Nacht.«

Arzt und Patient, Vater und Sohn, treffen sich also darin, der Onanie-
angewöhnung[1] die Hauptrolle in der Pathogenese des gegenwärtigen
Zustandes zuzuschieben. Es fehlt aber auch nicht an Anzeichen für die
Bedeutung anderer Momente.

Am 3. März ist bei uns ein neues Mädchen eingetreten, das sein besonderes Wohlgefallen erregt. Da sie ihn beim Zimmerreinigen auf-
sitzen läßt, nennt er sie nur »mein Pferd« und hält sie immer am
Rock, »Hüoh« rufend. Am 10. März etwa sagt er zu diesem Kindermädchen: »Wenn Sie das oder das tun, müssen Sie sich ganz ausziehen, auch das Hemd.« (Er meint, zur Strafe, aber es ist leicht, dahinter den Wunsch zu erkennen.)

Sie: »No, was ist da dran? So werd' ich mir denken, ich hab' kein
Geld auf Kleider.«

Er: »Aber das ist doch eine Schande, da sieht man doch den Wiwimacher.«

Die alte Neugierde, auf ein neues Objekt geworfen, und wie es den
Zeiten der Verdrängung zukommt, mit einer moralisierenden Tendenz
verdeckt!

Am 13. März früh sage ich zu Hans: »Weißt du, wenn du nicht mehr
die Hand zum Wiwimacher gibst, wird die Dummheit schon schwächer werden.«

Hans: »Aber ich geb' die Hand nicht mehr zum Wiwimacher.«

Ich: »Aber du möchtest sie immer gern geben.«

Hans: »Ja, das schon, aber ›möchten‹ ist nicht ›tun‹, und ›tun‹ ist nicht
›möchten‹.« (!!)

Ich: »Damit du aber nicht möchtest, bekommst du heute einen Sack
zum Schlafen.«

Darauf gehen wir vors Haus. Er fürchtet sich zwar, sagt aber, durch
die Aussicht auf die Erleichterung des Kampfes sichtlich gehoben: »No
morgen, wenn ich den Sack haben werde, wird die Dummheit weg
sein.« Er fürchtet sich tatsächlich vor Pferden *viel* weniger und läßt
Wagen ziemlich ruhig vorüberfahren.

---

[1] [In den vor 1924 veröffentlichten Ausgaben heißt es an dieser Stelle: »Onanie-
abgewöhnung«.]

Am nächsten Sonntag, 15. März, hatte Hans versprochen, mit mir nach Lainz zu fahren. Er sträubt sich erst, endlich geht er doch mit mir. Auf der Gasse fühlt er sich, da wenige Wagen fahren, sichtlich wohl und sagte: »Das ist gescheit, daß der liebe Gott das Pferd schon ausgelassen hat.« Auf dem Wege erkläre ich ihm, daß seine Schwester keinen Wiwimacher hat wie er. Mäderl und Frauen haben keinen Wiwimacher. Die Mammi hat keinen, die Anna nicht usw.

Hans: »Hast du einen Wiwimacher?«

Ich: »Natürlich, was hast du denn geglaubt?«

Hans: (Nach einer Pause) »Wie machen aber Mäderl Wiwi, wenn sie keinen Wiwimacher haben?«

Ich: »Sie haben keinen solchen Wiwimacher wie du. Hast du noch nicht gesehen, wenn die Hanna gebadet worden ist?«

Den ganzen Tag über ist er sehr lustig, fährt Schlitten usw. Erst gegen Abend wird er wieder verstimmt und scheint sich vor Pferden zu fürchten.

Abends ist der nervöse Anfall und das Bedürfnis nach Schmeicheln schwächer als an früheren Tagen. Am nächsten Tage wird er von der Mama in die Stadt mitgenommen, hat auf der Gasse große Furcht. Tags darauf bleibt er zu Hause und ist sehr lustig. Am nächsten Morgen kommt er gegen 6 Uhr ängstlich auf. Auf die Frage, was er habe, erzählt er: »Ich habe den Finger ganz wenig zum Wiwimacher gegeben. Da hab' ich die Mammi ganz nackt im Hemde gesehen und sie hat den Wiwimacher sehen lassen. Ich hab' der Grete[1], meiner Grete, gezeigt, was die Mama macht, und hab' ihr meinen Wiwimacher gezeigt. Dann hab' ich die Hand schnell vom Wiwimacher weggegeben.« Auf meinen Einwand, es kann nur heißen: im Hemd *oder* ganz nackt, sagt Hans: »Sie war im Hemd, aber das Hemd war so kurz, daß ich den Wiwimacher gesehen hab'.«

Das ganze ist kein Traum, sondern eine, übrigens einem Traume äquivalente Onanierphantasie. Was er die Mama tun läßt, dient offenbar zu seiner Rechtfertigung: »Wenn die Mammi den Wiwimacher zeigt, darf ich es auch.«

Wir können aus dieser Phantasie zweierlei ersehen, erstens, daß der Verweis der Mutter seinerzeit eine starke Wirkung auf ihn geübt hat[2],

---

[1] Grete ist eines der Gmundner Mäderl, von der Hans gerade jetzt phantasiert; er spricht und spielt mit ihr. [Anmerkung des Vaters.]

[2] [Das bezieht sich vermutlich auf ihre Drohung (S. 15). S. aber die nähere Darstellung der Szene auf S. 36.]

zweitens, daß die Aufklärung, Frauen hätten keinen Wiwimacher, von ihm zunächst nicht akzeptiert wird. Er bedauert es, daß es so sein soll, und hält in der Phantasie an ihm fest. Vielleicht hat er auch seine Gründe, dem Vater fürs erste den Glauben zu versagen.

Wochenbericht des Vaters:

Geehrter Herr Professor! Anbei folgt die Fortsetzung der Geschichte unseres Hans, ein ganz interessantes Stück. Vielleicht werde ich mir erlauben, Sie Montag in der Ordination aufzusuchen und womöglich Hans mitbringen – vorausgesetzt, daß er geht. Ich hab' ihn heute gefragt: »Willst du Montag mit mir zu dem Professor gehen, der dir die Dummheit wegnehmen kann?«

Er: »Nein.«

Ich: »Aber er hat ein sehr schönes Mäderl.« – Darauf hat er bereitwillig und freudig zugestimmt.

Sonntag, 22. März. Um das Sonntagsprogramm zu erweitern, schlage ich Hans vor, zuerst nach Schönbrunn zu fahren und erst mittags von dort nach Lainz. Er hat also nicht bloß den Weg von der Wohnung zur Stadtbahnstation Hauptzollamt zu Fuß zurückzulegen, sondern auch von der Station Hietzing nach Schönbrunn und von dort wieder zur Dampftramwaystation Hietzing, was er auch absolviert, indem er, wenn Pferde kommen, eiligst wegschaut, da ihm offenbar ängstlich zumute ist. Mit dem Wegschauen befolgt er einen Rat der Mama.

In Schönbrunn zeigt er Furcht vor Tieren, die er sonst furchtlos angesehen hat. So will er in das Haus, in dem sich die *Giraffe* befindet, absolut nicht hinein, will auch zum Elefanten nicht, der ihm sonst viel Spaß gemacht hat. Er fürchtet sich vor allen großen Tieren, während er sich bei den kleinen sehr unterhält. Unter den Vögeln fürchtet er diesmal auch den Pelikan, was er früher nie getan hat, offenbar auch wegen seiner Größe.

Ich sage ihm daraufhin: »Weißt du, warum du dich vor den großen Tieren fürchtest? Große Tiere haben einen großen Wiwimacher, und du fürchtest dich eigentlich vor dem großen Wiwimacher.«

Hans: »Aber ich habe noch nie von den großen Tieren den Wiwimacher gesehen.« [1]

Ich: »Aber vom Pferde doch, und das Pferd ist auch ein großes Tier.«

---

[1] Das ist falsch. Vergleiche seinen Ausruf beim Löwenkäfig, S. 16. Wahrscheinlich beginnendes Vergessen infolge der Verdrängung.

Hans: »Oh, vom Pferd oft. Einmal in Gmunden, wie der Wagen vor dem Hause gestanden ist, einmal vor dem Hauptzollamt.«

Ich: »Wie du klein warst, bist du wahrscheinlich in Gmunden in einen Stall gegangen ...«

Hans (unterbrechend): »Ja, jeden Tag, wenn in Gmunden die Pferde nach Haus gekommen sind, bin ich in den Stall gegangen.«

Ich: »– und hast dich wahrscheinlich gefürchtet, wie du einmal den großen Wiwimacher vom Pferde gesehen hast, aber davor brauchst du dich nicht zu fürchten. Große Tiere haben große Wiwimacher, kleine Tiere kleine Wiwimacher.«

Hans: »Und alle Menschen haben Wiwimacher, und der Wiwimacher wächst mit mir, wenn ich größer werde; er ist ja angewachsen.«

Damit schloß das Gespräch. In den folgenden Tagen scheint die Furcht wieder etwas größer; er traut sich kaum vors Haustor, wohin man ihn nach dem Essen führt.

Hansens letzte Trostrede wirft ein Licht auf die Situation und gestattet uns, die Behauptungen des Vaters ein wenig zu korrigieren. Es ist wahr, daß er bei den großen Tieren Angst hat, weil er an deren großen Wiwimacher denken muß, aber man kann eigentlich nicht sagen, daß er sich vor dem großen Wiwimacher selbst fürchtet. Die Vorstellung eines solchen war ihm früher entschieden lustbetont, und er versuchte mit allem Eifer, sich dessen Anblick zu verschaffen. Dies Vergnügen ist ihm seither verleidet worden durch die allgemeine Verkehrung von Lust in Unlust, die – auf noch nicht aufgeklärte Weise – seine ganze Sexualforschung betroffen hat, und was uns deutlicher ist, durch gewisse Erfahrungen und Erwägungen, die zu peinlichen Ergebnissen führten. Aus seiner Tröstung: Der Wiwimacher wächst mit mir, wenn ich größer werde, läßt sich schließen, daß er bei seinen Beobachtungen beständig verglichen hat und von der Größe seines eigenen Wiwimachers sehr unbefriedigt geblieben ist. An diesen Defekt erinnern ihn die großen Tiere, die ihm aus diesem Grunde unangenehm sind. Weil aber der ganze Gedankengang wahrscheinlich nicht klar bewußt werden kann, wandelt sich auch diese peinliche Empfindung in Angst, so daß seine gegenwärtige Angst sich auf der ehemaligen Lust wie auf der aktuellen Unlust aufbaut. Wenn einmal der Angstzustand hergestellt ist, so zehrt die Angst alle anderen Empfindungen auf; mit fortschreitender Verdrängung, je mehr die schon bewußt gewesenen affekttragenden Vorstellungen ins Unbewußte rücken, können sich alle Affekte in Angst verwandeln.

Die sonderbare Bemerkung Hansens: »er ist ja angewachsen«, läßt im

Zusammenhange der Tröstung vieles erraten, was er nicht aussprechen kann, auch in dieser Analyse nicht ausgesprochen hat. Ich ergänze da ein Stück nach meinen Erfahrungen aus den Analysen Erwachsener, aber ich hoffe, die Einschaltung wird nicht als eine gewaltsame und willkürliche beurteilt werden. »Er ist ja angewachsen«: wenn das zum Trutze und Troste gedacht ist, so läßt es an die alte Drohung der Mutter denken, sie werde ihm den Wiwimacher abschneiden lassen, wenn er fortfahre, sich mit ihm zu beschäftigen. [Vgl. S. 15.] Diese Drohung blieb damals, als er 3½ Jahre alt war, wirkungslos. Er antwortete ungerührt, dann werde er aber mit dem Popo Wiwi machen. Es wäre durchaus das typische Verhalten, wenn die Drohung mit der Kastration jetzt *nachträglich* zur Wirkung käme und er jetzt, 1¼ Jahre später, unter der Angst stünde, das teure Stück seines Ichs einzubüßen. Man kann solche nachträgliche Wirkungen von Geboten und Drohungen in der Kindheit bei anderen Erkrankungsfällen beobachten, wo das Intervall ebensoviel Dezennien und mehr umfaßt. Ja, ich kenne Fälle, in denen der *»nachträgliche Gehorsam«* der Verdrängung den wesentlichen Anteil an der Determinierung der Krankheitssymptome hat[1].

Die Aufklärung, die Hans vor kurzem erhalten hat, daß Frauen wirklich keinen Wiwimacher haben, kann nur erschütternd auf sein Selbstvertrauen und erweckend auf den Kastrationskomplex gewirkt haben. Darum sträubte er sich auch gegen sie, und darum blieb ein therapeutischer Erfolg dieser Mitteilung aus: Soll es also wirklich lebende Wesen geben, die keinen Wiwimacher besitzen? Dann wäre es ja nicht mehr so unglaublich, daß man ihm den Wiwimacher wegnehmen, ihn gleichsam zum Weibe machen könnte![2]

---

[1] [Eine soziologische Verwendung des Begriffs »nachträglicher Gehorsam« findet sich in Abschnitt 5 des letzten Aufsatzes von *Totem und Tabu* (1912–13).]

[2] Ich kann den Zusammenhang nicht so weit unterbrechen, um darzutun, wieviel Typisches an diesen unbewußten Gedankengängen ist, die ich hier dem kleinen Hans zumute. Der Kastrationskomplex ist die tiefste unbewußte Wurzel des Antisemitismus, denn schon in der Kinderstube hört der Knabe, daß dem Juden etwas am Penis – er meint, ein Stück des Penis – abgeschnitten werde, und dies gibt ihm das Recht, den Juden zu verachten. Auch die Überhebung über das Weib hat keine stärkere unbewußte Wurzel. Weininger, jener hochbegabte und sexuell gestörte junge Philosoph, der nach seinem merkwürdigen Buche *Geschlecht und Charakter* [1903] sein Leben durch Selbstmord beendigte, hat in einem vielbemerkten Kapitel den Juden und das Weib mit der gleichen Feindschaft bedacht und mit den nämlichen Schmähungen überhäuft. Weininger stand als Neurotiker völlig unter der Herrschaft infantiler Komplexe; die Beziehung zum Kastrationskomplex ist das dem Juden und dem Weibe dort Gemeinsame. [Eine ausführlichere Analyse des Antisemitismus hat Freud in einem seiner letzten Werke vorgenommen: *Der Mann Moses und die monotheistische Religion* (1939 a, Aufsatz III, Erster Teil, letzte Seiten des Abschnitts D).]

In der Nacht vom 27. zum 28. überrascht uns Hans dadurch, daß er mitten im Dunkel aus seinem Bette aufsteht und zu uns ins Bett kommt. Sein Zimmer ist durch ein Kabinett von unserem Schlafzimmer getrennt. Wir fragen ihn, weshalb; ob er sich vielleicht gefürchtet habe. Er sagt: »Nein, ich werde es morgen sagen«, schläft in unserem Bette ein und wird dann in seines zurückgetragen.

Am nächsten Tage nehme ich ihn ins Gebet, um zu erfahren, weshalb er in der Nacht zu uns gekommen ist, und es entwickelt sich nach einigem Sträuben folgender Dialog, den ich sofort stenographisch festlege:

Er: »*In der Nacht war eine große und eine zerwutzelte Giraffe im Zimmer, und die große hat geschrien, weil ich ihr die zerwutzelte weggenommen hab'. Dann hat sie aufgehört zu schreien, und dann hab' ich mich auf die zerwutzelte Giraffe draufgesetzt.*«

Ich, befremdet: »Was? Eine zerwutzelte Giraffe? Wie war das?«

Er: »Ja.« (Holt schnell ein Papier, wutzelt es zusammen und sagt mir:) »So war sie zerwutzelt.«

Ich: »Und du hast dich auf die zerwutzelte Giraffe draufgesetzt? Wie?«

Er zeigt mir's wieder, setzt sich auf die Erde.

Ich: »Weshalb bist du ins Zimmer gekommen?«

Er: »Das weiß ich selber nicht.«

Ich: »Hast du dich gefürchtet?«

Er: »Nein, bestimmt nicht.«

Ich: »Hast du von den Giraffen geträumt?«

Er: »Nein, nicht geträumt; ich hab' mir's gedacht – das Ganze hab' ich mir gedacht – aufgekommen war ich schon früher.«

Ich: »Was soll das heißen: eine zerwutzelte Giraffe? Du weißt ja, daß man eine Giraffe nicht zusammendrücken kann wie ein Stück Papier.«

Er: »Ich weiß' ja. Ich hab's halt geglaubt. Es gibt's ja eh net auf der Welt[1]. Die zerwutzelte ist ganz gelegen auf dem Fußboden, und ich hab' sie weggenommen, mit den Händen genommen.«

Ich: »Was, so eine große Giraffe kann man mit den Händen nehmen?«

Er: »Die zerwutzelte hab' ich mit der Hand genommen.«

Ich: »Wo war die große unterdessen?«

Er: »Die große ist halt weiter weg gestanden.«

---

[1] Hans sagt es ganz bestimmt in seiner Sprache, es war eine Phantasie.

Ich: »Was hast du mit der zerwutzelten gemacht?«

Er: »Ich hab' sie ein bißchen in der Hand gehalten, bis die große zu schreien aufgehört hat, und wie die große zum schreien aufgehört hat, hab' ich mich draufgesetzt.«

Ich: »Weshalb hat die große geschrien?«

Er: »Weil ich ihr die kleine weggenommen hab'.« (Bemerkt, daß ich alles notiere, und fragt: »Weshalb schreibst du das auf?«)

Ich: »Weil ich es einem Professor schicke, der dir die ›Dummheit‹ wegnehmen kann.«

Er: »Aha, da hast du's doch auch aufgeschrieben, daß sich die Mammi das Hemd ausgezogen hat, und gibst das auch dem Professor.«

Ich: »Ja, der wird aber nicht verstehen, wie du glaubst, daß man eine Giraffe zerwutzeln kann.«

Er: »Sag' ihm halt, ich weiß es selber nicht, und da wird er nicht fragen; wenn er aber fragt, was die verwutzelte Giraffe ist, kann er uns ja schreiben, und wir schreiben hin oder schreiben wir gleich, ich weiß es selber nicht.«

Ich: »Weshalb bist du aber in der Nacht gekommen?«

Er: »Das weiß ich nicht.«

Ich: »Sag' mir halt schnell, woran du jetzt denkst.«

Er (humoristisch): »An einen Himbeersaft.« ⎱ Seine

Ich: »Was noch?«   ⎰ Wünsche

Er: »Ein Gewehr zum Totschießen.« [1]

Ich: »Du hast es gewiß nicht geträumt?«

Er: »Sicher nicht; nein, ich weiß es ganz bestimmt.«

Er erzählt weiter: »Die Mammi hat mich so lange gebeten, ich soll ihr sagen, weshalb ich in der Nacht gekommen bin. Ich hab's aber nicht sagen wollen, weil ich mich zuerst vor der Mammi geschämt hab'.«

Ich: »Weshalb?«

Er: »Das weiß ich nicht.«

Tatsächlich hat ihn meine Frau den ganzen Vormittag inquiriert, bis er die Giraffengeschichte erzählt hat.

Am selben Tage noch findet der Vater die Auflösung der Giraffenphantasie.

Die große Giraffe bin ich, respektive der große Penis (der lange

---

[1] Der Vater versucht hier in seiner Ratlosigkeit, die klassische Technik der Psychoanalyse zu üben. Diese führt nicht weit, aber was sie ergibt, kann doch im Lichte späterer Eröffnungen sinnvoll werden. [Vgl. S. 87 und S. 97, Anm. 1.]

Hals), die zerwutzelte Giraffe meine Frau, respektive ihr Glied, was also der Erfolg der Aufklärung ist [S. 33].

Giraffe: vide Ausflug nach Schönbrunn. [Vgl. S. 19 und S. 34.] Übrigens hat er ein Bild einer Giraffe und eines Elefanten über seinem Bette hängen.

Das Ganze ist die Reproduktion einer Szene, die sich fast jeden Morgen in den letzten Tagen abgespielt hat. Hans kommt in der Früh immer zu uns, und meine Frau kann es dann nicht unterlassen, ihn für einige Minuten zu sich ins Bett zu nehmen. Daraufhin fange ich immer an, sie zu warnen, sie möge ihn nicht zu sich nehmen (»die große hat geschrien, weil ich ihr die zerwutzelte weggenommen hab'«), und sie erwidert hie und da, wohl gereizt, das sei doch ein Unsinn, die eine Minute sei doch irrelevant usw. Hans bleibt dann eine kurze Zeit bei ihr. (»Dann hat die große Giraffe aufgehört zu schreien und dann hab' ich mich auf die zerwutzelte Giraffe draufgesetzt.«)

Die Lösung dieser ins Giraffenleben transponierten Eheszene ist also: er hat in der Nacht Sehnsucht nach der Mama bekommen, nach ihren Liebkosungen, ihrem Gliede, und ist deshalb ins Schlafzimmer gekommen. Das Ganze ist die Fortsetzung der Pferdefurcht.

Ich weiß der scharfsinnigen Deutung des Vaters nur hinzuzufügen: »Das Draufsetzen« ist wahrscheinlich Hansens Darstellung des *Besitz*ergreifens. Das Ganze aber ist eine Trutzphantasie, die mit Befriedigung an den Sieg über den väterlichen Widerstand anknüpft. »Schrei, soviel du willst, die Mammi nimmt mich doch ins Bett und die Mammi gehört mir.« Es läßt sich also mit Recht hinter ihr erraten, was der Vater vermutet: die Angst, daß ihn die Mama nicht mag, weil sich sein Wiwimacher mit dem des Vaters nicht messen kann.

Am nächsten Morgen holt sich der Vater die Bestätigung seiner Deutung.

Sonntag, 29. März, fahre ich mit Hans nach Lainz. In der Tür verabschiede ich mich von meiner Frau scherzhaft: »Adieu, große Giraffe.« Hans fragt: »Warum Giraffe?« Darauf ich: »Die Mammi ist die große Giraffe«, worauf Hans sagt: »Nicht wahr, und die Hanna ist die zerwutzelte Giraffe?«

Auf der Bahn erkläre ich ihm die Giraffenphantasie, worauf er sagt: Ja, das ist richtig, und wie ich ihm sage, ich sei die große Giraffe, der lange Hals habe ihn an einen Wiwimacher erinnert, sagt er: »Die Mammi hat auch einen Hals wie eine Giraffe, das hab' ich gesehen, wie sie sich den weißen Hals gewaschen hat.« [1]

---

[1] Hans bestätigt nur die Deutung der beiden Giraffen auf Vater und Mutter, nicht die

Am Montag, 30. März, früh, kommt Hans zu mir und sagt: »Du, heut hab' ich mir zwei Sachen gedacht. Die erste? Ich bin mit dir in Schönbrunn gewesen bei den Schafen, und dann sind wir unter den Stricken durchgekrochen, und das haben wir dann dem Wachmanne beim Eingang des Gartens gesagt, und der hat uns zusammengepackt.« Das zweite hat er vergessen.

Ich bemerke dazu: Als wir am Sonntag zu den Schafen gehen wollten, war dieser Raum durch einen Strick abgesperrt, so daß wir nicht hingehen konnten. Hans war sehr verwundert, daß man einen Raum nur mit einem Stricke absperrt, unter dem man doch leicht durchschlüpfen kann. Ich sagte ihm, anständige Menschen kriechen nicht unter den Strick. Er meinte, es ist ja ganz leicht, worauf ich erwiderte, es kann dann ein Wachmann kommen, der einen fortführt. Am Eingange von Schönbrunn steht ein Leibgardist, von dem ich Hans einmal gesagt habe, der arretiert schlimme Kinder.

Nach der Rückkehr von dem Besuche bei Ihnen, der am selben Tage vorfiel, beichtete Hans noch ein Stückchen Gelüste, Verbotenes zu tun. »Du, heut früh hab' ich mir wieder etwas gedacht.« »Was?« »Ich bin mit dir in der Eisenbahn gefahren und wir haben ein Fenster zerschlagen und der Wachmann hat uns mitgenommen.«

Die richtige Fortsetzung der Giraffenphantasie. Er ahnt, daß es verboten ist, sich in den Besitz der Mutter zu setzen; er ist auf die Inzestschranke gestoßen[1]. Aber er hält es für verboten an sich. Bei den verbotenen Streichen, die er in der Phantasie ausführt, ist jedesmal der Vater dabei und wird mit ihm eingesperrt. Der Vater, meint er, tut doch auch jenes rätselhafte Verbotene mit der Mutter, das er sich durch etwas Gewalttätiges wie das Zerschlagen einer Fensterscheibe, durch das Eindringen in einen abgeschlossenen Raum, ersetzt.

An diesem Nachmittage besuchten mich Vater und Sohn in meiner ärztlichen Ordination. Ich kannte den drolligen Knirps schon und hatte ihn, der in seiner Selbstsicherheit doch so liebenswürdig war, jedesmal gern gesehen. Ob er sich meiner erinnerte, weiß ich nicht, aber er benahm sich tadellos, wie ein ganz vernünftiges Mitglied der menschlichen Gesellschaft. Die Konsultation war kurz. Der Vater knüpfte daran an, daß

---

sexuelle Symbolik, die in der Giraffe selbst eine Vertretung des Penis erblicken will. Wahrscheinlich hat diese Symbolik recht, aber von Hans kann man wahrlich nicht mehr verlangen.

[1] [S. den letzten Abschnitt der dritten von Freuds *Drei Abhandlungen zur Sexualtheorie* (1905 d).]

trotz aller Aufklärung die Angst vor den Pferden sich noch nicht gemindert habe. Wir mußten uns auch eingestehen, daß die Beziehungen zwischen den Pferden, vor denen er sich ängstigte, und den aufgedeckten Regungen von Zärtlichkeit für die Mutter wenig ausgiebig waren. Details, wie ich sie jetzt erfuhr, daß ihn besonders geniere, was die Pferde vor den Augen haben, und das Schwarze um deren Mund, ließen sich von dem aus, was wir wußten, gewiß nicht erklären. Aber als ich die beiden so vor mir sitzen sah und dabei die Schilderung seiner Angstpferde hörte, schoß mir ein weiteres Stück der Auflösung durch den Sinn, von dem ich verstand, daß es gerade dem Vater entgehen konnte. Ich fragte Hans scherzend, ob seine Pferde Augengläser tragen, was er verneinte, dann ob sein Vater Augengläser trage, was er gegen alle Evidenz wiederum verneinte, ob er mit dem Schwarzen um den »Mund« den Schnurrbart meine, und eröffnete ihm dann, er fürchte sich vor seinem Vater, eben weil er die Mutter so lieb habe. Er müsse ja glauben, daß ihm der Vater darob böse sei, aber das sei nicht wahr, der Vater habe ihn doch gern, er könne ihm furchtlos alles bekennen. Lange, ehe er auf der Welt war, hätte ich schon gewußt, daß ein kleiner Hans kommen werde, der seine Mutter so lieb hätte, daß er sich darum vor dem Vater fürchten müßte, und hätte es seinem Vater erzählt. »Warum glaubst du denn, daß ich böse auf dich bin«, unterbrach mich hier der Vater, »habe ich dich denn je geschimpft oder geschlagen?« »O ja, du hast mich geschlagen«, verbesserte Hans. »Das ist nicht wahr. Wann denn?« »Heute vormittag« mahnte der Kleine, und der Vater erinnerte sich, daß Hans ihn ganz unerwartet mit dem Kopfe in den Bauch gestoßen, worauf er ihm wie reflektorisch einen Schlag mit der Hand gegeben. Es war bemerkenswert, daß er dieses Detail nicht in den Zusammenhang der Neurose aufgenommen hatte; er verstand es aber jetzt als Ausdruck der feindseligen Disposition des Kleinen gegen ihn, vielleicht auch als Äußerung des Bedürfnisses, sich dafür eine Bestrafung zu holen[1].

Auf dem Heimgange fragte Hans den Vater: »Spricht denn der Professor mit dem lieben Gott, daß er das alles vorher wissen kann?« Ich wäre auf diese Anerkennung aus Kindermund außerordentlich stolz,

---

[1] Der Knabe wiederholte diese Reaktion gegen den Vater später in deutlicherer und vollständigerer Weise, indem er dem Vater zuerst einen Schlag auf die Hand gab und dann dieselbe Hand zärtlich küßte. – [Vgl. in diesem Zusammenhang den dritten Teil des Aufsatzes von Freuds ›Einige Charaktertypen aus der psychoanalytischen Arbeit‹ (1916 *d*).]

wenn ich sie nicht durch meine scherzhaften Prahlereien selbst provoziert hätte. Ich erhielt von dieser Konsultation an fast täglich Berichte über die Veränderungen im Befinden des kleinen Patienten. Es stand nicht zu erwarten, daß er durch meine Mitteilung mit einem Schlage angstfrei werden könnte, aber es zeigte sich, daß ihm nun die Möglichkeit gegeben war, seine unbewußten Produktionen vorzubringen und seine Phobie abzuwickeln. Er führte von da an ein Programm aus, das ich seinem Vater im vorhinein mitteilen konnte.

Am 2. April ist die *erste wesentliche Besserung* festzustellen. Während er bisher nie zu bewegen war, für längere Zeit vors Haustor zu gehen, und immer, wenn Pferde kamen, mit allen Zeichen des Schreckens zurück ins Haus rannte, bleibt er diesmal eine Stunde vor dem Haustore, auch wenn Wagen vorüberfahren, was bei uns ziemlich häufig vorkommt. Hie und da läuft er, wenn er von ferne einen Wagen kommen sieht, ins Haus, kehrt jedoch sofort um, als ob er sich anders besinnen würde. Es ist jedenfalls nur ein Rest von Angst vorhanden und der Fortschritt seit der Aufklärung nicht zu verkennen.

Abends sagt er: »Wenn wir schon vors Haustor gehen, werden wir auch in den Stadtpark gehen.«

Am 3. April kommt er früh zu mir ins Bett, während er die letzten Tage nicht mehr gekommen war und sogar stolz auf diese Enthaltung schien. Ich frage: »Weshalb bist du denn heute gekommen?«

Hans: »Bis ich mich nicht fürchten werde, werde ich nicht **mehr** kommen.«

Ich: »Du kommst also zu mir, weil du dich fürchtest?«

Hans: »Wenn ich nicht bei dir bin, fürchte ich mich; wenn ich nicht bei dir im Bette bin, da fürcht' ich mich. Bis ich mich nicht mehr fürchten werde, komme ich nicht mehr.«

Ich: »Du hast mich also gern und dir ist bange, wenn du früh in deinem Bette bist, deshalb kommst du zu mir?«

Hans: »Ja. Warum hast du mir gesagt, ich hab' die *Mammi* gern, und ich fürcht' mich deshalb, wenn ich *dich* gern hab'?«

Der Kleine zeigt hier eine wirklich überlegene Klarheit. Er gibt zu erkennen, daß in ihm die Liebe zum Vater mit der Feindseligkeit gegen den Vater infolge seiner Nebenbuhlerrolle bei der Mutter ringt, und macht dem Vater den Vorwurf, daß er ihn bisher auf dieses Kräftespiel, das in Angst auslaufen mußte, nicht aufmerksam gemacht hat. Der Vater versteht ihn noch nicht ganz, denn er holt sich erst während dieser Unterhaltung die Überzeugung von der Feindseligkeit des Kleinen gegen ihn, die ich bei unserer Konsultation behauptet hatte. Das Folgende, das ich doch unverändert mitteile, ist eigentlich bedeutsamer für die Aufklärung des Vaters als für den kleinen Patienten.

Diesen Einwand habe ich leider nicht sofort nach seiner Bedeutung aufgefaßt. Weil Hans die Mutter gerne hat, will er mich offenbar weghaben, dann ist er an Vaters Stelle. Dieser unterdrückte feindliche Wunsch wird zur Angst um den Vater, und er kommt früh zu mir, um zu sehen, ob ich fort bin. Ich habe das leider in diesem Momente noch nicht verstanden und sage ihm:

»Wenn du allein bist, ist dir halt bange nach mir und du kommst zu mir.«

Hans: »Wenn du weg bist, fürcht' ich mich, daß du nicht nach Hause kommst.«

Ich: »Hab' ich dir denn einmal gedroht, daß ich nicht nach Hause komme?«

Hans: »Du nicht, aber die Mammi. Die Mammi hat mir gesagt, daß sie nicht mehr kommt.« (Wahrscheinlich war er schlimm, und sie hat ihm mit dem Weggehen gedroht.)

Ich: »Das hat sie gesagt, weil du schlimm warst.«

Hans: »Ja.«

Ich: »Du fürchtest dich also, ich geh' weg, weil du schlimm warst, deshalb kommst du zu mir.«

Beim Frühstücke stehe ich vom Tische auf, worauf Hans sagt: Vatti, *renn* mir nicht davon! Daß er »renn« anstatt »lauf« sagt, fällt mir auf, und ich repliziere: »Oha, du fürchtest dich, das Pferd rennt dir davon.« Wozu er lacht.

Wir wissen, daß dieses Stück der Angst Hansens doppelt gefügt ist: Angst *vor* dem Vater und Angst *um* den Vater. Die erstere stammt von der Feindseligkeit gegen den Vater, die andere von dem Konflikte der Zärtlichkeit, die hier reaktionsweise übertrieben wird, mit der Feindseligkeit.

Der Vater setzt fort:

Das ist zweifellos der Anfang eines wichtigen Stückes. Daß er sich höchstens vors Haus traut, vom Hause aber nicht weggeht, daß er beim ersten Anfalle der Angst auf der Hälfte des Weges umkehrt, ist motiviert durch die Furcht, die Eltern nicht zu Hause zu treffen, weil sie weggegangen sind. Er klebt am Hause aus Liebe zur Mutter, er fürchtet sich, daß ich weggehe, aus feindlichen Wünschen gegen mich, dann wäre er der Vater.

Im Sommer bin ich wiederholt von Gmunden nach Wien weggefahren, weil es der Beruf erforderte, dann war er der Vater. Ich erinnere daran, daß die Pferdeangst an das Erlebnis in Gmunden anknüpft, als ein Pferd das Gepäck der Lizzi auf den Bahnhof bringen sollte [S. 31]. Der verdrängte Wunsch, ich solle auf den Bahnhof fahren, dann ist er mit der Mutter allein (»das Pferd soll wegfahren«), wird dann zur Angst vor dem Wegfahren der Pferde, und tatsächlich versetzt ihn nichts in größere Angst, als wenn aus dem unserer Wohnung gegenüberliegenden Hofe des Hauptzollamtes ein Wagen wegfährt, Pferde sich in Bewegung setzen.

Dieses neue Stück (feindselige Gesinnung gegen den Vater) konnte erst herauskommen, nachdem er weiß, daß ich nicht böse bin, weil er die Mama so gerne hat.

Nachmittags gehe ich wieder mit ihm vors Haustor; er geht wieder vors Haus und bleibt auch daselbst, wenn Wagen fahren, nur bei einzelnen Wagen hat er Angst und läuft in den Hausflur. Er erklärt mir auch: »Nicht alle weißen Pferde beißen«; d. h.: durch die Analyse sind bereits einige weiße Pferde als »Vatti« erkannt worden, die beißen nicht mehr, allein es bleiben noch andere zum Beißen.

Die Situation vor unserem Haustore ist folgende: Gegenüber ist das Lagerhaus des Verzehrungssteueramtes mit einer Verladungsrampe, wo den ganzen Tag über Wagen vorfahren, um Kisten u. dgl. abzuholen. Gegen die Straße sperrt ein Gitter diesen Hofraum. Vis-à-vis von unserer Wohnung ist das Einfahrtstor des Hofraumes (Fig. 2).

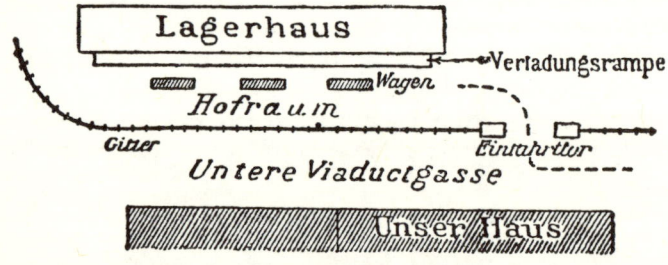

Fig. 2

Ich bemerke schon seit einigen Tagen, daß Hans sich besonders fürchtet, wenn Wagen aus dem Hofe heraus- oder hineinfahren, wobei sie eine Schwenkung machen müssen. Ich habe seinerzeit gefragt, warum er sich so fürchtet, worauf er sagt: »*Ich fürcht' mich, daß die Pferde umfallen, wenn der Wagen umwendet* (A).« Ebensosehr fürchtet er sich, wenn Wagen, die bei der Verladungsrampe stehen, sich plötzlich in Bewegung setzen, um fortzufahren (B). Er fürchtet sich ferner (C) vor großen Lastpferden mehr als vor kleinen Pferden, vor bäuerischen Pferden mehr als vor eleganten (wie z. B. Fiaker-)Pferden. Auch fürchtet er sich mehr, wenn ein Wagen schnell vorüberfährt (D), als wenn die Pferde langsam dahertrotten. Diese Differenzierungen sind natürlich erst in den letzten Tagen deutlich hervorgetreten.

Ich möchte sagen, infolge der Analyse hat nicht nur der Patient, sondern auch seine Phobie mehr Courage bekommen und wagt es, sich zu zeigen. [Vgl. S. 105.]

Am 5. April kommt Hans wieder ins Schlafzimmer und wird in sein Bett zurückgeschickt. Ich sage ihm: »Solange du früh ins Zimmer kommst, wird die Pferdeangst nicht besser werden.« Er trotzt aber und antwortet: »Ich werde doch kommen, auch wenn ich mich fürchte.« Er will sich also den Besuch bei der Mama nicht verbieten lassen.

Nach dem Frühstück sollen wir hinuntergehen. Hans freut sich sehr darauf und plant, anstatt wie gewöhnlich vor dem Haustore zu bleiben, über die Gasse in den Hofraum zu gehen, wo er oft genug Gassenbuben spielen sah. Ich sage ihm, es werde mich freuen, wenn er hinübergehen werde, und benütze die Gelegenheit, um zu fragen, weshalb er sich so fürchte, wenn die beladenen Wagen sich an der Verladungsrampe in Bewegung setzen (B).

Hans: »Ich fürcht' mich, wenn ich am Wagen steh' und der Wagen geschwind wegfährt, und ich steh' drauf und ich will dort auf das Brett gehen (die Verladungsrampe) und ich fahre mit dem Wagen weg.«

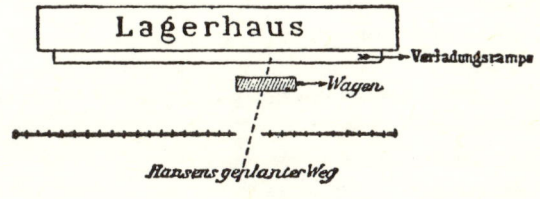

Fig. 3

Ich: »Und wenn der Wagen steht? Dann fürchtest du dich nicht? Weshalb nicht?«

Hans: »Wenn der Wagen steht, geh' ich geschwind auf den Wagen und geh' auf das Brett.« [Fig. 3.]

(Hans plant also, über einen Wagen auf die Verladungsrampe zu klettern und fürchtet sich, daß der Wagen davonfährt, wenn er auf dem Wagen oben ist.)

Ich: »Fürchtest du dich vielleicht, daß du nicht mehr nach Hause kommst, wenn du mit dem Wagen davonfährst?«

Hans: »O nein; ich kann ja immer noch zur Mama kommen, mit dem Wagen oder mit einem Fiaker. Ich kann ihm ja auch die Hausnummer sagen.«

Ich: »Also weshalb fürchtest du dich eigentlich?«

Hans: »Das weiß ich nicht, der Professor wird's aber wissen. Glaubst du, daß er es wissen wird?«

Ich: »Warum willst du eigentlich hinüber aufs Brett?«

Hans: »Weil ich noch nie drüben war, und da hab' ich so gern wollen dort sein, und weißt du, warum ich hab' wollen hingehen? Weil ich hab' wollen Gepäck aufladen und einladen und auf dem Gepäcke dort hab' ich wollen herumklettern. Da mag ich so gerne herumklettern. Weißt du, von wem ich das Herumklettern gelernt habe? Buben haben auf dem Gepäcke geklettert und das hab' ich auch gesehen und das will ich auch machen.«

Sein Wunsch ging nicht in Erfüllung, denn wenn Hans sich auch wieder vors Haustor getraute, die wenigen Schritte über die Gasse in den Hofraum wecken in ihm zu große Widerstände, weil im Hofe fortwährend Wagen fahren.

Der Professor weiß auch nur, daß dieses beabsichtigte Spiel Hansens mit den beladenen Wagen in eine symbolische, ersetzende Beziehung zu einem andern Wunsche geraten sein muß, von dem er noch nichts geäußert hat. Aber dieser Wunsch ließe sich, wenn es nicht zu kühn schiene, schon jetzt konstruieren.

Nachmittags gehen wir wieder vors Haustor, und zurückgekehrt frage ich Hans:

»Vor welchen Pferden fürchtest du dich eigentlich am meisten?«

Hans: »Vor allen.«

Ich: »Das ist nicht wahr.«

Hans: »Am meisten fürcht' ich mich vor den Pferden, die am Munde so etwas haben.«

Ich: »Was meinst du? Das Eisen, das sie im Munde haben?«

Hans: »Nein, sie haben etwas Schwarzes am Munde (deckt seinen Mund mit der Hand zu).«

Ich: »Was, vielleicht einen Schnurrbart?«

Hans (lacht): »O nein.«

Ich: »Haben das alle?«

Hans: »Nein, nur einige.«

Ich: »Was ist das, was sie am Munde haben?«

Hans: »So etwas Schwarzes.« – Ich glaube, es ist in der Realität das dicke Riemenzeug der Lastpferde über der Schnauze [Fig. 4].

»Auch vor einem Möbelwagen fürcht'
ich mich am meisten.«

Ich: »Warum?«

Hans: »Ich glaub', wenn die Möbel-
pferde einen schweren Wagen ziehen,
fallen sie um.«

Ich: »Bei einem kleinen Wagen fürchtest du dich also nicht?«

Fig. 4

Hans: »Nein, bei einem kleinen Wagen und einem Postwagen fürcht' ich mich nicht. Auch wenn ein Stellwagen kommt, fürcht' ich mich am meisten.«

Ich: »Warum, weil er so groß ist?«

Hans: »Nein, weil einmal bei so einem Wagen ein Pferd umgefallen ist.«

Ich: »Wann?«

Hans: »Einmal, wie ich mit der Mammi gegangen bin trotz der ›Dummheit‹, wie ich die Weste gekauft hab'.«

(Dies wird nachträglich von der Mutter bestätigt.)

Ich: »Was hast du dir gedacht, wie das Pferd umgefallen ist?«

Hans: »Das wird jetzt immer sein. Alle Pferde werden beim Stell-wagen umfallen.«

Ich: »Bei jedem Stellwagen?«

Hans: »Ja! Und auch beim Möbelwagen. Beim Möbelwagen nicht so oft.«

Ich: »Du hast damals die Dummheit schon gehabt?«

Hans: »Nein, ich hab' sie erst gekriegt. Wie das Pferd vom Stell-wagen[1] umgefallen ist, hab' ich mich so sehr erschrocken, wirklich! Wie ich gegangen bin, hab' ich sie gekriegt.«

Ich: »Die Dummheit war doch, daß du dir gedacht hast, ein Pferd wird dich beißen, und jetzt sagst du, du hast dich gefürchtet, daß ein Pferd umfallen wird.«

---

[1] [In den Ausgaben vor 1924 hieß es statt dessen fälschlicherweise »Möbelwagen«.]

Hans: »Umfallen und beißen wird.« [1]

Ich: »Weshalb bist du so erschrocken?«

Hans: »Weil das Pferd mit den Füßen so gemacht hat (legt sich auf die Erde hin und macht mir das Zappeln vor). Ich hab' mich erschrocken, *weil es einen ›Krawall‹ gemacht hat mit den Füßen.*«

Ich: »Wo warst du damals mit der Mammi?«

Hans: »Zuerst am Eislaufplatze, dann im Kaffeehause, dann eine Weste kaufen, dann beim Zuckerbäcker mit der Mammi und dann nach Hause am Abend; da sind wir durch den Stadtpark durchgegangen.«

(Das alles wird von meiner Frau bestätigt, auch daß unmittelbar nachher die Angst ausgebrochen ist.)

Ich: »War das Pferd tot, wie es umgefallen ist?«

Hans: »Ja!«

Ich: »Woher weißt du das?«

Hans: »Weil ich's gesehen hab' (lacht). Nein, es war gar nicht tot.«

Ich: »Vielleicht hast du dir gedacht, daß es tot ist.«

Hans: »Nein, gewiß nicht. Ich hab's nur im Spaße gesagt.« (Seine Miene war aber damals ernst.)

Da er müde ist, lasse ich ihn laufen. Er erzählt mir nur noch, daß er sich zuerst vor Stellwagenpferden, dann vor allen anderen und zuletzt erst vor Möbelwagenpferden gefürchtet habe.

Auf dem Rückwege nach Lainz noch einige Fragen:

Ich: »Wie das Stellwagenpferd gefallen ist, was für Farbe hat es gehabt? Weiß, rot, braun, grau?«

Hans: »Schwarz, beide Pferde waren schwarz.«

Ich: »War es groß oder klein?«

Hans: »Groß.«

Ich: »Dick oder dünn?«

Hans: »Dick, sehr groß und dick.«

Ich: »Hast du, wie das Pferd gefallen ist, an den Vatti gedacht?«

Hans: »Vielleicht. Ja. Es ist möglich.«

Der Vater mag an manchen Stellen ohne Erfolg geforscht haben; aber es schadet nichts, eine solche Phobie, die man gerne nach ihrem neuen Objekte benennen möchte, aus der Nähe kennenzulernen. [Vgl. S. 106.] Wir erfahren so, wie diffus sie eigentlich ist. Sie geht auf Pferde und auf

---

[1] Hans hat recht, so unwahrscheinlich diese Vereinigung auch klingt. Der Zusammenhang ist nämlich, wie sich zeigen wird, daß das Pferd (der Vater) ihn beißen werde wegen seines Wunsches, daß es (der Vater) umfallen möge.

Wagen, darauf, daß Pferde fallen, und daß sie beißen, auf Pferde besonderer Beschaffenheit, auf Wagen, die schwer beladen sind. Verraten wir gleich, daß alle diese Eigentümlichkeiten daher rühren, daß die Angst ursprünglich gar nicht den Pferden galt, sondern sekundär auf sie transponiert wurde und sich nun an den Stellen des Pferdekomplexes fixierte, die sich zu gewissen Übertragungen[1] geeignet zeigten. Ein wesentliches Ergebnis der Inquisition des Vaters müssen wir besonders anerkennen. Wir haben den aktuellen Anlaß erfahren, nach welchem die Phobie ausbrach. Dies war, als der Knabe ein großes schweres Pferd fallen sah, und wenigstens eine der Deutungen dieses Eindruckes scheint die vom Vater betonte zu sein, daß Hans damals den Wunsch verspürte, der Vater möge so fallen – und tot sein. Die ernste Miene bei der Erzählung galt wohl diesem unbewußten Sinne. Ob nicht noch anderer Sinn sich dahinter verbirgt? Und was soll das Krawallmachen mit den Beinen bedeuten?

Hans spielt seit einiger Zeit im Zimmer Pferd, rennt herum, fällt nieder, zappelt mit den Füßen, wiehert. Einmal bindet er sich ein Sackerl wie einen Futtersack um. Wiederholt läuft er auf mich zu und beißt mich.

Er akzeptiert so die letzten Deutungen entschiedener, als er es mit Worten kann, natürlich aber mit Rollenvertauschung, da das Spiel im Dienste einer Wunschphantasie steht. Also er ist das Pferd, er beißt den Vater, übrigens identifiziert er sich dabei mit dem Vater.

Seit zwei Tagen bemerke ich, daß Hans sich in entschiedenster Weise gegen mich auflehnt, nicht frech, sondern ganz lustig. Ist es, weil er sich vor mir, dem Pferde, nicht mehr fürchtet?

6. April. Am Nachmittage mit Hans vor dem Hause. Ich frage ihn bei allen Pferden, ob er bei ihnen das »Schwarze am Munde« sieht: er verneint es bei allen. Ich frage ihn, wie das Schwarze eigentlich ausschaut; er sagt, es ist schwarzes Eisen. Meine erste Vermutung, er meine die dicken Lederriemen des Geschirres bei den Lastpferden, bestätigt sich also nicht. Ich frage, ob das »Schwarze« an einen Schnurrbart erinnert; er sagt: nur durch die Farbe. Was es in Wirklichkeit ist, weiß ich bis jetzt also nicht.

Die Furcht ist geringer; er wagt sich diesmal schon bis zum Nachbarhause, kehrt aber schnell um, wenn er in der Ferne Pferdetraben hört. Als ein Wagen bei unserem Haustore vorfährt und hält, gerät er in

---

[1] [»Übertragung« hat hier eine weitere Bedeutung als in Freuds späteren Arbeiten.]

Angst und läuft ins Haus, da das Pferd mit dem Fuße scharrt. Ich frage ihn, weshalb er sich fürchte, ob er sich vielleicht ängstige, weil es so gemacht habe (stampfe mit dem Fuße auf). Er sagt: »Mach' doch keinen solchen Krawall mit den Füßen!« Vergleiche dazu die Äußerung über das gefallene Stellwagenpferd.

Besonders schreckt ihn das Vorüberfahren eines Möbelwagens. Er läuft dann ins Hausinnere. Ich frage ihn gleichgültig: »Sieht so ein Möbelwagen eigentlich nicht wie ein Stellwagen aus?« Er sagt nichts. Ich wiederhole die Frage. Er sagt dann: »Na natürlich, sonst würde ich mich nicht so vor einem Möbelwagen fürchten.«

7. April. Heute frage ich wieder, wie das »Schwarze am Munde« der Pferde aussieht. Hans sagt: wie ein Maulkorb. Das Merkwürdige ist, daß seit 3 Tagen kein Pferd vorüberkommt, an dem er diesen »Maulkorb« konstatieren kann; ich selbst habe bei keinem Spaziergange ein solches Pferd gesehen, obzwar Hans beteuert, daß es solche gebe. Ich vermute, daß ihn wirklich eine Art von Kopfzäumung der Pferde – das dicke Riemenzeug um den Mund etwa – an einen Schnurrbart erinnert hat und daß mit meiner Andeutung auch diese Furcht verschwunden ist.

Die Besserung Hansens ist konstant, der Radius seines Aktionskreises mit dem Haustore als Zentrum größer; er unternimmt sogar das für ihn bisher unmögliche Kunststück, aufs Trottoir vis-à-vis hinüberzulaufen. Alle Furcht, die übrig ist, hängt mit der Stellwagenszene zusammen, deren Sinn mir allerdings noch nicht klar ist.

9. April. Heute früh kommt Hans dazu, wie ich mich mit entblößtem Oberkörper wasche.

Hans: »Vatti, du bist aber schön, so weiß!«

Ich: »Nicht wahr, wie ein weißes Pferd.«

Hans: »Nur der Schnurrbart ist schwarz (fortfahrend). Oder ist es vielleicht der schwarze Maulkorb?«

Ich erzähle ihm dann, daß ich am Abende vorher beim Professor war, und sage: »Der will einiges wissen«, worauf Hans: »Da bin ich aber neugierig.«

Ich sage ihm, ich weiß, bei welcher Gelegenheit er mit den Füßen Krawall macht. Er unterbricht mich: »Nicht wahr, wenn ich einen ›Zurn‹ habe oder wenn ich *Lumpf* machen soll und lieber spielen will.« (Im Zorne hat er allerdings die Gewohnheit, mit den Füßen Krawall zu machen, d. h.: aufzustampfen. – »Lumpf machen« bedeutet auf die große Seite gehen. Als Hans klein war, sagte er eines Tages, vom

Topfe aufstehend: »Schau den Lumpf«. [Er meinte: Strumpf wegen
der Form und der Farbe.][1] Diese Bezeichnung ist geblieben bis
heute. – In ganz frühen Zeiten, wenn er auf den Topf gesetzt werden
sollte und sich weigerte, das Spiel stehenzulassen, stampfte er wütend
mit den Füßen auf, zappelte und warf sich eventuell auch auf den
Boden.)

»Du zappelst auch mit den Füßen, wenn du Wiwi machen sollst und
nicht gehen willst, weil du lieber spielen möchtest.«

Er: »Du, ich muß Wiwi machen« – und geht hinaus, wohl als Bestätigung.

Der Vater hatte bei seinem Besuche die Frage an mich gerichtet, woran
wohl das Zappeln mit den Füßen beim gefallenen Pferde Hans erinnert
haben möchte, und ich hatte vorgebracht, daß dies wohl seine eigene
Reaktion bei zurückgehaltenem Harndrange gewesen sein könnte. Das
bestätigt nun Hans durch das Wiederauftreten des Harndranges im
Gespräche und fügt noch andere Bedeutungen des Krawallmachens mit
den Füßen hinzu.

Dann gehen wir vors Haustor. Er sagt mir, als ein Kohlenwagen
kommt: »Du, vor einem Kohlenwagen fürchte ich mich auch stark.«
Ich: »Vielleicht, weil er auch so groß ist wie ein Stellwagen.« Hans:
»Ja, und weil er so schwer beladen ist und die Pferde haben soviel zu
ziehen und können leicht fallen. Wenn ein Wagen leer ist, fürcht' ich
mich nicht.« Tatsächlich versetzt ihn, wie schon früher konstatiert,
nur Schwerfuhrwerk in Angst.

Bei alledem ist die Situation recht undurchsichtig. Die Analyse macht
wenig Fortschritte; ihre Darstellung, fürchte ich, wird dem Leser bald
langweilig werden. Indes, es gibt in jeder Psychoanalyse solche dunklen
Zeiten. Hans begibt sich jetzt bald auf ein von uns nicht in Erwartung
gezogenes Gebiet.

Ich komme nach Hause und spreche mit meiner Frau, die verschiedene
Einkäufe gemacht hat und sie mir zeigt. Darunter ist eine gelbe Unter-
hose. Hans sagt einige Male: »Pfui!«, wirft sich auf die Erde und
spuckt aus. Meine Frau sagt, er habe das schon einige Male getan,
sowie er die Hose gesehen habe.

Ich frage: »Warum sagst du Pfui?«

---

[1] [Hier handelt es sich nicht um eine Erläuterung der Herausgeber. Freud selbst hat
hier eckige Klammern benutzt, um die Parenthese innerhalb der Parenthese zu markieren.]

Hans: »Wegen der Hose.«

Ich: »Warum, wegen der Farbe, weil sie gelb ist und an Wiwi oder an Lumpf erinnert?«

Hans: »Lumpf ist ja nicht gelb, er ist weiß oder schwarz.« – Unmittelbar darauf: »Du, macht man leicht Lumpf, wenn man Käse ißt?« (Das hatte ich einmal gesagt, als er mich fragte, wozu ich Käse esse.)

Ich: »Ja.«

Hans: »Deshalb gehst du immer früh gleich Lumpf machen? Ich möchte so gerne Käse auf Butterbrot essen.«

Gestern schon fragte er mich, als er auf der Gasse herumsprang: »Du, nicht wahr, wenn man soviel herumspringt, macht man leicht Lumpf?« – Seit jeher macht sein Stuhlgang Schwierigkeiten, Kindermeth und Klystiere werden häufig gebraucht. Einmal war seine habituelle Verstopfung so stark, daß meine Frau Dr. L. um Rat fragte. Dieser meinte, Hans werde überfüttert, was ja auch stimmte, und empfahl mäßigere Kost, was den Zustand auch sofort behob. In der letzten Zeit trat Verstopfung wieder häufiger auf.

Nach dem Essen sage ich: »Wir werden dem Professor wieder schreiben«, und er diktierte mir: »Wie ich die gelbe Hose gesehen habe, habe ich gesagt: Pfui, da spei' ich, hab' mich niedergeworfen, hab' die Augen zugemacht und hab' nicht geschaut.«

Ich: »Warum?«

Hans: »Weil ich die gelbe Hose gesehen habe, und bei der schwarzen Hose[1] habe ich auch so etwas gemacht. Die schwarze ist auch so eine Hose, nur schwarz war sie.« (Sich unterbrechend.) »Du, ich bin froh; wenn ich dem Professor schreiben kann, bin ich immer so froh.«

Ich: »Weshalb hast du Pfui gesagt? Hast du dich geekelt?«

Hans: »Ja, weil ich das gesehen hab'. Ich hab' geglaubt, ich muß Lumpf machen.«

Ich: »Warum?«

Hans: »Ich weiß nicht.«

Ich: »Wann hast du die schwarze Hose gesehen?«

Hans: »Einmal, wie die Anna (unser Mädchen) längst da war – bei der Mama – sie hat sie erst vom Kaufen nach Hause gebracht.« (Diese Angabe wird von meiner Frau bestätigt.)

Ich: »Hast du dich auch geekelt?«

Hans: »Ja.«

---

[1] Meine Frau ist seit einigen Wochen im Besitze einer schwarzen Reformhose für Radfahrpartien. [Anmerkung des Vaters.]

Ich: »Hast du die Mammi in einer solchen Hose gesehen?«

Hans: »Nein.«

Ich: »Wenn sie sich angezogen hat?«

Hans: »Die gelbe hab ich' schon einmal gesehen, wie sie sie gekauft hat. (Widerspruch! Wie die Mama die gelbe gekauft hat, hat er sie zum erstenmal gesehen.) Die schwarze hat sie heute auch an (richtig!), weil ich gesehen hab' wie sie in der Früh' sie sich ausgezogen hat.«

Ich: »Was? In der Früh' hat sie sich die schwarze Hose ausgezogen?«

Hans: »In der Früh', wie sie weggegangen ist, hat sie sich die schwarze Hose ausgezogen, und wie sie gekommen ist, hat sie sich noch einmal die schwarze angezogen.«

Ich frage meine Frau, weil mir dies unsinnig vorkommt. Sie sagt auch, das ist gar nicht wahr; sie hat beim Weggehen natürlich nicht die Hose gewechselt.

Ich frage Hans sofort: »Du hast doch erzählt, die Mammi hat sich eine schwarze Hose angezogen, und wie sie weggegangen ist, hat sie sie ausgezogen, und wie sie gekommen ist, hat sie sie noch einmal angezogen. Die Mammi sagt aber, das ist nicht wahr.«

Hans: »Mir scheint, ich hab' vielleicht vergessen, daß sie sie nicht ausgezogen hat. (Unwillig.) Laß' mich endlich in Ruh'.«

Zur Erläuterung dieser Hosengeschichte bemerke ich nun: Hans heuchelt offenbar, wenn er sich so froh stellt, daß er nun über diese Angelegenheit Rede stehen darf. Am Ende wirft er die Maske ab und wird grob gegen seinen Vater. Es handelt sich um Dinge, die ihm früher *viel Lust* bereitet haben, und deren er sich jetzt nach eingetretener Verdrängung sehr schämt, zu ekeln vorgibt. Er lügt geradezu, um dem beobachteten Hosenwechsel der Mama andere Veranlassungen unterzuschieben; in Wirklichkeit gehört das An- und Ausziehen der Hose in den »Lumpf«-Zusammenhang. Der Vater weiß genau, worauf es hier ankommt und was Hans verbergen will.

Ich frage meine Frau, ob Hans öfter dabei war, wenn sie sich aufs Klosett begab. Sie sagt: Ja, oft, er »penzt« so lange, bis sie es ihm erlaubt; das täten alle Kinder.

Wir wollen uns aber die heute bereits verdrängte Lust, die Mama beim Lumpfmachen zu sehen, gut merken.

Wir gehen vors Haus. Er ist sehr lustig, und wie er fortwährend gleichsam als Pferd herumhopst, frage ich: »Du, wer ist eigentlich ein Stellwagenpferd? Ich, du oder die Mammi?«

Hans (sofort): »Ich, ich bin ein junges Pferd.«

Als er in der stärksten Angstzeit Pferde springen sah, Angst hatte und mich fragte, warum sie das täten, sagte ich, um ihn zu beruhigen: »Weißt du, das sind junge Pferde, die springen halt wie die jungen Buben. Du springst ja auch und bist ein Bub.« Seither, wenn er Pferde springen sieht, sagt er: »Das ist wahr, das sind junge Pferde!«

Auf der Treppe frage ich beim Heraufgehen fast gedankenlos: »Hast du in Gmunden mit den Kindern Pferdl gespielt?«

Er: »Ja! (Nachdenklich.) Mir scheint, da hab' ich die Dummheit gekriegt.«

Ich: »Wer war das Pferdl?«

Er: »Ich, und die Berta war der Kutscher.«

Ich: »Bist du vielleicht gefallen, wie du Pferdl warst?«

Hans: »Nein! Wenn die Berta gesagt hat: Hüh, bin ich schnell gelaufen, sogar gerannt.«[1]

Ich: »Stellwagen habt ihr nie gespielt?«

Hans: »Nein, gewöhnlichen Wagen und Pferd ohne Wagen. Wenn das Pferd einen Wagen hat, kann es ja auch ohne Wagen gehen und der Wagen kann ja zu Hause sein.«

Ich: »Habt ihr oft Pferdl gespielt?«

Hans: »Sehr oft. Der Fritzl (wie bekannt auch ein Hausherrnkind [s. S. 21]) ist auch einmal Pferdl gewesen und der Franzl Kutscher und der Fritzl ist so stark gelaufen und auf einmal ist er auf einen Stein getreten und hat geblutet.«

Ich: »Ist er vielleicht gefallen?«

Hans: »Nein, er hat den Fuß in ein Wasser hineingegeben und dann hat er sich ein Tuch daraufgegeben.«[2]

Ich: »Warst du oft Pferd?«

Hans: »O ja.«

Ich: »Und da hast du die Dummheit gekriegt.«

Hans: »Weil sie immer gesagt haben: ›wegen dem Pferd‹ und ›wegen dem Pferd‹ (er betont das »wegen«), und so hab' ich vielleicht, weil sie so geredet haben ›wegen dem Pferd‹, hab ich vielleicht die Dummheit gekriegt.«[3]

---

[1] Er hatte auch ein Pferdchenspiel mit Glöckchen. [Anmerkung des Vaters.]

[2] Siehe darüber später [S. 74]. Der Vater vermutet ganz richtig, daß Fritzl damals gefallen ist.

[3] Ich erläutere, Hans will nicht behaupten, daß er *damals* die Dummheit gekriegt hat, sondern im *Zusammenhange* damit. Es muß ja wohl so zugehen, die Theorie fordert es, daß dasselbe einmal Gegenstand einer hohen Lust war, was heute das Objekt der Phobie ist. Und dann ergänze ich für ihn, was das Kind ja nicht zu sagen weiß, daß

Der Vater forscht eine Weile fruchtlos auf anderen Pfaden.

Ich: »Haben sie was erzählt vom Pferde?«

Hans: »Ja!«

Ich: »Was?«

Hans: »Ich hab's vergessen.«

Ich: »Haben sie vielleicht erzählt vom Wiwimacher?«

Hans: »O nein!«

Ich: »Hast du dich dort schon vor dem Pferde gefürchtet?«

Hans: »O nein, ich hab' mich gar nicht gefürchtet.«

Ich: »Hat vielleicht die Berta davon gesprochen, daß ein Pferd ...«

Hans: (unterbrechend) »Wiwi macht? Nein!«

Am 10. April knüpfe ich an das gestrige Gespräch an und will wissen, was das »wegen dem Pferde« bedeutet habe. Hans weiß sich nicht zu erinnern, er weiß nur, daß früh mehrere Kinder vor dem Haustore gestanden sind und »wegen dem Pferde, wegen dem Pferde« gesagt haben. Er selbst war dabei. Wie ich dringender werde, erklärt er, sie hätten gar nicht »wegen dem Pferde« gesagt, er habe sich falsch erinnert.

Ich: »Ihr waret doch auch oft im Stalle, da habt ihr gewiß vom Pferde gesprochen.« – »Wir haben nicht gesprochen.« – »Wovon habt ihr gesprochen?« – »Von nichts.« – »Soviel Kinder waret ihr und ihr habt von nichts gesprochen?« – »Etwas haben wir schon gesprochen, aber nicht vom Pferde.« – »Was denn?« – »Das weiß ich jetzt nicht mehr.«

Ich lasse das fallen, weil die Widerstände offenbar zu groß sind[1], und frage: »Mit der Berta hast du gern gespielt?«

Er: »Ja, sehr gern, mit der Olga nicht; weißt, was die Olga getan hat? Die Grete droben hat mir einmal einen Papierball geschenkt und die Olga hat ihn ganz zerrissen. Die Berta hätt' mir den Ball nie zerrissen. Mit der Berta hab' ich sehr gern gespielt.«

---

das Wörtchen »wegen« der Ausbreitung der Phobie vom Pferde auf die *Wagen* (oder wie Hans zu hören und zu sprechen gewohnt ist: *Wägen*) den Weg eröffnet hat. Man darf nie daran vergessen, um wieviel dinglicher das Kind die Worte behandelt als der Erwachsene, wie bedeutungsvoll ihm darum Wortgleichklänge sind. [Zu diesem Punkt findet sich eine Bemerkung in Freuds *Traumdeutung* (1900 a), Kapitel VI, gegen Ende des Abschnitts A, und auch in Kapitel IV seines Buches *Der Witz und seine Beziehung zum Unbewußten* (1905 c).]

[1] Es ist da nämlich nichts anderes zu holen als die Wortanknüpfung, die dem Vater entgeht. Ein gutes Beispiel von den Bedingungen, unter denen die analytische Bemühung fehlschlägt.

Ich: »Hast du gesehen, wie der Wiwimacher von der Berta aussieht?«
Er: »Nein, vom Pferde aber, weil ich immer im Stalle war, und da hab' ich vom Pferde den Wiwimacher gesehen.«
Ich: »Und da warst du neugierig, wie sieht der Wiwimacher von der Berta und von der Mammi aus?«
Er: »Ja!«
Ich erinnere ihn daran, daß er mir einmal geklagt hat, die Mäderl wollen immer zuschauen, wenn er Wiwi macht [S. 25].
Er: »Die Berta hat mir auch immer zugeschaut (durchaus nicht gekränkt, sondern sehr befriedigt), öfters. Wo der kleine Garten ist, wo die Rettige sind, hab' ich Wiwi gemacht, und sie ist vor dem Haustore gestanden und hat hergeschaut.«
Ich: »Und wenn sie Wiwi gemacht hat, hast du zugeschaut?«
Er: »Sie ist ja aufs Klosett gegangen.«
Ich: »Und du warst neugierig?«
Er: »Ich war ja im Klosett drinnen, wenn sie drin war.«
(Das stimmt; die Hausleute haben es uns einmal erzählt, und ich erinnere mich, wir haben es Hans verboten.)
Ich: »Hast du ihr gesagt, du willst hineingehen?«
Er: »Ich bin allein hineingegangen und weil die Berta erlaubt hat. Es ist ja keine Schande.«
Ich: »Und du hättest gerne den Wiwimacher gesehen.«
Er: »Ja, ich hab' ihn aber nicht gesehen.«
Ich erinnere ihn an den Gmundner Traum: Was soll das Pfand in meiner Hand usw. [S. 24], und frage: Hast du in Gmunden gewünscht, daß dich die Berta Wiwi machen lassen soll?«
Er: »Gesagt hab' ich ihr nie.«
Ich: »Warum hast du's ihr nie gesagt?«
Er: »Weil ich nicht daran gedenkt hab'. (Sich unterbrechend.) Wenn ich alles dem Professor schreib', wird die Dummheit sehr bald vorüber sein, nicht wahr?«
Ich: »Warum hast du gewünscht, daß die Berta dich Wiwi machen lassen soll?«
Er: »Ich weiß nicht. Weil sie zugeschaut hat.«
Ich: »Hast du dir gedacht, sie soll die Hand zum Wiwimacher geben?«
Er: »Ja. (Ablenkend.) In Gmunden war's sehr lustig. In dem kleinen Garten, wo die Rettige drin sind, ist ein kleiner Sandhaufen, dort spiel' ich mit der Schaufel.«
(Das ist der Garten, wo er immer Wiwi gemacht hat.)

Ich: »Hast du in Gmunden, wenn du im Bette gelegen bist, die Hand zum Wiwimacher gegeben?«

Er: »Nein, noch nicht. In Gmunden hab' ich so gut geschlafen, daß ich gar nicht daran gedenkt hab'. Nur in der —gasse[1] und jetzt hab ich's getan.«

Ich: »Die Berta hat aber nie die Hand zu deinem Wiwimacher gegeben?«

Er: »Sie hat es nie getan, nein, weil ich ihr's nie gesagt hab'.«

Ich: »Wann hast du dir's denn gewünscht?«

Er: »Einen Tag halt in Gmunden.«

Ich: »Nur einmal?«

Er: »Ja, öfters.«

Ich: »Immer wenn du Wiwi gemacht hast, hat sie hergeschaut; sie war vielleicht neugierig, wie du Wiwi machen tust.«

Er: »Vielleicht war sie neugierig, wie mein Wiwimacher aussieht.«

Ich: »Du warst aber auch neugierig; nur auf die Berta?«

Er: »Auf die Berta, auf die Olga.«

Ich: »Auf wen noch?«

Er: »Auf niemand andern.«

Ich: »Das ist ja nicht wahr. Auf die Mammi auch.«

Er: »Auf die Mammi schon.«

Ich: »Jetzt bist du doch nicht mehr neugierig. Du weißt doch, wie der Wiwimacher der Hanna ausschaut?«

Er: »Er wird aber wachsen, nicht?«[2]

Ich: »Ja gewiß, aber wann er wächst, wird er nicht ausschaun wie deiner.«

Er: »Das weiß ich. Er wird so sein« (sc. wie er jetzt ist), »nur größer.«

Ich: »Warst du neugierig in Gmunden, wenn die Mama sich ausgezogen hat?«

Er: »Ja, auch bei der Hanna beim Baden hab ich den Wiwimacher gesehen.«

Ich: »Bei der Mammi auch?«

Er: »Nein!«

Ich: »Du hast dich geekelt, wenn du die Hose von der Mammi gesehen hast.«

Er: »Nur wenn ich die schwarze gesehen hab', wenn sie sie gekauft

---

[1] In der früheren Wohnung vor dem Umzuge [S. 21].
[2] Er will die Sicherheit haben, daß sein eigener Wiwimacher wachsen wird.

hat, dann spei ich, aber wenn sie sich die Hose anzieht oder auszieht, dann spei ich nicht. *Dann spei ich, weil die schwarze Hose doch schwarz ist wie ein Lumpf und die gelbe wie ein Wiwi, und da glaub' ich, ich muß Wiwi machen.* Wenn die Mammi die Hose trägt, dann seh' ich sie nicht, dann hat sie doch die Kleider vor.«

Ich: »Und wenn sie sich die Kleider auszieht?«

Er: »Dann spei ich nicht. Wenn sie aber neu ist, dann sieht sie aus wie ein Lumpf. Wenn sie alt ist, geht die Farbe herunter und sie wird schmutzig. Wenn man sie gekauft hat, ist sie ganz rein, zu Hause hat man sie schon schmutzig gemacht. Wenn sie gekauft ist, ist sie neu, und wenn sie nicht gekauft ist, ist sie alt.«

Ich: »Vor der alten ekelt dich also nicht?«

Er: »Wenn sie alt ist, ist sie ja viel schwärzer als ein Lumpf, nicht wahr? Ein bissel schwärzer ist sie.«[1]

Ich: »Mit der Mammi warst du oft im Klosett?«

Er: »Sehr oft.«

Ich: »Da hast du dich geekelt?«

Er: »Ja ... Nein!«

Ich: »Du bist gerne dabei, wenn die Mammi Wiwi oder Lumpf macht?«

Er: »Sehr gerne.«

Ich: »Warum so gerne?«

Er: »Das weiß ich nicht.«

Ich: »Weil du glaubst, daß du den Wiwimacher sehen wirst.«

Er: »Ja, das glaub' ich auch.«

Ich: »Warum willst du aber in Lainz nie ins Klosett gehen?«

(Er bittet in Lainz immer, ich soll ihn nicht ins Klosett führen; er fürchtete sich einmal vor dem Lärme, den das herabstürzende Spülwasser macht.)

Er: »Vielleicht, weil es einen Krawall macht, wenn man herunterzieht.«

Ich: »Da fürchtest du dich.«

Er: »Ja!«

Ich: »Und in unserem Klosett hier?«

---

[1] Unser Hans ringt da mit einem Thema, das er nicht darzustellen weiß, und wir haben es schwer, ihn zu verstehen. Vielleicht meint er, daß die Hosen die Ekelerinnerung nur dann erwecken, wenn er sie für sich sieht; sobald sie am Leibe der Mutter sind, bringt er sie nicht mehr mit Lumpf oder Wiwi in Zusammenhang, dann interessieren sie ihn in anderer Weise.

Er: »Hier nicht. In Lainz erschreck ich, wenn du herunterläßt. Wenn ich drin bin und es geht herunter, dann erschrecke ich auch.«

Um mir zu zeigen, daß er sich in unserer Wohnung nicht fürchte, fordert er mich auf, ins Klosett zu gehen und die Wasserspülung in Bewegung zu setzen. Dann erklärt er mir:

»Zuerst ist ein starker, dann ein lockerer Krawall (wenn das Wasser herabstürzt). Wenn es einen starken Krawall macht, bleib' ich lieber drin, wenn es einen schwachen macht, geh' ich lieber hinaus.«

Ich: »Weil du dich fürchtest?«

Er: »Weil ich immer so gerne mag einen starken Krawall sehen (korrigiert sich), hören, und da bleib' ich lieber drin, daß ich ihn fest hör'.«

Ich: »Woran erinnert dich ein starker Krawall?«

Er: »Daß ich im Klosett Lumpf machen muß.« (Also dasselbe wie die schwarze Hose.)

Ich: »Warum?«

Er: »Ich weiß nicht. Ich weiß es, ein starker Krawall hört sich so an, wie wenn man Lumpf macht. Ein großer Krawall erinnert an Lumpf, ein kleiner an Wiwi (vgl. die schwarze und die gelbe Hose).«

Ich: »Du, hat das Stellwagenpferd nicht dieselbe Farbe gehabt wie ein Lumpf?« (Es war nach seiner Angabe schwarz [S. 48].)

Er (sehr betroffen): »Ja!«

Ich muß da einige Worte einschalten. Der Vater fragt zu viel und forscht nach eigenen Vorsätzen, anstatt den Kleinen sich äußern zu lassen. Dadurch wird die Analyse undurchsichtig und unsicher. Hans geht seinen eigenen Weg und leistet nichts, wenn man ihn von diesem ablocken will. Sein Interesse ist jetzt offenbar bei Lumpf und Wiwi, wir wissen nicht, weshalb. Die Krawallgeschichte ist so wenig befriedigend aufgeklärt wie die mit der gelben und schwarzen Hose. Ich vermute, sein scharfes Ohr hat die Verschiedenheit der Geräusche, wenn ein Mann oder ein Weib uriniert, sehr wohl bemerkt. Die Analyse hat das Material aber etwas künstlich in den Gegensatz der beiden Bedürfnisse gepreßt. Dem Leser, der noch selbst keine Analyse gemacht hat, kann ich nur den Rat geben, nicht alles sogleich verstehen zu wollen, sondern allem, was kommt, eine gewisse unparteiische Aufmerksamkeit zu schenken und das Weitere abzuwarten.

11. April. Heute früh kommt Hans wieder ins Zimmer und wird, wie in allen den letzten Tagen, hinausgewiesen.

Später erzählt er: »Du, ich hab mir was gedacht:

»Ich bin in der Badewanne[1]*, da kommt der Schlosser und schraubt sie los*[2]*. Da nimmt er einen großen Bohrer und stößt mich in den Bauch.«*
Der Vater übersetzt sich diese Phantasie.

»Ich bin im Bette bei der Mama. Da kommt der Papa und treibt mich weg. Mit seinem großen Penis verdrängt er mich von der Mama.«
Wir wollen unser Urteil noch aufgeschoben halten.

Ferner erzählt er etwas zweites, was er sich ausgedacht: »Wir fahren im Zuge nach Gmunden. In der Station ziehen wir die Kleider an, werden damit aber nicht fertig und der Zug fährt mit uns davon.«
Später frage ich: »Hast du schon einmal ein Pferd Lumpf machen gesehen?«

Hans: »Ja, sehr oft.«

Ich: »Macht es einen starken Krawall beim Lumpfmachen?«

Hans: »Ja!«

Ich: »An was erinnert dich der Krawall?«

Hans: »Wie wenn der Lumpf in den Topf fällt.«

Das Stellwagenpferd, das umfällt und Krawall mit den Füßen macht, ist wohl – ein Lumpf, der herabfällt und dabei Geräusch macht. Die Furcht vor der Defäkation, die Furcht vor schwer beladenen Wagen ist überhaupt gleich der Furcht vor schwerbeladenem Bauche.
Auf diesen Umwegen dämmert dem Vater der richtige Sachverhalt.

11. April. Hans sagt beim Mittagessen: »Wenn wir nur in Gmunden eine Badewanne hätten, damit ich nicht in die Badeanstalt gehen muß.« Er wurde in Gmunden nämlich, um ihn warm zu baden, immer in die nahe gelegene Badeanstalt geführt, wogegen er mit heftigem Weinen zu protestieren pflegte. Auch in Wien schreit er immer, wenn er zum Baden in die große Wanne gesetzt oder gelegt wird. Er muß knieend oder stehend gebadet werden.

Diese Rede Hansens, der nun anfängt, der Analyse durch selbständige Äußerungen Nahrung zu geben, stellt die Verbindung zwischen seinen beiden letzten Phantasien (vom Schlosser, der die Badewanne abschraubt, und von der mißglückten Reise nach Gmunden) her. Der Vater hatte mit Recht aus letzterer eine Abneigung gegen Gmunden erschlossen. Übrigens wieder eine gute Mahnung daran, daß man das aus dem Unbewußten Auftauchende nicht mit Hilfe des Vorhergegangenen, sondern des Nachkommenden zu verstehen hat.

Ich frage ihn, ob und wovor er sich fürchtet.

[1] Hans wird von der Mama gebadet. [Anmerkung des Vaters.]
[2] Um sie in Reparatur zu nehmen. [Anmerkung des Vaters.]

Hans: »Weil ich hineinfall'.«

Ich: »Warum hast du dich aber nie gefürchtet, wenn du in der kleinen Badewanne gebadet worden bist?«

Hans: »Da bin ich ja gesessen, da hab' ich mich nicht legen können, die war ja zu klein.«

Ich: »Wenn du in Gmunden Schinakel gefahren bist, hast du dich nicht gefürchtet, daß du ins Wasser fällst?«

Hans: »Nein, weil ich mich angehalten hab', und da kann ich nicht hineinfallen. Ich fürcht' mich nur in der großen Badewanne, daß ich hineinfall.«

Ich: »Da badet dich doch die Mama. Fürchtest du dich, daß dich die Mammi ins Wasser werfen wird?«

Hans: »Daß sie die Hände weggeben wird und ich falle ins Wasser mit dem Kopf.«

Ich: »Du weißt doch, die Mammi hat dich lieb, sie wird doch nicht die Hände weggeben.«

Hans: »Ich hab's halt geglaubt.«

Ich: »Warum?«

Hans: »Das weiß ich bestimmt nicht.«

Ich: »Vielleicht weil du schlimm warst und du geglaubt hast, daß sie dich nicht mehr gerne hat?«

Hans: »Ja!«

Ich: »Wenn du dabei warst, wie die Mammi die Hanna gebadet hat, hast du vielleicht gewünscht, sie soll die Hand loslassen, damit die Hanna hineinfällt?«

Hans: »Ja.«

Wir glauben, dies hat der Vater sehr richtig erraten.

12. April. Auf der Rückfahrt von Lainz in der zweiten Klasse sagt Hans, wie er die schwarzen Lederpölster sieht: »Pfui, da spei ich, bei den schwarzen Hosen und den schwarzen Pferden spei ich auch, weil ich muß Lumpf machen.«

Ich: »Hast du vielleicht bei der Mammi etwas Schwarzes gesehen, was dich erschreckt hat?«

Hans: »Ja!«

Ich: »Was denn?«

Hans: »Ich weiß nicht. Eine schwarze Bluse oder schwarze Strümpfe.«

Ich: »Vielleicht beim Wiwimacher schwarze Haare, wenn du neugierig warst und hingeschaut hast.«

Hans (entschuldigend): »Aber den Wiwimacher hab' ich nicht gesehen.«

Als er sich wieder einmal fürchtete, wie aus dem Hoftor vis-à-vis ein Wagen fuhr, fragte ich: »Sieht dieses Tor nicht aus wie ein Podl?«

Er: »Und die Pferde sind die Lumpfe!« Seitdem sagt er immer, wenn er einen Wagen herausfahren sieht: »Schau, ein ›Lumpfi‹ kommt.« Die Form Lumpfi ist ihm sonst ganz fremd, sie klingt wie ein Kosewort. Meine Schwägerin heißt ihr Kind immer »Wumpfi«.

Am 13. April sieht er in der Suppe ein Stück Leber und sagt: »Pfui, ein Lumpf.« Auch faschiertes Fleisch ißt er sichtlich ungern wegen der Form und Farbe, die ihn an einen Lumpf erinnern.

Abends erzählt meine Frau, Hans sei auf dem Balkon gewesen und habe dann gesagt: »Ich hab' gedacht, die Hanna ist am Balkon gewesen und ist hinuntergefallen.« Ich hatte ihm öfter gesagt, er soll, wenn die Hanna auf dem Balkon ist, achtgeben, daß sie nicht zu nah ans Geländer kommt, das von einem sezessionistischen Schlosser höchst ungeschickt – mit großen Öffnungen, die ich erst mit einem Drahtnetz verkleinern lassen mußte – konstruiert worden ist. Der verdrängte Wunsch Hansens ist sehr durchsichtig. Die Mama fragt ihn, ob es ihm lieber wäre, wenn die Hanna nicht da wäre, was er bejaht.

14. April. Das Thema Hanna steht im Vordergrund. Er hatte, wie aus früheren Aufzeichnungen erinnerlich, gegen das neugeborene Kind, das ihm einen Teil der Liebe der Eltern raubte, eine große Aversion, die auch jetzt noch nicht ganz geschwunden und durch übergroße Zärtlichkeit nur zum Teil überkompensiert ist[1]. Er äußerte sich öfter schon, der Storch solle kein Kind mehr bringen, wir sollen ihm Geld geben, daß er keines mehr *aus der großen Kiste*, worin die Kinder sind, bringe. (Vgl. die Furcht vor dem Möbelwagen. Sieht nicht ein Stellwagen wie eine große Kiste aus?) Die Hanna mache soviel Geschrei, das sei ihm lästig.

Einmal sagt er plötzlich: »Kannst du dich erinnern, wie die Hanna gekommen ist? Sie ist bei der Mammi im Bette gelegen, so lieb und brav.« (Dieses Lob hat verdächtig falsch geklungen!)

Dann unten vor dem Hause. Es ist abermals ein großer Fortschritt zu bemerken. Selbst Lastwagen flößen ihm geringere Furcht ein. Einmal ruft er fast freudig: »Da kommt ein Pferd mit was Schwarzem am

---

[1] Wenn das Thema »Hanna« das Thema »Lumpf« direkt ablöst, so leuchtet uns der Grund dafür endlich ein. Die Hanna ist selbst ein »Lumpf«, Kinder sind Lumpfe!

Munde«, und ich kann endlich konstatieren, daß es ein Pferd mit einem Maulkorbe aus Leder ist. Hans hat aber gar keine Angst vor diesem Pferde.

Einmal schlägt er mit seinem Stocke auf das Pflaster und fragt: »Du, ist da ein Mann unten ... einer, der begraben ist ..., oder gibt's das nur am Friedhofe?« Ihn beschäftigt also nicht nur das Rätsel des Lebens, sondern auch das des Todes.

Zurückgekehrt sehe ich eine Kiste im Vorzimmer stehen und Hans sagt: »Hanna ist in so einer Kiste nach Gmunden mitgefahren. Immer wenn wir nach Gmunden gefahren sind, ist sie mitgefahren in der Kiste. Du glaubst mir schon wieder nicht? Wirklich, Vatti. Glaub' mir. Wir haben eine große Kiste gekriegt und da sind lauter Kinder drin, in der Badewanne sitzen sie drin. (In der Kiste ist eine kleine Badewanne eingepackt worden.) Ich hab' sie hineingesetzt, wirklich. Ich kann mich gut erinnern.« [1]

Ich: »Was kannst du dich erinnern?«

Hans: »Daß die Hanna in der Kiste gefahren ist, weil ich's nicht vergessen hab'. Mein Ehrenwort!«

Ich: »Aber voriges Jahr ist doch die Hanna im Coupé mitgefahren.«

Hans: *»Aber immer früher ist sie in der Kiste mitgefahren.«*

Ich: »Hat die Mammi nicht die Kiste gehabt?«

Hans: »Ja, die Mammi hat sie gehabt!«

Ich: »Wo denn?«

Hans: »Zu Hause am Boden.«

Ich: »Hat sie sie vielleicht mit sich herumgetragen?« [2]

Hans: »Nein! Wenn wir jetzt nach Gmunden fahren, wird die Hanna auch in der Kiste fahren.«

Ich: »Wie ist sie denn aus der Kiste herausgekommen?«

Hans: »Man hat sie herausgenommen.«

Ich: »Die Mammi?«

Hans: »Ich und die Mammi, dann sind wir in den Wagen eingestiegen und die Hanna ist am Pferde geritten und der Kutscher hat ›Hüöh‹ gesagt. Der Kutscher war am Bocke. Warst du mit? Die Mammi weiß

---

[1] Er beginnt nun zu phantasieren. Wir erfahren, daß Kiste und Badewanne ihm das gleiche bedeuten, Vertretungen des Raumes, in dem sich die Kinder befinden. Beachten wir seine wiederholten Beteuerungen!

[2] Die Kiste ist natürlich der Mutterleib. Der Vater will Hans andeuten, daß er dies versteht. Auch das Kästchen, in dem die Helden des Mythus ausgesetzt werden, von König Sargon von Agade an, ist nichts anderes. – *(Zusatz 1923:)* Vgl. Ranks Studie: *Der Mythus von der Geburt des Helden* 1909 (zweite Auflage 1922).

es sogar. Die Mammi weiß es nicht, sie hat es schon wieder vergessen, aber nichts ihr sagen!«

Ich lasse mir alles wiederholen.

Hans: »Dann ist die Hanna ausgestiegen.«

Ich: »Sie hat noch gar nicht gehen können.«

Hans: »Wir haben sie dann heruntergehoben.«

Ich: »Wie hat sie denn am Pferde sitzen können, sie hat ja voriges Jahr noch gar nicht sitzen können.«

Hans: »O ja, sie hat schon gesessen und hat gerufen ›Hüöh‹ und gepeitscht ›Hüöh, hüöh‹ mit der Peitsche, die ich früher gehabt hab'. Das Pferd hat gar keinen Steigbügel gehabt und die Hanna hat geritten; Vatti, aber nicht im Spaße vielleicht.«

Was soll dieser hartnäckig festgehaltene Unsinn? Oh, es ist kein Unsinn, es ist Parodie und Hansens Rache an seinem Vater. Es heißt soviel als: *Kannst du mir zumuten, daß ich glauben soll, der Storch habe die Hanna im Oktober gebracht, wo ich doch den großen Leib der Mutter schon im Sommer, wie wir nach Gmunden gefahren sind, bemerkt hab', so kann ich verlangen, daß du mir meine Lügen glaubst.* Was kann die Behauptung, daß die Hanna schon im vorigen Sommer »in der Kiste« nach Gmunden mitgefahren ist, anderes bedeuten als sein Wissen um die Gravidität der Mutter? Daß er die Wiederholung dieser Fahrt in der Kiste für jedes folgende Jahr in Aussicht stellt, entspricht einer häufigen Form des Auftauchens eines unbewußten Gedankens aus der Vergangenheit, oder es hat spezielle Gründe und drückt seine Angst aus, eine solche Gravidität zur nächsten Sommerreise wiederholt zu sehen. Wir haben jetzt auch erfahren, durch welchen Zusammenhang ihm die Reise nach Gmunden verleidet war, was seine zweite Phantasie andeutete [S. 60].

Später frage ich ihn, wie die Hanna nach ihrer Geburt eigentlich ins Bett der Mama gekommen ist.

Da kann er nun loslegen und den Vater »frotzeln«.

Hans: »Die Hanna ist halt gekommen. Die Frau Kraus (die Hebamme) hat sie ins Bett gelegt. Sie hat ja nicht gehen können. Aber der Storch hat sie im Schnabel getragen. Gehen hat sie ja nicht können. (In einem Zuge fortfahrend.) Der Storch ist bis im Gang gegangen auf der Stiegen und dann hat er geklopft und da haben alle geschlafen und er hat den richtigen Schlüssel gehabt und hat aufgesperrt und hat die Hanna in *dein*[1] Bett gelegt und die Mammi hat

---

[1] Hohn natürlich! Sowie die spätere Bitte, der Mama nichts von dem Geheimnis **zu** verraten.

geschlafen – nein, der Storch hat sie in *ihr Bett* gelegt. Es war schon
ganz Nacht, und dann hat sie der Storch ganz ruhig ins Bett gelegt,
hat gar nicht gestrampelt, und dann hat er sich den Hut genommen, und dann ist er wieder weggegangen. Nein, Hut hat er nicht
gehabt.«

Ich: »Wer hat sich den Hut genommen? Der Doktor vielleicht?«

Hans: »Dann ist der Storch weggegangen, nach Hause gegangen und
dann hat er angeläutet und alle Leute im Hause haben nicht mehr geschlafen. Aber erzähl' das nicht der Mammi und der Tinni (der Kö-
chin). Das ist Geheimnis!«

Ich: »Hast du die Hanna gerne?«

Hans: »O ja, sehr gerne.«

Ich: »Wäre es dir lieber, wenn die Hanna nicht auf die Welt gekommen wäre, oder ist es dir lieber, daß sie auf der Welt ist?«

Hans: »Mir wär' lieber, daß sie nicht auf die Welt gekommen wär'.«

Ich: »Warum?«

Hans: »Wenigstens schreit sie nicht so und ich kann das Schreien nicht
aushalten.«

Ich: »Du schreist ja selbst.«

Hans: »Die Hanna schreit ja auch.«

Ich: »Warum kannst du es nicht aushalten?«

Hans: »Weil sie so stark schreit.«

Ich: »Aber sie schreit ja gar nicht.«

Hans: »Wenn man sie am nackten Popo haut, dann schreit sie.«

Ich: »Hast du sie einmal gehaut?«

Hans: »Wenn die Mammi sie auf den Popo haut, dann schreit sie.«

Ich: »Das hast du nicht gerne?«

Hans: »Nein ... Warum? Weil sie so einen Krawall macht mit dem
Schreien.«

Ich: »Wenn du lieber hättest, daß sie nicht auf der Welt wär', hast du
sie ja gar nicht gern.«

Hans: »Hm, hm« (zustimmend).

Ich: »Deshalb hast du gedacht, wenn die Mammi sie badet, wenn sie
die Hände weggeben möcht', dann möchte sie ins Wasser fallen ...«

Hans (ergänzt): – »und sterben.«

Ich: »Und du wärst dann allein mit der Mammi. Und ein braver Bub'
wünscht das doch nicht.«

Hans: »*Aber denken darf er's.*«

Ich: »Das ist aber nicht gut.«

Hans: »*Wenn er's denken tut, ist es doch gut, damit man's dem Professor schreibt.*« [1]

Später sag' ich ihm: »Weißt du, wenn die Hanna größer sein wird und wird sprechen können, wirst du sie schon lieber haben.«

Hans: »O nein. Ich hab' sie ja lieb. Wenn sie im Herbst groß sein wird, werd' ich mit ihr ganz allein in den Stadtpark gehen und werd' ihr alles erklären.«

Wie ich mit einer weiteren Aufklärung anfangen will, unterbricht er mich, wahrscheinlich, um mir zu erklären, daß es nicht so schlimm ist, wenn er der Hanna den Tod wünscht.

Hans: »Du, sie war doch schon längst auf der Welt, auch wie sie noch nicht da war. Beim Storche war sie doch auch auf der Welt.«

Ich: »Nein, beim Storche war sie vielleicht doch nicht.«

Hans: »Wer hat sie denn gebracht? Der Storch hat sie gehabt.«

Ich: »Woher hat er sie denn gebracht?«

Hans: »Na, von ihm.«

Ich: »Wo hat er sie denn gehabt?«

Hans: »In der Kiste, in der *Storchenkiste*.«

Ich: »Wie sieht denn die Kiste aus?«

Hans: »Rot. Rot angestrichen.« (Blut?)

Ich: »Wer hat dir's denn gesagt?«

Hans: »Die Mammi – ich hab' mir's gedacht – im Buche steht's.«

Ich: »In welchem Buche?«

Hans: »Im Bilderbuche.« (Ich lasse mir sein erstes Bilderbuch bringen. Dort ist ein Storchennest mit Störchen abgebildet auf einem roten Kamin. Das ist die Kiste; sonderbarerweise ist auf demselben Blatt ein Pferd zu sehen, das beschlagen wird. In die Kiste verlegt Hans die Kinder, da er sie im Neste nicht findet.)

Ich: »Was hat denn der Storch mit ihr gemacht?«

Hans: »Dann hat er die Hanna hergebracht. Im Schnabel. Weißt, der Storch, der in Schönbrunn ist, der in den Schirm beißt.« (Reminiszenz an einen kleinen Vorfall in Schönbrunn.)

Ich: »Hast du gesehen, wie der Storch die Hanna gebracht hat?«

Hans: »Du, da hab' ich doch noch geschlafen. In der Früh kann kein Storch ein Mäderl oder einen Buben bringen.«

Ich: »Warum?«

Hans: »Das kann er nicht. Das kann ein Storch nicht. Weißt warum?

---

[1] Wacker, kleiner Hans! Ich wünschte mir bei keinem Erwachsenen ein besseres Verständnis der Psychoanalyse.

Daß die Leute nicht sehen, und auf einmal, wenn Früh ist, ist ein
Mädel da.«[1]

Ich: »Du warst aber damals doch neugierig, wie das der Storch gemacht hat?«

Hans: »O ja!«

Ich: »Wie hat die Hanna ausgesehen, wie sie gekommen ist?«

Hans (falsch): »Ganz weiß und lieb. Wie goldig.«

Ich: »Wie du sie aber das erstemal gesehen hast, hat sie dir aber nicht
gefallen.«

Hans: »O sehr!«

Ich: »Du warst doch überrascht, daß sie so klein ist?«

Hans: »Ja!«

Ich: »Wie klein war sie?«

Hans: »Wie ein junger Storch.«

Ich: »Wie war's noch? Wie ein Lumpf vielleicht?«

Hans: »O nein, ein Lumpf ist viel größer ... bissel kleiner, wie die
Hanna wirklich.«

Ich hatte dem Vater vorhergesagt, daß die Phobie des Kleinen sich auf
die Gedanken und Wünsche aus Anlaß der Geburt des Schwesterchens
werde zurückführen lassen, aber ich hatte versäumt, ihn aufmerksam zu
machen, daß ein Kind ein »Lumpf« für die infantile Sexualtheorie sei,
so daß Hans den Exkrementalkomplex passieren werde. Aus dieser
meiner Nachlässigkeit entsprang die zeitweise Verdunkelung der Kur.
Jetzt nach erfolgter Klärung versucht der Vater, Hans über diesen wichtigen Punkt ein zweites Mal zu vernehmen.

Am nächsten Tage lasse ich mir die gestern erzählte Geschichte nochmals wiederholen. Hans erzählt: »Die Hanna ist in der großen Kiste
nach Gmunden gefahren, und die Mammi im Coupé und die Hanna
ist im Lastzuge mit der Kiste gefahren, und dann, wie wir in Gmunden waren, haben ich und die Mammi die Hanna herausgehoben,
haben sie aufs Pferd gesetzt. Der Kutscher war am Bocke und die
Hanna hat die vorige (vorjährige) Peitsche gehabt und hat das Pferd
gepeitscht und hat immer gesagt: ›Hüoh‹, und das war immer lustig,
und der Kutscher hat auch gepeitscht. – Der Kutscher hat gar nicht

---

[1] Man halte sich über Hansens Inkonsequenz nicht auf. Im vorigen Gespräch ist der
Unglaube an den Storch aus seinem Unbewußten zum Vorschein gekommen, der mit
seiner Erbitterung gegen den geheimtuerischen Vater verknüpft war. Jetzt ist er ruhiger
geworden und antwortet mit offiziellen Gedanken, in denen er sich für die vielen mit
der Storchhypothese verbundenen Schwierigkeiten Erklärungen zurecht gemacht hat.

gepeitscht, weil die Hanna die Peitsche gehabt hat. – Der Kutscher hat die Zügel gehabt – auch die Zügel hat die Hanna gehabt (wir sind jedesmal mit einem Wagen von der Bahn zum Hause gefahren; Hans sucht hier Wirklichkeit und Phantasie in Übereinstimmung zu bringen). In Gmunden haben wir die Hanna vom Pferde heruntergehoben, und sie ist allein über die Stiege gegangen.« (Als Hanna voriges Jahr in Gmunden war, war sie 8 Monate alt. Ein Jahr früher, worauf sich offenbar Hans' Phantasie bezieht, waren bei der Ankunft in Gmunden 5 Monate der Gravidität verstrichen.)

Ich: »Das vorige Jahr war die Hanna schon da.«

Hans: »Voriges Jahr ist sie im Wagen gefahren, aber ein Jahr vorher, wie sie bei uns auf der Welt war...«

Ich: »Bei uns war sie schon?«

Hans: »Ja, du bist doch schon immer gekommen, mit mir Schinakel zu fahren, und die Anna hat dich bedient.«

Ich: »Das war aber nicht voriges Jahr, da war die Hanna noch gar nicht auf der Welt.«

Hans: »*Ja, da war sie auf der Welt.* Wie sie erst in der Kiste gefahren ist, hat sie schon laufen können, schon ›Anna‹ sagen.« (Das kann sie erst seit 4 Monaten.)

Ich: »Aber da war sie doch noch gar nicht bei uns.«

Hans: »O ja, da war sie doch beim Storche.«

Ich: »Wie alt ist denn die Hanna?«

Hans: »Sie wird im Herbste 2 Jahre. Die Hanna war doch da, du weißt es doch.«

Ich: »Und wann war sie beim Storche in der Storchenkiste?«

Hans: »Schon lange, bevor sie in der Kiste gefahren ist. Schon sehr lange.«

Ich: »Wie lange kann denn die Hanna gehen? Wie sie in Gmunden war, hat sie noch nicht gehen können.«

Hans: »Voriges Jahr nicht, sonst schon.«

Ich: »Die Hanna war doch nur einmal in Gmunden.«

Hans: »Nein! Sie war zweimal; ja, das ist richtig. Ich kann mich sehr gut erinnern. Frag' nur die Mammi, die wird dir's schon sagen.«

Ich: »Das ist doch nicht wahr.«

Hans: »Ja, das ist wahr. *Wie sie in Gmunden das erstemal war, hat sie gehen und reiten können und später hat man sie tragen müssen.* – Nein, später ist sie erst geritten und voriges Jahr hat man sie tragen müssen.«

Ich: »Sie geht aber doch erst ganz kurze Zeit. In Gmunden hat sie nicht gehen können.«

Hans: »Ja, schreib's nur auf. Ich kann mich ganz gut erinnern. – Warum lachst du?«

Ich: »Weil du ein Schwindler bist, weil du ganz gut weißt, daß die Hanna nur einmal in Gmunden war.«

Hans: »Nein, das ist nicht wahr. Das erstemal ist sie auf dem Pferde geritten ... und das zweitemal (wird offenbar unsicher).«

Ich: »War das Pferd vielleicht die Mammi?«

Hans: »Nein, ein wirkliches Pferd, beim Einspänner.«

Ich: »Wir sind doch immer mit einem Zweispänner gefahren.«

Hans: »So war's halt ein Fiaker.«

Ich: »Was hat die Hanna in der Kiste gegessen?«

Hans: »Man hat ihr ein Butterbrot und Hering und Rettig (ein Gmundner Nachtmahl) hineingegeben, und daweil die Hanna gefahren ist, hat sie sich das Butterbrot aufgeschmiert und hat 50mal gegessen.«

Ich: »Hat die Hanna nicht geschrien?«

Hans: »Nein!«

Ich: »Was hat sie denn gemacht?«

Hans: »Ganz ruhig d'rin gesessen.«

Ich: »Hat sie nicht gestoßen?«

Hans: »Nein, sie hat fortwährend gegessen und hat sich nicht einmal gerührt. Zwei große Häfen Kaffee hat sie ausgetrunken – bis in der Früh war alles weg und den Mist hat sie in der Kiste gelassen, die Blätter von den zwei Rettigen und ein Messer zum Rettigschneiden; sie hat alles zusammengeputzt wie ein Has', in einer Minute und sie war fertig. Das war eine Hetz'. Ich und die Hanna bin sogar mitgefahren in der Kiste, ich hab' in der Kiste geschlafen die ganze Nacht (wir sind vor 2 Jahren tatsächlich in der Nacht nach Gmunden gefahren) und die Mammi ist im Coupé gefahren. Immer haben wir gegessen auch im Wagen, das war eine Gaude. – Sie ist gar nicht am Pferde geritten (er ist jetzt unsicher geworden, weil er weiß, daß wir im Zweispänner gefahren sind) ... sie ist im Wagen gesessen. Das ist das Richtige, aber ganz allein bin ich und die Hanna gefahren ... die Mammi ist auf dem Pferde geritten, die Karolin' (unser Mädchen vom vorigen Jahre) auf dem andern ... Du, was ich dir da erzähl', ist nicht einmal wahr.«

Ich: »Was ist nicht wahr?«

Hans: »Alles nicht. Du, wir setzen sie und mich in die Kiste[1] und ich werde in die Kiste Wiwi machen. Ich werd' halt in die Hosen Wiwi machen, liegt mir gar nichts d'ran, ist gar keine Schand'. Du, das ist aber kein Spaß, aber lustig ist es schon!«

Er erzählt dann die Geschichte, wie der Storch gekommen ist, wie gestern, nur nicht, daß er beim Weggehen den Hut genommen hat.

Ich: »Wo hat der Storch den Türschlüssel gehabt?«

Hans: »In der Tasche.«

Ich: »Wo hat denn der Storch eine Tasche?«

Hans: »Im Schnabel.«

Ich: »Im Schnabel hat er ihn gehabt! Ich hab' noch keinen Storch gesehen, der einen Schlüssel im Schnabel gehabt hat.«

Hans: »Wie hat er denn hineinkommen können? Wie kommt denn der Storch von der Tür hinein? Das ist ja nicht wahr, ich hab' mich nur geirrt; der Storch läutet an und jemand macht auf.«

Ich: »Wie läutet er denn?«

Hans: »Auf der Glocke.«

Ich: »Wie macht er das?«

Hans: »Er nimmt den Schnabel und drückt mit dem Schnabel an.«

Ich: »Und er hat die Tür wieder zugemacht?«

Hans: »Nein, ein Dienstmädchen hat sie zugemacht. Die war ja schon auf, die hat ihm aufgemacht und zugemacht.«

Ich: »Wo ist der Storch zu Hause?«

Hans: »Wo? In der Kiste, wo er die Mäderl hat. In Schönbrunn vielleicht.«

Ich: »Ich hab' in Schönbrunn keine Kiste gesehen.«

Hans: »Die wird halt weiter weg sein. — Weißt, wie der Storch die Kiste aufmacht? Er nimmt den Schnabel — die Kiste hat auch einen Schlüssel — er nimmt den Schnabel und eins (eine Schnabelhälfte) läßt er auf und sperrt so auf (demonstriert es mir am Schreibtischschlosse). Das ist ja auch ein Henkel.«

Ich: »Ist so ein Mäderl nicht zu schwer für ihn?«

Hans: »O nein!«

Ich: »Du, sieht ein Stellwagen nicht wie eine Storchenkiste aus?«

Hans: »Ja!«

Ich: »Und ein Möbelwagen?«

---

[1] Die Kiste für das Gmundner Gepäck, die im Vorzimmer steht. [Anmerkung des Vaters.]

Hans: »Ein Gsindelwerkwagen (Gsindelwerk: Schimpfwort für unartige Kinder) auch.«

17. April. Gestern hat Hans seinen lange geplanten Vorsatz ausgeführt und ist in den Hof vis-à-vis hinübergegangen. Heute wollte er es nicht tun, weil gerade gegenüber dem Einfahrtstore ein Wagen an der Ausladerampe stand. Er sagte mir: »Wenn dort ein Wagen steht, so fürcht' ich mich, daß *ich die Pferde necken werde* und sie fallen um und machen mit den Füßen Krawall.«

Ich: »Wie neckt man denn Pferde?«

Hans: »Wenn man mit ihnen schimpft, dann neckt man sie, wenn man Hühü schreit.« [1]

Ich: »Hast du Pferde schon geneckt?«

Hans: »Ja, schon öfter. Fürchten tu ich mich, daß ich's tu, aber wahr ist es nicht.«

Ich: »Hast du schon in Gmunden Pferde geneckt?«

Hans: »Nein!«

Ich: »Du neckst aber gerne Pferde?«

Hans: »O ja, sehr gerne!«

Ich: »Möchtest du sie gerne peitschen?«

Hans: »Ja!«

Ich: »Möchtest du die Pferde so schlagen, wie die Mammi die Hanna? Das hast du ja auch gerne.«

Hans: »Den Pferden schadet es ja nichts, wenn man sie schlägt. (So hab' ich ihm seinerzeit gesagt, um seine Furcht vor dem Peitschen der Pferde zu mäßigen.) Ich hab's einmal wirklich getan. Ich hab' einmal die Peitsche gehabt und hab' das Pferd gepeitscht und es ist umgefallen und hat mit den Füßen Krawall gemacht.«

Ich: »Wann?«

Hans: »In Gmunden.«

Ich: »Ein wirkliches Pferd? Das am Wagen angespannt war?«

Hans: »Es war außer'm Wagen.«

Ich: »Wo war's denn?«

Hans: »Ich hab's halt gehalten, daß es nicht davonrennen soll.« (Das klang natürlich alles unwahrscheinlich.)

Ich: »Wo war das?«

---

[1] Es hat ihm oft große Furcht eingejagt, wenn Kutscher die Pferde schlugen und Hü schrien. [Anmerkung des Vaters.]

Hans: »Beim Brunnen.«

Ich: »Wer hat's dir erlaubt? Hat's der Kutscher dort stehen lassen?«

Hans: »Halt ein Pferd vom Stalle.«

Ich: »Wie ist es zum Brunnen gekommen?«

Hans: »Ich hab's hingeführt.«

Ich: »Woher? Aus dem Stalle?«

Hans: »Ich hab's herausgeführt, weil ich es hab' wollen peitschen.«

Ich: »War im Stalle niemand?«

Hans: »O ja, der Loisl (der Kutscher in Gmunden).«

Ich: »Hat er dir's erlaubt?«

Hans: »Ich hab' mit ihm lieb geredet, und er hat gesagt, ich darf es tun.«

Ich: »Was hast du ihm gesagt?«

Hans: »Ob ich das Pferd nehmen darf und peitschen und schreien. Er hat gesagt, ja.«

Ich: »Hast du's viel gepeitscht?«

Hans: *»Was ich dir da erzähl', ist gar nicht wahr.«*

Ich: »Was ist davon wahr?«

Hans: »Nix ist davon wahr, das hab' ich nur im Spaße erzählt.«

Ich: »Du hast nie ein Pferd aus dem Stalle geführt?«

Hans: »O nein!«

Ich: »Gewünscht hast du dir's.«

Hans: »O, gewünscht schon, gedacht hab' ich mir's.«

Ich: »In Gmunden?«

Hans: »Nein, erst hier. In der Früh hab' ich mir's schon gedacht, wie ich ganz angezogen war; nein, in der Früh im Bette.«

Ich: »Warum hast du mir's nie erzählt?«

Hans: »Ich hab' nicht d'ran gedacht.«

Ich: »Du hast dir's gedacht, weil du auf die Straßen gesehen hast.«

Hans: »Ja!«

Ich: »Wen möchtest du eigentlich gerne schlagen, die Mammi, die Hanna oder mich?«

Hans: »Die Mammi.«

Ich: »Warum?«

Hans: »Ich möcht' sie halt schlagen.«

Ich: »Wann hast du gesehen, daß jemand eine Mammi schlägt?«

Hans: »Ich hab's noch nie gesehen, in meinem Leben nie.«

Ich: »Und du möchtest es halt doch machen. Wie möchtest du das tun?«

Hans: »Mit dem Pracker.« (Mit dem Pracker droht die Mama öfter ihn zu schlagen.)

Für heute mußte ich das Gespräch abbrechen.

Auf der Gasse erklärte mir Hans: Stellwagen, Möbelwagen, Kohlenwagen seien Storchkistenwagen.

Das heißt also: gravide Frauen. Die sadistische Anwandlung unmittelbar vorher kann nicht außer Zusammenhang mit unserem Thema sein.

21. April. Heute früh erzählt Hans, er habe sich gedacht: »Ein Zug war in Lainz und ich bin mit der Lainzer Großmama nach Hauptzollamt gefahren. Du warst noch nicht herunter von der Brücke und der zweite Zug war schon in St. Veit[1]. Wie du heruntergekommen bist, war der Zug schon da und da sind wir eingestiegen.«

(Gestern war Hans in Lainz. Um auf den Einsteigeperron zu kommen, muß man über eine Brücke gehen. Von dem Perron sieht man die Schienen entlang bis zur Station St. Veit. Die Sache ist etwas undeutlich. Ursprünglich hat sich Hans wohl gedacht: er ist mit dem ersten Zuge, den ich versäumt habe, davongefahren, dann ist aus Unter-St. Veit ein zweiter Zug gekommen, mit dem ich nachgefahren bin. Ein Stück dieser Ausreißerphantasie hat er entstellt, so daß er schließlich sagt: »Wir sind beide erst mit dem zweiten Zuge weggefahren.«

Diese Phantasie steht in Beziehung zu der letzten ungedeuteten [S. 60], die davon handelt, wir hätten in Gmunden zuviel Zeit verbraucht, um die Kleider in der Bahn anzuziehen, und der Zug wäre davongefahren.)

Nachmittag vor dem Haus. Hans läuft plötzlich ins Haus, als ein Wagen mit zwei Pferden kommt, an dem ich nichts Außergewöhnliches bemerken kann. Ich frage ihn, was er hat. Er sagt: »Ich fürchte mich, weil die Pferde so stolz sind, daß sie umfallen.« (Die Pferde wurden vom Kutscher scharf am Zügel gehalten, so daß sie in kurzem Schritte gingen, die Köpfe hochhaltend – sie hatten wirklich einen stolzen Gang.)

Ich frage ihn, wer denn eigentlich so stolz sei.

Er: »Du, wenn ich ins Bett zur Mammi komm'.«

---

[1] [Unter-St. Veit — von Wien aus betrachtet, eine Station über Lainz hinaus. Wenn man auf dem Bahnsteig von Lainz auf den Zug nach Wien wartet, kann man auf der dort schnurgeraden Strecke den Zug von Unter-St. Veit und selbst aus noch größerer Entfernung herannahen sehen.]

Ich: »Du wünschest also, ich soll umfallen?«

Er: »Ja, du sollst als Nackter (er meint: barfüßig wie seinerzeit Fritzl) auf einen Stein anstoßen und da soll Blut fließen und wenigstens kann ich mit der Mammi ein bißchen allein sein. Wenn du in die Wohnung heraufkommst, kann ich geschwind weglaufen von der Mammi, daß du's nicht siehst.«

Ich: »Kannst du dich erinnern, wer sich am Steine angestoßen hat?«

Er: »Ja, der Fritzl.«

Ich: »Wie der Fritzl hingefallen ist, was hast du dir gedacht?«[1]

Er: »Daß du am Steine hinfliegen sollst.«

Ich: »Du möchtest also gerne zur Mammi?«

Er: »Ja!«

Ich: »Weshalb schimpf' ich denn eigentlich?«

Er: »Das weiß ich nicht.« (!!)

Ich: »Warum?«

Er: »Weil du eifern tust.«

Ich: »Das ist doch nicht wahr!«

Er: »Ja, das ist wahr, du tust eifern, das weiß ich. Das muß wahr sein.«

Meine Erklärung, daß nur kleine Buben zur Mammi ins Bett kommen, große in ihrem eigenen Bett schlafen, hat ihm also nicht sehr imponiert.

Ich vermute, daß der Wunsch, das Pferd zu »necken« i. e. schlagen, anschreien, nicht, wie er angab, auf die Mama, sondern auf mich geht. Er hat die Mama wohl nur vorgeschoben, weil er mir das andere nicht eingestehen wollte. In den letzten Tagen ist er von besonderer Zärtlichkeit gegen mich.

Mit der Überlegenheit, die man »nachträglich« so leicht erwirbt, wollen wir den Vater korrigieren, daß der Wunsch Hansens, das Pferd zu »necken«, doppelt gefügt ist, zusammengesetzt aus einem dunklen, sadistischen Gelüste auf die Mutter und einem klaren Rachedrange gegen den Vater. Der letztere konnte nicht eher reproduziert werden, als bis im Zusammenhange des Graviditätskomplexes das erstere an die Reihe gekommen war. Bei der Bildung der Phobie aus den unbewußten Gedanken findet ja eine Verdichtung statt; darum kann der Weg der Analyse niemals den Entwicklungsgang der Neurose wiederholen.

22. April. Heute früh hat sich Hans wieder etwas gedacht: »Ein

---

[1] Fritzl ist also tatsächlich gefallen, was er seinerzeit geleugnet hat [s. S. 54].

Gassenbube ist auf dem Wagerl gefahren und der Kondukteur ist
gekommen und hat den Buben ganz nackt ausgezogen und bis in der
Früh dort stehenlassen, und in der Früh hat der Bub dem Kondukteur 50 000 Gulden gegeben, damit er mit dem Wagerl fahren darf.«
(Vis-à-vis von uns fährt die Nordbahn. Auf einem Stockgeleise steht
eine Draisine, auf der Hans einmal einen Gassenbuben fahren sah,
was er auch tun wollte. Ich habe ihm gesagt, das dürfe man nicht,
sonst käme der Kondukteur. Ein zweites Element der Phantasie ist
der verdrängte Nacktheitswunsch.)
Wir merken schon seit einiger Zeit, daß Hansens Phantasie »im Zeichen
des Verkehres« schafft und konsequenterweise vom Pferde, das den
Wagen zieht, zur Eisenbahn fortschreitet. So gesellt sich ja auch zu jeder
Straßenphobie mit der Zeit die Eisenbahnangst hinzu [1].

Mittags höre ich, daß Hans *den ganzen Vormittag mit einer Gummi-
puppe gespielt habe, die er Grete nannte*. [Vgl. S. 33.] *Er hat durch
die Öffnung, in der einmal das kleine Blechpfeifchen befestigt war,
ein kleines Taschenmesser hineingesteckt und ihr dann die Füße von-
einandergerissen, um das Messer herausfallen zu lassen. Dem Kindermädchen sagte er, zwischen die Füße der Puppe zeigend: »Schau, hier
ist der Wiwimacher!«*

Ich: »Was hast du denn heute eigentlich mit der Puppe gespielt?«

Er: »Ich hab' die Füße auseinandergerissen, weißt warum? Weil ein
Messerl drin war, was die Mammi gehabt hat. Das hab' ich hineingegeben, wo der Knopf [2] quietscht, und dann hab' ich die Füß' auseinandergerissen und dort ist es hinausgegangen.«

Ich: »Weshalb hast du die Füße auseinandergerissen? Damit du den
Wiwimacher sehen kannst?«

Er: »Er war ja auch zuerst da, da hab' ich ihn auch sehen können.«

Ich: »Weshalb hast du das Messer hineingegeben?«

Er: »Ich weiß es nicht.«

Ich: »Wie sieht denn das Messerl aus?«

Er bringt es mir.

Ich: »Hast du dir gedacht, es ist vielleicht ein kleines Kind?«

Er: »Nein, ich hab' mir gar nichts gedacht, aber der Storch hat, mir
scheint, einmal ein kleines Kind gekriegt – oder wer.«

---

[1] [Dieser charakteristische Zug der Phobie wird weiter unten auf S. 106 erörtert.]
[2] [So in der ersten Ausgabe. In allen folgenden heißt es »der Kopf«, was fast mit
Sicherheit falsch ist; s. unten, S. 110, wo beschrieben wird, daß »die Lücke« sich »im
Gummileibe einer Puppe« befand.]

Ich: »Wann?«

Er: »Einmal. Ich hab's gehört, oder hab' ichs gar nicht gehört, oder hab' ich mich verredet?«

Ich: »Was heißt verredet?«

Er: »Es ist nicht wahr.«

Ich: »Alles, was man sagt, ist ein bissel wahr.«

Er: »No ja, ein bißchen.«

Ich (nach einem Übergange): »Wie hast du dir gedacht, kommen die Hendl auf die Welt?«

Er: »Der Storch laßt sie halt wachsen, der Storch laßt die Hendl wachsen – nein, der liebe Gott.«

Ich erkläre ihm, daß die Hendl Eier legen und aus den Eiern wieder Hendl kommen.

Hans lacht.

Ich: »Warum lachst du?«

Er: »Weil mir's gefällt, was du mir da erzählst.«

Er sagt, er habe das bereits gesehen.

Ich: »Wo denn?«

Hans: »Bei dir!«

Ich: »Wo hab' ich ein Ei gelegt?«

Hans: »In Gmunden, ins Gras hast du ein Ei gelegt und auf einmal ist ein Hendl außigsprungen. Du hast einmal ein Ei gelegt, das weiß ich, das weiß ich ganz bestimmt. Weil mir's die Mammi gesagt hat.«

Ich: »Ich werde die Mammi fragen, ob das wahr ist.«

Hans: »Das ist gar nicht wahr, aber *ich* hab' schon einmal ein Ei gelegt, da ist ein Hendl außigsprungen.«

Ich: »Wo?«

Hans: »In Gmunden habe ich mich ins Gras gelegt, nein gekniet und da haben die Kinder gar nicht hergeschaut und auf einmal in der Früh hab' ich gesagt: Suchts, Kinder, gestern hab' ich ein Ei gelegt! Und auf einmal haben sie geschaut und auf einmal haben sie ein Ei gesehen und aus dem ist ein kleiner Hans gekommen. Was lachst du denn? Die Mammi weiß es nicht und die Karolin' weiß es nicht, weil niemand zugeschaut hat und auf einmal hab' ich ein Ei gelegt und auf einmal war's da. Wirklich. Vatti, wann wächst ein Hendl aus dem Ei? Wenn man es stehenläßt? Muß man das essen?«

Ich erkläre ihm das.

Hans: »No ja, lassen's wir bei der Henne, dann wächst ein Hendl. Packen wir's in die Kiste und lassen wir's nach Gmunden fahren.«

Hans hat die Leitung der Analyse mit einem kühnen Griffe an sich gerissen, da die Eltern mit den längst berechtigten Aufklärungen zögerten, und in einer glänzenden Symptomhandlung mitgeteilt: *»Seht ihr, so stelle ich mir eine Geburt vor.«* Was er dem Dienstmädchen über den Sinn seines Spieles mit der Puppe gesagt, war nicht aufrichtig; dem Vater gegenüber weist er es direkt ab, daß er nur den Wiwimacher sehen wollte. Nachdem ihm der Vater gleichsam als Abschlagszahlung die Entstehung der Hühnchen aus dem Ei erzählt hat, vereinigen sich seine Unbefriedigung, sein Mißtrauen und sein Besserwissen zu einer herrlichen Persiflage, die sich in seinen letzten Worten zu einer deutlichen Anspielung auf die Geburt der Schwester steigert.

Ich: »Was hast du mit der Puppe gespielt?«

Hans: »Ich hab' ihr Grete gesagt.«

Ich: »Warum?«

Hans: »Weil ich ihr Grete gesagt hab'.«

Ich: »Wie hast du dich gespielt?«

Hans: »Ich hab' sie halt so gepflegt wie ein wirkliches Kind.«

Ich: »Möchtest du gerne ein kleines Mäderl haben?«

Hans: »O ja. Warum nicht? Ich mag eins kriegen, aber die Mammi darf keines kriegen, ich mag's nicht.«

(Er hat sich schon oft so ausgesprochen. Er fürchtet durch ein drittes Kind noch weiter verkürzt zu werden.)

Ich: »Es bekommt doch nur eine Frau ein Kind.«

Hans: »Ich krieg ein Mäderl.«

Ich: »Wo kriegst du es denn her?«

Hans: »No, vom Storch. *Er nimmt das Mäderl heraus,* und das Mäderl legt auf einmal ein Ei und aus dem Ei kommt dann noch eine Hanna heraus, noch eine Hanna. Aus der Hanna kommt noch eine Hanna. Nein, es kommt *eine* Hanna heraus.«

Ich: »Du möchtest gerne ein Mäderl haben.«

Hans: *»Ja, nächstes Jahr krieg' ich eins,* das wird auch Hanna heißen.«

Ich: »Warum soll denn die Mammi kein Mäderl bekommen?«

Hans: »Weil ich einmal ein Mäderl mag.«

Ich: »Du kannst aber kein Mäderl bekommen.«

Hans: »O ja, ein Bub kriegt ein Mäderl und ein Mäderl kriegt einen Buben.« [1]

Ich: »Ein Bub bekommt keine Kinder. Kinder bekommen nur Frauen, Mammis.«

[1] Wiederum ein Stück infantiler Sexualtheorie mit ungeahntem Sinne.

Hans: »Warum denn ich nicht?«

Ich: »Weil der liebe Gott es so eingerichtet hat.«

Hans: »Warum kriegst denn du keines? O ja, du wirst schon eins kriegen, nur warten.«

Ich: »Da kann ich lang warten.«

Hans: »Ich gehör' doch dir.«

Ich: »Aber die Mammi hat dich auf die Welt gebracht. Du gehörst dann der Mammi und mir.«

Hans: »Gehört die Hanna mir oder der Mammi?«

Ich: »Der Mammi.«

Hans: »Nein, mir. *Warum denn nicht mir und der Mammi?*«

Ich: »Die Hanna gehört mir, der Mammi und dir.«

Hans: »Na also!«

Ein wesentliches Stück fehlt natürlich dem Kinde im Verständnisse der Sexualbeziehungen, solange das weibliche Genitale unentdeckt ist.

Am 24. April wird Hans von mir und meiner Frau soweit aufgeklärt, daß Kinder in der Mammi wachsen und dann, was große Schmerzen bereite, mittels Drückens wie ein »Lumpf« in die Welt gesetzt werden. Nachmittags sind wir vor dem Haus. Es ist bei ihm eine sichtliche Erleichterung eingetreten, er läuft Wagen nach, und nur der Umstand, daß er sich aus der Nähe des Haupttores nicht wegtraut, respektive zu keinem größeren Spaziergange zu bewegen ist, verrät den Rest von Angst.

Am 25. April rennt mir Hans mit dem Kopfe in den Bauch, was er schon früher einmal getan hat [S. 41]. Ich frage ihn, ob er eine Ziege ist.

Er sagt: »Ja ein Wieder« (Widder). – »Wo er einen Widder gesehen hat?«

Er: »In Gmunden, der Fritzl hat einen gehabt.« (Der Fritzl hat ein kleines, lebendes Schaf zum Spielen gehabt.)

Ich: »Von dem Lamperl mußt du mir erzählen, was hat es gemacht?«

Hans: »Du weißt, das Fräulein Mizzi (eine Lehrerin, die im Hause wohnte) hat immer die Hanna auf das Lamperl gesetzt, da hat es aber nicht aufstehen können, da hat es nicht stoßen können. Wenn man hingeht, stößt es schon, weil es Hörner hat. Der Fritzl tut's halt an der Schnur führen und an einen Baum anbinden. Er bindet's immer an einen Baum an.«

Ich: »Hat das Lamperl dich gestoßen?«

Hans: »Hinaufgesprungen ist es auf mich, der Fritzl hat mich einmal hingegeben ... ich bin einmal hingegangen und hab's nicht gewußt, und auf einmal ist es auf mich hinaufgesprungen. Das war so lustig – erschrocken bin ich nicht.«

Das ist gewiß unwahr.

Ich: »Hast du den Vatti gern?«

Hans: »O ja.«

Ich: »Vielleicht auch nicht?«

Hans (spielt mit einem kleinen Pferderl. In diesem Moment fällt das Pferdl um. Er schreit:) »Das Pferdl ist umgefallen! Siehst du, wie's Krawall macht!«

Ich: »Etwas ärgert dich am Vatti, daß ihn die Mammi gern hat.«

Hans: »Nein.«

Ich: »Weshalb weinst du also immer, wenn die Mammi mir einen Kuß gibt? Weil du eifersüchtig bist.«

Hans: »Das schon.«

Ich: »Was möchtest du denn machen, wenn du der Vatti wärst?«

Hans: »Und du der Hans? – Da möcht ich dich jeden Sonntag nach Lainz fahren, nein, auch jeden Wochentag. Wenn ich der Vatti wär', wär' ich gar brav.«

Ich: »Was möchtest du mit der Mammi machen?«

Hans: »Auch nach Lainz mitnehmen.«

Ich: »Was sonst noch?«

Hans: »Nix.«

Ich: »Weshalb bist du denn eifersüchtig?«

Hans: »Das weiß ich nicht.«

Ich: »In Gmunden warst du auch eifersüchtig?«

Hans: »In Gmunden nicht (das ist nicht wahr). In Gmunden hab' ich meine Sachen gehabt, einen Garten hab' ich in Gmunden gehabt und auch Kinder.«

Ich: »Kannst du dich erinnern, wie die Kuh das Kalberl bekommen hat?«

Hans: »O ja. Es ist mit einem Wagen dahergekommen (– das hat man ihm wohl damals in Gmunden gesagt; auch ein Stoß gegen die Storchtheorie –) und eine andere Kuh hat es aus dem Podl herausgedrückt.« (Das ist bereits die Frucht der Aufklärung, die er mit der »Wagerltheorie« in Einklang bringen will.)

Ich: »Das ist ja nicht wahr, daß es mit einem Wagerl gekommen ist; es ist aus der Kuh gekommen, die im Stalle war.«

Hans bestreitet es, sagt, er habe den Wagen in der Früh gesehen. Ich mache ihn aufmerksam, daß man ihm das wahrscheinlich erzählt hat, daß das Kalberl im Wagen gekommen sei. Er gibt es schließlich zu: »Es hat mir's wahrscheinlich die Berta gesagt oder nein – oder vielleicht der Hausherr. Er war dabei und es war doch Nacht, deshalb ist es doch wahr, wie ich's dir sage, oder mir scheint, es hat mir's niemand gesagt, ich hab' mir's in der Nacht gedacht.«

Das Kalberl wurde, wenn ich nicht irre, im Wagen weggeführt; daher die Verwechslung.

Ich: »Warum hast du dir nicht gedacht, der Storch hat's gebracht?«

Hans: »Das hab' ich mir nicht denken wollen.«

Ich: »Aber, daß die Hanna der Storch gebracht hat, hast du dir gedacht?«

Hans: »In der Früh (der Entbindung) hab' ich mir's gedacht. – Du Vatti, war der Herr Reisenbichler (der Hausherr) dabei, wie das Kalberl von der Kuh gekommen ist?«[1]

Ich: »Ich weiß nicht. Glaubst du?«

Hans: »Ich glaub schon ... Vatti, hast du schon öfter gesehen, wie ein Pferd etwas Schwarzes am Mund hat?«

Ich: »Ich hab's schon öfter gesehen auf der Straße in Gmunden.«[2]

Ich: »In Gmunden warst du oft im Bett bei der Mammi?«

Hans: »Ja.«

Ich: »Und dann hast dir gedacht, du bist der Vatti?«

Hans: »Ja.«

Ich: »Und dann hast du dich vor dem Vatti gefürchtet?«

Hans: »*Du weißt ja alles, ich hab' nichts gewußt.*«

Ich: »Wie der Fritzl gefallen ist, hast du dir gedacht, wenn der Vatti so fallen möchte, und wie dich das Lamperl gestoßen hat, wenn es den Vatti stoßen möcht'. Kannst du dich an das Begräbnis in Gmunden erinnern?« (Das erste Begräbnis, das Hans sah. Er erinnert sich öfter daran, eine zweifellose Deckerinnerung.)

Hans: »Ja, was war da?«

Ich: »Da hast du gedacht, wenn der Vatti sterben möcht', wärst du der Vatti.«

Hans: »Ja.«

---

[1] Hans, der Grund hat, gegen die Mitteilungen der Erwachsenen mißtrauisch zu sein, erwägt hier, ob der Hausherr glaubwürdiger sei als der Vater.

[2] Der Zusammenhang ist der: Das mit dem Schwarzen am Munde der Pferde hat ihm der Vater lange nicht glauben wollen, bis es sich endlich hat verifizieren lassen [S. 62–3].

Ich: »Vor welchen Wagen fürchtest du dich eigentlich noch?«

Hans: »Vor allen.«

Ich: »Das ist doch nicht wahr.«

Hans: »Vor Fiakern, Einspännern nicht. Vor Stellwagen, vor Gepäckwagen, aber nur, wenn sie aufgeladen haben, wenn sie aber leer sind, nicht. Wenn es ein Pferd ist und voll aufgeladen hat, da fürcht' ich mich, und wenn's zwei Pferde sind und voll aufgeladen haben, da fürcht' ich mich nicht.«

Ich: »Vor den Stellwagen fürchtest du dich, weil drin soviel Leute sind?«

Hans: »Weil am Dach soviel Gepäck ist.«

Ich: »Hat die Mammi, wie sie die Hanna bekommen hat, nicht auch voll aufgeladen?«

Hans: »Die Mammi wird wieder voll aufgeladen sein, wenn sie wieder einmal eins haben wird, bis wieder eins wachsen wird, bis wieder eins drin sein wird.«

Ich: »Das möchtest du halt gern.«

Hans: »Ja.«

Ich: »Du hast gesagt, du willst nicht, daß die Mammi noch ein Kind bekommen soll.«

Hans: »So wird sie halt nicht mehr aufgeladen sein. Die Mammi hat gesagt, wenn die Mammi keins will, will's der liebe Gott auch nicht. Wird die Mammi auch keins wollen, so wird sie keins bekommen.« (Hans hat natürlich gestern auch gefragt, ob in der Mammi noch Kinder sind. Ich habe ihm gesagt, nein, wenn der liebe Gott nicht will, wird's in ihr auch nicht wachsen.)

Hans: »Aber die Mammi hat mir gesagt, wenn sie nicht will, wird keins mehr wachsen, und du sagst, wenn der liebe Gott nicht will.«

Ich sagte ihm also, daß es so ist, wie ich gesagt habe, worauf er bemerkt: »Du warst doch dabei? Du weißt es gewiß besser.« – Er stellte also die Mama zur Rede, und die stellte die Konkordanz her, indem sie erklärte, wenn sie nicht wolle, wolle auch der liebe Gott nicht[1].

---

[1] *Ce que femme veut Dieu veut.* Hans hat hier in seinem Scharfsinne wieder ein sehr ernsthaftes Problem entdeckt. [Möglicherweise müßte das ganze Stück des Dialogs von den Worten »Hans hat natürlich gestern...« bis »wolle auch der liebe Gott nicht« in Klammern gesetzt werden, da alles sich am Tage vorher abgespielt hatte und nun erst berichtet wird. Als Freud von seinen englischen Übersetzern (im Jahre 1923) darauf aufmerksam gemacht wurde, gab er zu, daß es wahrscheinlich so gewesen sei, meinte aber, man sollte den Text doch unverändert lassen, da es sich um die Nachschrift der Aufzeichnungen von Hansens Vater handele.]

Ich: »Mir scheint, du wünschest doch, die Mammi soll ein Kind bekommen?«

Hans: »Aber haben will ich's nicht.«

Ich: »Aber du wünschest es?«

Hans: »Wünschen schon.«

Ich: »Weißt du, warum du es wünschest? Weil du gern der Vatti sein möchst.«

Hans: »Ja ... Wie ist die Geschicht'?«

Ich: »Welche Geschicht'?«

Hans: »Ein Vatti kriegt doch kein Kind, wie ist die Geschicht' dann, wenn ich gern der Vatti sein möcht'?«

Ich: »Du möchtest der Vatti sein und mit der Mammi verheiratet sein, möchtest so groß sein wie ich und einen Schnurrbart haben und möchtest, daß die Mammi ein Kind bekommen soll.«

Hans: »Vatti, und bis ich verheiratet sein werde, werde ich nur eines kriegen, wenn ich will, wenn ich mit der Mammi verheiratet sein werde, und wenn ich kein Kind will, will der liebe Gott auch nicht, wenn ich geheiratet hab'.«

Ich: »Möchtest du gern mit der Mammi verheiratet sein?«

Hans: »O ja.«

Man merkt es deutlich, wie das Glück in der Phantasie noch durch die Unsicherheit über die Rolle des Vaters und die Zweifel an der Beherrschung des Kinderkriegens gestört wird.

Am Abend desselben Tages sagt Hans, wie er ins Bett gelegt wird, zu mir: »Du, weißt du, was ich jetzt mach'? Jetzt sprech' ich noch bis 10 Uhr mit der Grete, die ist bei mir im Bett. Immer sind meine Kinder bei mir im Bett. Kannst du mir sagen, wie das ist?« – Da er schon sehr schläfrig ist, verspreche ich ihm, wir würden das morgen aufschreiben, und er schläft ein.

Aus den früheren Aufzeichnungen ergibt sich, daß Hans seit seiner Rückkehr von Gmunden immer von seinen »Kindern« phantasiert [z. B. S. 19], er führt mit ihnen Gespräche usw. [1]

Am 26. April frage ich ihn also, warum er denn immer von seinen Kindern spricht.

---

[1] Es ist keine Nötigung, hier bei Hans einen femininen Zug von Sehnsucht nach Kinderhaben anzunehmen. Da er seine beseligenden Erlebnisse als Kind bei der Mutter gehabt hat, wiederholt er diese nun in aktiver Rolle, wobei er selbst die Mutter spielen muß.

Hans: »Warum? *Weil ich so gerne Kinder haben mag, aber ich wünsch'
mir's nie, haben mag ich sie nicht.*«[1]

Ich: »Hast du dir immer vorgestellt, die Berta, die Olga usw. sind
deine Kinder?«

Hans: »Ja, der Franzl, der Fritzl und der Paul (sein Gespiele in Lainz)
auch und die Lodi.« Ein fingierter Name. Sein Lieblingskind, von dem
er am öftesten spricht. – Ich betone hier, daß die Persönlichkeit der
Lodi nicht erst seit einigen Tagen, seit dem Datum der letzten Aufklärung (24. April), besteht.

Ich: »Wer ist die Lodi? Ist sie in Gmunden?«

Hans: »Nein.«

Ich: »Gibts eine Lodi?«

Hans: »Ja, ich kenn' sie schon.«

Ich: »Welche denn?«

Hans: »Die da, die ich hab'.«

Ich: »Wie sieht sie denn aus?«

Hans: »Wie? Schwarze Augen, schwarze Haare ... ich hab' sie einmal
mit der Mariedl (in Gmunden) getroffen, wie ich in die Stadt gegangen bin.«

Wie ich Näheres wissen will, stellt sich heraus, daß dies erfunden ist[2].

Ich: »Du hast also gedacht, du bist die Mammi?«

Hans: »Ich war auch wirklich die Mammi.«

Ich: »Was hast du denn mit den Kindern gemacht?«

Hans: »Bei mir hab' ich sie schlafen lassen, Mädeln und Buben.«

Ich: »Jeden Tag?«

Hans: »Na freilich.«

Ich: »Hast du mit ihnen gesprochen?«

Hans: »Wenn alle Kinder nicht ins Bett hineingegangen sind, habe
ich welche Kinder aufs Sofa gelegt und welche in den Kinderwagen
gesetzt, wenn noch übrig geblieben sind, hab' ich sie am Boden getragen und in die Kiste gelegt, da waren noch Kinder und ich hab' sie
in die andere Kiste gelegt.«

Ich: »Also die Storchenkinderkisten sind am Boden gestanden?«

---

[1] Der so auffällige Widerspruch ist der zwischen Phantasie und Wirklichkeit – wünschen
und haben. Er weiß, daß er in Wirklichkeit Kind ist, da würden ihn andere Kinder
nur stören, in der Phantasie ist er Mutter und braucht Kinder, mit denen er die selbst
erlebten Zärtlichkeiten wiederholen kann.

[2] Es könnte doch sein, daß Hans eine zufällige Begegnung in Gmunden zum Ideal
erhoben hat, das übrigens in der Farbe von Augen und Haaren der Mutter nachgebildet ist.

Hans: »Ja.«

Ich: »Wann hast du die Kinder bekommen? War die Hanna schon auf der Welt?«

Hans: »Ja, schon lange.«

Ich: »Aber von wem hast du dir gedacht, daß du die Kinder bekommen hast?«

Hans: *»No, von mir.«* [1]

Ich: »Damals hast du aber noch gar nicht gewußt, daß die Kinder von einem kommen.«

Hans: »Ich hab' mir gedacht, der Storch hat sie gebracht.« (Offenbar Lüge und Ausflucht) [2].

Ich: »Gestern war die Grete bei dir, aber du weißt doch schon, daß ein Bub keine Kinder haben kann.«

Hans: »No ja, ich glaub's aber doch.«

Ich: »Wie bist du auf den Namen Lodi gekommen? So heißt doch kein Mäderl. Vielleicht Lotti?«

Hans: »O nein, Lodi. Ich weiß nicht, aber ein schöner Name ist es doch.«

Ich (scherzend): »Meinst du vielleicht eine Schokolodi?«

Hans (sofort): »Nein, eine Saffalodi [3] ... weil ich so gern Wurst essen tu, Salami auch.«

Ich: »Du, sieht eine Saffalodi nicht wie ein Lumpf aus?«

Hans: »Ja!«

Ich: »Wie sieht denn ein Lumpf aus?«

Hans: »Schwarz. Weißt (zeigt auf meine Augenbrauen und Schnurrbart) wie das und das.«

Ich: »Wie noch? Rund wie eine Saffaladi?«

Hans: »Ja.«

Ich: »Wenn du am Topf gesessen bist und ein Lumpf gekommen ist, hast du dir gedacht, daß du ein Kind bekommst?«

Hans (lachend): »Ja, in der —gasse schon und auch hier.«

Ich: »Weißt du, wie die Stellwagenpferde umgefallen sind? [Vgl. S. 47 ff.] Der Wagen sieht doch wie eine Kinderkiste aus, und wenn das schwarze Pferd umgefallen ist, war es so ...«

Hans (ergänzend): »Wie wenn man ein Kind bekommt.«

---

[1] Hans kann nicht anders als vom Standpunkte des Autoerotismus antworten.

[2] Es sind Phantasie-, d. h. Onaniekinder.

[3] Saffaladi = Zervelatwurst. Meine Frau erzählt gern, daß ihre Tante immer Soffilodi sagt, das mag er gehört haben. [Anmerkung des Vaters.]

Ich: »Und was hast du dir gedacht, wie es mit den Füßen Krawall gemacht hat?«

Hans: »Na, wenn ich mich nicht will am Topf setzen und lieber spielen, dann mach' ich so mit den Füßen Krawall.« [Vgl. S. 50.] (Er stampft mit den Füßen auf.)

Daher interessierte es ihn so sehr, ob man *gern* oder *ungern* Kinder bekommt.

Hans spielt heute fortwährend Gepäckkisten auf- und abladen, wünscht sich auch einen Leiterwagen mit solchen Kisten als Spielzeug. Im Hofe des Hauptzollamtes gegenüber interessierte ihn am meisten das Auf- und Abladen der Wagen. Er erschrak auch am heftigsten, wenn ein Wagen aufgeladen hatte und fortfahren sollte. »Die Pferde werden fallen [S. 44–5].«[1] Die Türen des Hauptzollamtsschuppens nannte er »Loch« (das erste, zweite, dritte ... Loch). Jetzt sagt er »Podlloch«.

Die Angst ist fast gänzlich geschwunden, nur will er in der Nähe des Hauses bleiben, um einen Rückzug zu haben, wenn er sich fürchten sollte. Er flüchtet aber nie mehr ins Haus hinein, bleibt immer auf der Straße. Bekanntlich hat das Kranksein damit begonnen, daß er auf dem Spaziergange weinend umkehrte, und als man ihn ein zweites Mal zwang, spazierenzugehen, nur bis zur Stadtbahnstation »Hauptzollamt« ging, von der aus man unsere Wohnung noch sieht. Bei der Entbindung der Frau war er natürlich von ihr getrennt, und die jetzige Angst, die ihn hindert, die Nähe des Hauses aufzugeben, ist noch die damalige Sehnsucht.

30. April. Da Hans wieder mit seinen imaginären Kindern spielt, sage ich ihm: »Wieso leben denn deine Kinder noch? Du weißt ja, daß ein Bub keine Kinder bekommen kann.«

Hans: »Das weiß ich. Früher war ich die Mammi, *jetzt bin ich der Vatti.*«

Ich: »Und wer ist die Mammi zu den Kindern?«

Hans: »No, die Mammi, und du bist der *Großvatti.*«

Ich: »Also du möchtest so groß sein wie ich, mit der Mammi verheiratet sein, und sie soll dann Kinder bekommen.«

Hans: »Ja, das möcht' ich und die Lainzerin (meine Mutter) ist dann die Großmammi.«

---

[1] Heißt man es nicht »niederkommen«, wenn eine Frau gebärt?

Es geht alles gut aus. Der kleine Ödipus hat eine glücklichere Lösung gefunden, als vom Schicksal vorgeschrieben ist. Er gönnt seinem Vater, anstatt ihn zu beseitigen, dasselbe Glück, das er für sich verlangt; er ernennt ihn zum Großvater und verheiratet auch ihn mit der eigenen Mutter.

Am 1. Mai kommt Hans mittags zu mir und sagt: »Weißt was? Schreiben wir was für den Professor auf.«

Ich: »Was denn?«

Hans: »Vormittag war ich mit allen meinen Kindern auf dem Klosett. Zuerst hab' ich Lumpf gemacht und Wiwi und sie haben zugeschaut. Dann hab' ich sie aufs Klosett gesetzt und sie haben Wiwi und Lumpf gemacht und ich hab' ihnen den Podl mit Papier ausgewischt. Weißt warum? Weil ich so gerne Kinder haben möcht', dann möcht' ich ihnen alles tun, sie aufs Klosett führen, ihnen den Podl abputzen, halt alles, was man mit Kindern tut.«

Es wird nach dem Geständnisse dieser Phantasie wohl kaum angehen, die an die exkrementellen Funktionen geknüpfte Lust bei Hans in Abrede zu stellen.

Nachmittags wagt er sich zum erstenmal in den Stadtpark. Da es 1. Mai ist, fahren wohl weniger Wagen als sonst, immerhin genug, die ihn bisher abgeschreckt haben. Er ist sehr stolz auf seine Leistung, und ich muß mit ihm nach der Jause noch einmal in den Stadtpark gehen. Auf dem Wege treffen wir einen Stellwagen, den er mir zeigt: »Schau, einen Storchenkistenwagen!« Wenn er, wie geplant ist, morgen mit mir wieder in den Stadtpark geht, kann man die Krankheit wohl als geheilt ansehen.

Am 2. Mai früh kommt Hans: »Du, ich hab' mir heute was gedacht.« Zuerst hat er's vergessen, später erzählt er unter beträchtlichen Widerständen: *»Es ist der Installateur gekommen und hat mir mit einer Zange zuerst den Podl weggenommen und hat mir dann einen andern gegeben und dann den Wiwimacher. Er hat gesagt: Laß den Podl sehen und ich hab' mich umdrehen müssen, und er hat ihn weggenommen und dann hat er gesagt: Laß den Wiwimacher sehen.«*

Der Vater erfaßt den Charakter der Wunschphantasie und zweifelt keinen Moment an der einzig gestatteten Deutung.

Ich: »Er hat dir einen *größeren* Wiwimacher und einen *größeren* Podl gegeben.«

Hans: »Ja.«

Ich: »Wie der Vatti sie hat, weil du gerne der Vatti sein möchtest?«
Hans: »Ja, und so einen Schnurrbart wie du möcht' ich auch haben
und solche Haare.« (Deutet auf die Haare an meiner Brust.)
Die Deutung der vor einiger Zeit erzählten Phantasie: Der Installateur ist gekommen und hat die Badewanne abgeschraubt und hat mir
dann einen Bohrer in den Bauch eingesetzt [S. 60], rektifiziert sich
demnach: Die große Badewanne bedeutet den »Podl«, der Bohrer
oder Schraubenzieher, wie damals schon gedeutet, den Wiwimacher[1].
Es sind identische Phantasien. Es eröffnet sich auch ein neuer Zugang
zu Hansens Furcht vor der großen Badewanne, die übrigens auch
bereits abgenommen hat. Es ist ihm unlieb, daß sein »Podl« zu klein
ist für die große Wanne.
In den nächsten Tagen nimmt die Mutter wiederholt das Wort, um ihrer
Freude über die Herstellung des Kleinen Ausdruck zu geben.

Nachtrag des Vaters eine Woche später:
Geehrter Herr Professor! Ich möchte die Krankengeschichte Hansens
noch durch folgendes ergänzen:
1. Die Remission nach der ersten Aufklärung war nicht so vollständig, wie ich sie vielleicht dargestellt habe [S. 30–1]. Hans ging
allerdings spazieren, aber nur gezwungen und mit großer Angst. Einmal ging er mit mir bis zur Station »Hauptzollamt«, von wo man
noch die Wohnung sieht, und war nicht weiter zu bringen.
2. Ad: Himbeersaft, Schießgewehr [S. 38]. Himbeersaft bekommt
Hans bei der Verstopfung. Schießen und Scheißen ist eine auch ihm
geläufige Wortvertauschung.
3. Als Hans aus unserem Schlafzimmer in ein eigenes Zimmer sepa-
riert wurde, war er ungefähr 4 Jahre alt.
4. Ein Rest ist noch jetzt da, der sich nicht mehr in Furcht, sondern
in normalem Fragetrieb äußert. Die Fragen beziehen sich meist darauf, woraus die Dinge verfertigt sind (Tramways, Maschinen usw.),
wer die Dinge macht usw. Charakteristisch für die meisten Fragen ist,

---

[1] Vielleicht darf man hinzusetzen, daß der »Bohrer« nicht ohne Beziehung auf das
Wort »geboren«, »Geburt« gewählt worden ist. Das Kind würde so zwischen »gebohrt«
und »geboren« keinen Unterschied machen. Ich akzeptiere diese mir von einem kundigen
Kollegen mitgeteilte Vermutung, weiß aber nicht zu sagen, ob hier ein·tieferer allgemeiner Zusammenhang oder die Ausnützung eines dem Deutschen [und Englischen]
eigentümlichen Sprachzufalles vorliegt. Auch Prometheus (Pramantha), der Menschen-
schöpfer, ist etymologisch der »Bohrer«. Vgl. Abraham, *Traum und Mythus*. 4. Heft der
Schriften zur angewandten Seelenkunde, 1909.

daß Hans fragt, obzwar er sich die Antwort bereits selbst gegeben hat. Er will sich nur vergewissern. Als er mich einmal mit Fragen sehr ermüdet hatte und ich ihm sagte: »Glaubst du denn, daß ich dir auf alles antworten kann, was du fragst?«, meinte er: »No, ich hab' geglaubt, weil du das vom Pferd gewußt hast, daß du das auch weißt.«

5. Von der Krankheit spricht Hans nur mehr historisch: »Damals, wie ich die Dummheit gehabt hab'.«

6. Der ungelöste Rest ist der, daß Hans sich den Kopf zerbricht, was der Vater mit dem Kinde zu tun hat, da doch die Mutter das Kind zur Welt bringt. Man kann das aus den Fragen schließen, wie: »Nicht wahr, ich gehör' auch *dir*.« (Er meint, nicht nur der Mutter.) Das: wieso er mir gehört, ist ihm nicht klar. Dagegen habe ich keinen direkten Beweis, daß er, wie Sie meinen, einen Koitus der Eltern belauscht hätte.

7. Bei einer Darstellung müßte vielleicht doch auf die Heftigkeit der Angst aufmerksam gemacht werden, da man sonst sagen würde: »Hätte man ihn nur ordentlich durchgeprügelt, so wäre er schon spazierengegangen.«

Ich setze abschließend hinzu: Mit der letzten Phantasie Hansens war auch die vom Kastrationskomplex stammende Angst überwunden, die peinliche Erwartung ins Beglückende gewendet. Ja, der Arzt [s. oben, S. 15], Installateur usw. kommt, er nimmt den Penis ab, aber nur um einen größeren dafür zu geben. Im übrigen mag unser kleiner Forscher nur frühzeitig die Erfahrung machen, daß alles Wissen Stückwerk ist und daß auf jeder Stufe ein ungelöster Rest bleibt.

III

EPIKRISE

Nach drei Richtungen werde ich nun diese Beobachtung von der Entwicklung und Lösung einer Phobie bei einem noch nicht fünfjährigen Knaben zu prüfen haben: erstens, inwieweit sie die Behauptung unterstützt, die ich in den *Drei Abhandlungen zur Sexualtheorie*, (1905 *d*), aufgestellt habe; zweitens, was sie zum Verständnis der so häufigen Krankheitsform zu leisten vermag; drittens, was sich ihr etwa zur Aufklärung des kindlichen Seelenlebens und zur Kritik unserer Erziehungsabsichten abgewinnen läßt.

1

Mein Eindruck geht dahin, daß das Bild des kindlichen Sexuallebens, wie es aus der Beobachtung des kleinen Hans hervortritt, in sehr guter Übereinstimmung mit der Schilderung steht, die ich in meiner *Sexualtheorie* nach psychoanalytischen Untersuchungen an Erwachsenen entworfen habe. Aber ehe ich daran gehe, die Einzelheiten dieser Übereinstimmung zu verfolgen, werde ich zwei Einwendungen erledigen müssen, welche sich gegen die Verwertung dieser Analyse erheben. Die erste lautet: Der kleine Hans sei kein normales Kind, sondern, wie die Folge, eben die Erkrankung, lehrt, ein zur Neurose disponiertes, ein kleiner »Hereditarier«, und es sei darum unstatthaft, Schlüsse, die vielleicht für ihn Geltung haben, auf andere, normale Kinder zu übertragen. Ich werde diesen Einwand, da er den Wert der Beobachtung bloß einschränkt, nicht völlig aufhebt, später berücksichtigen. Der zweite und strengere Einspruch wird behaupten, daß die Analyse eines Kindes durch seinen Vater, der, in *meinen* theoretischen Anschauungen befangen, mit *meinen* Vorurteilen behaftet, an die Arbeit geht, überhaupt eines objektiven Wertes entbehre. Ein Kind sei selbstverständlich in hohem Grade suggerierbar, vielleicht gegen keine Person mehr als gegen seinen Vater; es lasse sich alles dem Vater zuliebe aufdrängen zum Dank dafür, daß er sich soviel mit ihm beschäftige, seine Aussagen hätten keine Beweiskraft und seine Produktionen in Einfällen, Phantasien und Träumen erfolgten natürlich in der Richtung, nach welcher man es mit allen Mitteln gedrängt habe. Kurz, es sei wieder einmal alles »Suggestion« und deren Entlai vung beim Kinde nur sehr erleichtert im Vergleiche mit dem Erwachsenen.

Sonderbar; ich weiß mich zu erinnern, als ich mich vor 22 Jahren in den Streit der wissenschaftlichen Meinungen einzumengen begann, mit welchem Spotte damals von der älteren Generation der Neurologen und Psychiater die Aufstellung der Suggestion und ihrer Wirkungen empfangen wurde[1]. Seither hat sich die Situation gründlich geändert; der Widerwille ist in allzu entgegenkommende Bereitwilligkeit umgeschlagen, und dies nicht allein infolge der Wirkung, welche die Arbeiten Liébeaults, Bernheims und ihrer Schüler im Laufe dieser Dezennien entfalten mußten, sondern auch, weil unterdes die Entdeckung gemacht wurde, welche Denkersparnis mit der Anwendung des Schlagwortes »Suggestion« verbunden werden kann. Weiß doch niemand und bekümmert sich auch niemand zu wissen, was die Suggestion ist, woher sie rührt und wann sie sich einstellt; genug, daß man alles im Psychischen Unbequeme »Suggestion« heißen darf.

Ich teile nicht die gegenwärtig beliebte Ansicht, daß Kinderaussagen durchwegs willkürlich und unverläßlich seien. Willkür gibt es im Psychischen überhaupt nicht; die Unverläßlichkeit in den Aussagen der Kinder rührt her von der Übermacht ihrer Phantasie, wie die Unverläßlichkeit der Aussagen Erwachsener von der Übermacht ihrer Vorurteile. Sonst lügt auch das Kind nicht ohne Grund und hat im ganzen mehr Neigung zur Wahrheitsliebe als die Großen. Mit einer Verwerfung der Angaben unseres kleinen Hans in Bausch und Bogen täte man ihm gewiß schweres Unrecht; man kann vielmehr ganz deutlich unterscheiden, wo er unter dem Zwange eines Widerstandes fälscht oder zurückhält, wo er, selbst unentschieden, dem Vater beipflichtet, was man nicht als beweisend gelten lassen muß, und wo er, vom Drucke befreit, übersprudelnd mitteilt, was seine innere Wahrheit ist, und was er bisher allein gewußt hat. Größere Sicherheiten bieten auch die Angaben der Erwachsenen nicht. Bedauerlich bleibt, daß keine Darstellung einer Psychoanalyse die Eindrücke wiedergeben kann, die man während ihrer Ausführung empfängt, daß die endgültige Überzeugung nie durchs Lesen, sondern nur durchs Erleben vermittelt werden kann. Aber dieser Mangel haftet den Analysen mit Erwachsenen in gleichem Maße an.

Den kleinen Hans schildern seine Eltern als ein heiteres, aufrichtiges Kind, und so dürfte er auch durch die Erziehung geworden sein, die

---

[1] [Vgl. die ähnlichen Bemerkungen im vorletzten Absatz der *Vorlesungen zur Einführung in die Psychoanalyse* (1916–17).]

ihm die Eltern schenkten, die wesentlich in der Unterlassung unserer gebräuchlichen Erziehungssünden bestand. Solange er in fröhlicher Naivität seine Forschungen pflegen konnte, ohne Ahnung der aus ihnen bald erwachsenden Konflikte, teilte er sich auch rückhaltlos mit, und die Beobachtungen aus der Zeit vor seiner Phobie unterliegen auch keinem Zweifel und keiner Beanstandung. In der Zeit der Krankheit und während der Analyse beginnen für ihn die Inkongruenzen zwischen dem, was er sagt, und dem, was er denkt, zum Teil darin begründet, daß sich ihm unbewußtes Material aufdrängt, das er nicht mit einem Male zu bewältigen weiß, zum andern Teil infolge der inhaltlichen Abhaltungen, die aus seinem Verhältnisse zu den Eltern stammen. Ich behaupte, daß ich unparteiisch bleibe, wenn ich das Urteil ausspreche, daß auch diese Schwierigkeiten nicht größer ausgefallen sind als in soviel anderen Analysen mit Erwachsenen.

Während der Analyse allerdings muß ihm vieles gesagt werden, was er selbst nicht zu sagen weiß, müssen ihm Gedanken eingegeben werden, von denen sich noch nichts bei ihm gezeigt hat, muß seine Aufmerksamkeit die Einstellung nach jenen Richtungen erfahren, von denen her der Vater das Kommende erwartet. Das schwächt die Beweiskraft der Analyse; aber in jeder verfährt man so. Eine Psychoanalyse ist eben keine tendenzlose, wissenschaftliche Untersuchung, sondern ein therapeutischer Eingriff; sie will an sich nichts beweisen, sondern nur etwas ändern. Jedesmal gibt der Arzt in der Psychoanalyse dem Patienten die bewußten Erwartungsvorstellungen, mit deren Hilfe er imstande sein soll, das Unbewußte zu erkennen und zu erfassen, das eine Mal in reichlicherem, das andere in bescheidenerem Ausmaße. Es gibt eben Fälle, die mehr, und andere, die weniger Nachhilfe brauchen. Ohne solche Hilfe kommt niemand aus. Was man etwa bei sich allein zu Ende bringen kann, sind leichte Störungen, niemals eine Neurose, die sich dem Ich wie etwas Fremdes entgegengestellt hat; zur Bewältigung einer solchen braucht es den andern, und soweit der andere helfen kann, soweit ist die Neurose heilbar. Wenn es im Wesen einer Neurose liegt, sich vom »andern« abzuwenden, wie es die Charakteristik der als Dementia praecox zusammengefaßten Zustände zu enthalten scheint, so sind eben darum diese Zustände für unsere Bemühung unheilbar. Es ist nun zugegeben, daß das Kind wegen der geringen Entwicklung seiner intellektuellen Systeme einer besonders intensiven Nachhilfe bedarf. Aber was der Arzt dem Patienten mitteilt, stammt doch selbst wieder aus analytischen Erfahrungen, und es ist wirklich beweisend genug, wenn mit dem

Aufwande dieser ärztlichen Einmengung der Zusammenhang und die Lösung des pathogenen Materials erreicht wird.

Und doch hat unser kleiner Patient auch während der Analyse Selbständigkeit genug bewiesen, um ihn von dem Verdikte der »Suggestion« freisprechen zu können. Seine kindlichen Sexualtheorien wendet er auf sein Material an wie alle Kinder, ohne dazu eine Anregung zu erhalten. Dieselben sind dem Erwachsenen so überaus ferne gerückt; ja, in diesem Falle hatte ich es geradezu versäumt, den Vater darauf vorzubereiten, daß der Weg zum Thema der Geburt für Hans über den Exkretionskomplex führen müsse. Was infolge meiner Flüchtigkeit zu einer dunklen Partie der Analyse wurde, ergab dann wenigstens ein gutes Zeugnis für die Echtheit und Selbständigkeit in Hansens Gedankenarbeit. Er war auf einmal mit dem »Lumpf« beschäftigt [S. 50 ff.], ohne daß der angeblich suggerierende Vater verstehen konnte, wie er dazu kam und was daraus werden sollte. Ebensowenig Anteil kann man dem Vater an der Entwicklung der beiden Phantasien vom Installateur zuschreiben [S. 60 und S. 86], die von dem frühzeitig erworbenen »Kastrationskomplexe« ausgehen. Ich muß hier das Geständnis ablegen, daß ich dem Vater die Erwartung dieses Zusammenhanges völlig verschwiegen habe, aus theoretischem Interesse, um nur die Beweiskraft eines sonst schwer erreichbaren Beleges nicht verkümmern zu lassen.

Bei weiterer Vertiefung in das Detail der Analyse würden sich noch reichlich neue Beweise für die Unabhängigkeit unseres Hans von der »Suggestion« ergeben, aber ich breche hier die Behandlung des ersten Einwandes ab. Ich weiß, daß ich auch durch diese Analyse keinen überzeugen werde, der sich nicht überzeugen lassen will, und ich setze die Bearbeitung dieser Beobachtung für jene Leser fort, die sich eine Überzeugung von der Objektivität des unbewußten pathogenen Materials bereits erworben haben, nicht ohne die angenehme Gewißheit zu betonen, daß die Anzahl der letzteren in beständiger Zunahme begriffen ist.

Der erste dem Sexualleben zuzurechnende Zug bei dem kleinen Hans ist ein ganz besonders lebhaftes Interesse für seinen »Wiwimacher«, wie dies Organ nach der kaum minder wichtigen seiner beiden Funktionen und nach jener, die in der Kinderstube nicht zu umgehen ist, genannt wird. Dieses Interesse macht ihn zum Forscher; er entdeckt so, daß man auf Grund des Vorhandenseins oder Fehlens des Wiwimachers Lebendes und Lebloses unterscheiden könne [S. 16]. Bei allen Lebewesen, die er als sich ähnlich beurteilt, setzt er diesen bedeutsamen Körperteil voraus, studiert ihn an den großen Tieren, vermutet ihn bei beiden Eltern und läßt sich auch durch den Augenschein nicht abhalten, ihn bei seiner neugeborenen Schwester zu statuieren [S. 17 f.]. Es wäre eine zu gewaltige Erschütterung seiner »Weltanschauung«, könnte man sagen, wenn er sich entschließen sollte, bei einem ihm ähnlichen Wesen auf ihn zu verzichten; es wäre so, als würde er ihm selbst entrissen. Eine Drohung der Mutter [S. 15, oben], die nichts geringeres als den Verlust des Wiwimachers zum Inhalte hat, wird darum wahrscheinlich eiligst zurückgedrängt und darf erst in späteren Zeiten ihre Wirkung äußern. Die Einmengung der Mutter war erfolgt, weil er sich durch Berührung dieses Gliedes Lustgefühle zu verschaffen liebte; der Kleine hat die gewöhnlichste und – normalste Art der autoerotischen Sexualtätigkeit begonnen.

In einer Weise, die Alf. Adler sehr passend als *»Triebverschränkung«* bezeichnet hat[1], verknüpft sich die Lust am eigenen Geschlechtsgliede mit der Schaulust in ihrer aktiven und ihrer passiven Ausbildung. Der Kleine sucht den Wiwimacher anderer Personen zu Gesicht zu bekommen, er entwickelt sexuelle Neugierde und liebt es, seinen eigenen zu zeigen. Einer seiner Träume aus der ersten Zeit der Verdrängung hat den Wunsch zum Inhalte, daß eine seiner kleinen Freundinnen ihm beim Wiwimachen behilflich sein, also dieses Anblickes teilhaftig werden solle [S. 24]. Der Traum bezeugt so, daß der Wunsch bis dahin unverdrängt bestanden hat, sowie spätere Mitteilungen bestätigen, daß er seine Befriedigung zu finden pflegte. Die aktive Richtung der sexuellen Schaulust verbindet sich bei ihm bald mit einem bestimmten Motiv. Wenn er sowohl dem Vater wie der Mutter wiederholt sein Bedauern zu erkennen gibt, daß er deren Wiwimacher noch nie gesehen habe, so drängt ihn dazu wahrscheinlich das Bedürfnis, zu *vergleichen.* Das Ich bleibt der Maßstab, mit dem man die Welt ausmißt; durch beständiges Vergleichen mit der eigenen Person lernt man sie verstehen. Hans hat beobachtet, daß die großen Tiere soviel größere Wiwimacher haben als er; darum vermutet er das gleiche Verhältnis auch bei seinen Eltern und möchte sich davon überzeugen. Die Mama, meint er, hat gewiß einen Wiwimacher »wie ein Pferd«. Er hat dann den Trost bereit, daß der Wiwimacher mit ihm wachsen werde; es ist, als ob der Größenwunsch des Kindes sich aufs Genitale geworfen hätte.

In der Sexualkonstitution des kleinen Hans ist also die Genitalzone von vornherein die am intensivsten lustbetonte unter den erogenen Zonen.

---

[1] ›Der Aggressionstrieb im Leben und in der Neurose‹ (1908).

Neben ihr ist nur noch die exkrementelle, an die Orifizien der Harn- und Stuhlentleerung geknüpfte Lust bei ihm bezeugt. Wenn er in seiner letzten Glücksphantasie, mit der sein Kranksein überwunden ist, Kinder hat, die er aufs Klosett führt, sie Wiwi machen läßt und ihnen den Podl auswischt, kurz »alles mit ihnen tut, was man mit Kindern tun kann« [S. 86], so scheint es unabweisbar anzunehmen, daß diese selben Verrichtungen während seiner Kinderpflege eine Quelle der Lustempfindung für ihn waren. Diese Lust von erogenen Zonen wurde für ihn mit Hilfe der ihn pflegenden Person, der Mutter, gewonnen, führt also bereits zur Objektwahl; es bleibt aber möglich, daß er in noch früheren Zeiten gewohnt war, sich dieselbe autoerotisch zu verschaffen, daß er zu jenen Kindern gehört hat, die die Exkrete zurückzuhalten lieben, bis ihnen deren Entleerung einen Wollustreiz bereiten kann. Ich sage nur, es ist möglich, denn es ist in der Analyse nicht klargestellt worden; das »Krawallmachen mit den Beinen« (Zappeln), vor dem er sich später so sehr fürchtet, deutet nach dieser Richtung. Eine auffällige Betonung, wie bei anderen Kindern so häufig, haben diese Lustquellen bei ihm übrigens nicht. Er ist bald rein geworden, Bettnässen und tägliche Inkontinenz haben keine Rolle in seinen ersten Jahren gespielt; von der am Erwachsenen so häßlichen Neigung, mit den Exkrementen zu spielen, die am Ausgange der psychischen Rückbildungsprozesse wieder aufzutreten pflegt, ist an ihm nichts beobachtet worden.

Heben wir gleich an dieser Stelle hervor, daß während seiner Phobie die Verdrängung dieser beiden bei ihm gut ausgebildeten Komponenten der Sexualtätigkeit unverkennbar ist. Er schämt sich, vor anderen zu urinieren, klagt sich an, daß er den Finger zum Wiwimacher gebe, bemüht sich, auch die Onanie aufzugeben, und ekelt sich vor »Lumpf«, »Wiwi« und allem, was daran erinnert. In der Phantasie von der Kinderpflege nimmt er diese letztere Verdrängung wieder zurück.

Eine Sexualkonstitution wie die unseres kleinen Hans scheint die Disposition zur Entwicklung von Perversionen oder ihrem Negativ (beschränken wir uns hier auf die Hysterie) nicht zu enthalten[1]. Soviel ich erfahren habe (es ist hier wirklich noch Zurückhaltung geboten), zeichnet sich die angeborene Konstitution der Hysteriker — bei den Perversen versteht es sich beinahe von selbst — durch das Zurücktreten der Genitalzonen gegen andere erogene Zonen aus. Eine einzige »Abirrung« des Sexuallebens muß von dieser Regel ausdrücklich ausgenommen werden.

---

[1] [S. die Absätze über ›Neurose und Perversion‹ am Schluß von Abschnitt 4 der ersten der *Drei Abhandlungen zur Sexualtheorie* (1905 d).]

Bei den später Homosexuellen, die nach meiner Erwartung und nach den Beobachtungen von J. Sadger [z. B. 1908 und 1909] alle in der Kindheit eine amphigene Phase durchmachen, trifft man auf die nämliche infantile Präponderanz der Genitalzone, speziell des Penis. Ja, diese Hochschätzung des männlichen Gliedes wird zum Schicksal für die Homosexuellen. Sie wählen das Weib zum Sexualobjekt in ihrer Kindheit, solange sie auch beim Weibe die Existenz dieses ihnen unentbehrlich dünkenden Körperteiles voraussetzen; mit der Überzeugung, daß das Weib sie in diesem Punkte getäuscht hat, wird das Weib für sie als Sexualobjekt unannehmbar. Sie können den Penis bei der Person, die sie zum Sexualverkehre reizen soll, nicht entbehren und fixieren ihre Libido im günstigen Falle auf »das Weib mit dem Penis«, den feminin erscheinenden Jüngling. Die Homosexuellen sind also Personen, welche durch die erogene Bedeutung des eigenen Genitales gehindert worden sind, bei ihrem Sexualobjekt auf diese Übereinstimmung mit der eigenen Person zu verzichten. Sie sind in der Entwicklung vom Autoerotismus zur Objektliebe an einer Stelle, dem Autoerotismus näher, fixiert geblieben[1].

Es ist ganz und gar unzulässig, einen besonderen homosexuellen Trieb zu unterscheiden; es ist nicht eine Besonderheit des Trieblebens, sondern der Objektwahl, die den Homosexuellen ausmacht. Ich verweise darauf, was ich in der *Sexualtheorie* ausgeführt habe, daß wir uns irrigerweise die Vereinigung von Trieb und Objekt im Sexualleben als eine zu innige vorgestellt haben[2]. Der Homosexuelle kommt mit seinen – vielleicht normalen – Trieben von einem, durch eine bestimmte Bedingung ausgezeichneten Objekt nicht mehr los; in seiner Kindheit kann er sich, weil diese Bedingung überall als selbstverständlich erfüllt gilt, benehmen wie unser kleiner Hans, der unterschiedslos zärtlich ist mit Buben wie mit Mädchen und gelegentlich seinen Freund Fritzl für »sein liebstes Mäderl« erklärt [S. 21]. Hans ist homosexuell, wie es alle Kinder sein können, ganz im Einklange mit der nicht zu übersehenden Tatsache, daß er nur *eine Art von Genitale kennt,* ein Genitale wie das seinige[3].

---

[1] [»Das Weib mit dem Penis« wurde von Freud schon vorher in dem Artikel ›Über infantile Sexualtheorien‹ (1908 c) erwähnt. Bezüglich einer Zusammenfassung seiner Ansichten über die Homosexualität des Mannes s. den Absatz über das ›Sexualobjekt der Invertierten‹ im Abschnitt I (A) der ersten der *Drei Abhandlungen zur Sexualtheorie* (1905 d) und besonders die in späteren Ausgaben mehrmals ergänzte und veränderte lange Fußnote.]

[2] [Freud, 1905 d, Erste Abhandlung, Abschnitt I (A), ›Schlußfolgerung‹.]

[3] *(Zusatz 1923:)* Ich habe später (1923 e) hervorgehoben, daß die Periode der Sexual-

Die weitere Entwicklung unseres kleinen Erotikers geht aber nicht zur Homosexualität, sondern zu einer energischen, sich polygam gebärdenden Männlichkeit, die sich je nach ihren wechselnden weiblichen Objekten anders zu benehmen weiß, hier dreist zugreift und dort sehnsüchtig und verschämt schmachtet. In einer Zeit der Armut an anderen Objekten zur Liebe geht diese Neigung auf die Mutter zurück, von der her sie sich zu anderen gewendet hatte, um bei der Mutter in der Neurose zu scheitern. Erst dann erfahren wir, zu welcher Intensität die Liebe zur Mutter sich entwickelt und welche Schicksale sie durchgemacht hatte. Das Sexualziel, das er bei seinen Gespielinnen verfolgte, bei ihnen zu *schlafen,* rührte bereits von der Mutter her; es ist in die Worte gefaßt, die es auch im reifen Leben beibehalten kann, wenngleich der Inhalt dieser Worte eine Bereicherung erfahren wird. Der Knabe hatte auf dem gewöhnlichen Wege, von der Kinderpflege aus, den Weg zur Objektliebe gefunden und ein neues Lusterlebnis war für ihn bestimmend geworden, das Schlafen neben der Mutter, auf dessen Zusammensetzung wir die Berührungslust der Haut, die uns allen konstitutionell eignet, herausheben würden, während es nach der uns artifiziell erscheinenden Nomenklatur von Moll als Befriedigung des Kontrektationstriebes zu bezeichnen wäre[1].

In seinem Verhältnisse zu Vater und Mutter bestätigt Hans aufs grellste und greifbarste alles, was ich in der *Traumdeutung* und in der *Sexualtheorie* über die Sexualbeziehungen der Kinder zu den Eltern behauptet habe[2]. Er ist wirklich ein kleiner Ödipus, der den Vater »weg«, beseitigt haben möchte, um mit der schönen Mutter allein zu sein, bei ihr zu schlafen. Dieser Wunsch entstand im Sommeraufenthalte, als die Abwechslungen von Anwesenheit und Abwesenheit des Vaters ihn auf die Bedingung hinwiesen, an welche die ersehnte Intimität mit der Mutter gebunden war. Er begnügte sich damals mit der Fassung, der Vater solle »wegfahren«, an welche später die Angst, von einem weißen Pferde gebissen zu werden, unmittelbar anknüpfen konnte, dank einem akzidentellen Eindrucke bei einer anderen Abreise[3]. Er erhob sich später,

---

entwicklung, in der sich auch unser kleiner Patient befindet, ganz allgemein dadurch ausgezeichnet ist, daß sie nur *ein* Genitale, das männliche, kennt; zum Unterschied von der späteren Periode der Reife besteht in ihr nicht ein Genitalprimat, sondern das Primat des Phallus.

[1] [Vgl. Moll, 1898.]

[2] [1900 *a*, in Kapitel V, Abschnitt D (*β*); 1905 *d*, Dritte Abhandlung, in der Passage über das ›Sexualobjekt der Säuglingszeit‹ innerhalb des Abschnitts ›Die Objektfindung‹.]

[3] [In den Ausgaben vor 1924 heißt es »beim Wegfahren eines andern Vaters«. Die

wahrscheinlich erst in Wien, wo auf Verreisen des Vaters nicht mehr zu rechnen war, zum Inhalte, der Vater solle dauernd weg, solle »tot« sein. Die aus diesem Todeswunsche gegen den Vater entspringende, also normal zu motivierende Angst vor dem Vater bildete das größte Hindernis der Analyse, bis sie in der Aussprache in meiner Ordination beseitigt wurde [S. 41] [1].

Unser Hans ist aber wahrlich kein Bösewicht, nicht einmal ein Kind, bei welchem die grausamen und gewalttätigen Neigungen der menschlichen Natur um diese Zeit des Lebens noch ungehemmt entfaltet sind. Er ist im Gegenteil von ungewöhnlich gutmütigem und zärtlichem Wesen; der Vater hat notiert, daß sich die Verwandlung der Aggressionsneigung in Mitleiden bei ihm sehr frühzeitig vollzogen hat. Lange vor der Phobie wurde er unruhig, wenn er im Ringelspiele die Pferde schlagen sah, und er blieb nie ungerührt, wenn jemand in seiner Gegenwart weinte. An einer Stelle der Analyse kommt in einem gewissen Zusammenhange ein unterdrücktes Stück Sadismus bei ihm zum Vorschein [2]; aber es war unterdrückt, und wir werden später aus dem Zusammenhange zu erraten haben, wofür es steht und was es ersetzen soll. Hans liebt auch den Vater innig, gegen den er diese Todeswünsche hegt, und während seine Intelligenz den Widerspruch beanständet [3], muß er dessen tatsächliches Vorhandensein demonstrieren, indem er den Vater schlägt und sofort darauf die geschlagene Stelle küßt [S. 41, Anm.]. Auch wir wollen uns hüten, diesen Widerspruch anstößig zu finden; aus solchen Gegensatzpaaren ist das Gefühlsleben der Menschen überhaupt zusammengesetzt [4]; ja, es käme vielleicht nicht zur Verdrängung und zur Neurose, wenn es anders wäre. Diese Gefühlsgegensätze, die dem Erwachsenen gewöhnlich nur in der höchsten Liebesleidenschaft gleichzeitig bewußt werden, sonst einander zu unterdrücken pflegen, bis es dem einen gelingt, das

---

ursprüngliche Darstellung dieser Episode auf S. 31 (wie auch die Bezugnahme darauf, S. 44), scheint indessen zu besagen, daß doch nur Lizzi fortging. Daher die Richtigstellung hier und entsprechend auf S. 102.]

[1] Die beiden Einfälle Hansens: Himbeersaft und Gewehr zum Totschießen [S. 38] werden gewiß nicht nur einseitig determiniert gewesen sein. Sie haben wahrscheinlich mit dem Hasse gegen den Vater ebensoviel zu tun wie mit dem Verstopfungskomplex. Der Vater, der die letztere Zurückführung selbst errät [S. 87], denkt bei »Himbeersaft« auch an »Blut«.

[2] Die Pferde schlagen und necken wollen [S. 71].

[3] Vgl. die kritischen Fragen an den Vater (oben S. 42).

[4] »Das macht, ich bin kein ausgeklügelt Buch.
   Ich bin ein Mensch mit seinem Widerspruch.«
   C. F. Meyer, *Huttens letzte Tage*, [XXVI, ›Homo Sum‹].

andere verdeckt zu halten, finden im Seelenleben des Kindes eine ganze Weile über friedlich nebeneinander Raum.

Die größte Bedeutung für die psychosexuelle Entwicklung unseres Knaben hat die Geburt einer kleinen Schwester gehabt, als er 3¹/₂ Jahre alt war. Dieses Ereignis hat seine Beziehungen zu den Eltern verschärft, seinem Denken unlösliche Aufgaben gestellt, und das Zuschauen bei der Kinderpflege hat dann die Erinnerungsspuren seiner eigenen frühesten Lusterlebnisse wiederbelebt. Auch dieser Einfluß ist ein typischer; in einer unerwartet großen Anzahl von Lebens- und Krankengeschichten muß man dieses Aufflammen der sexuellen Lust und der sexuellen Wißbegierde, das an die Geburt des nächsten Kindes anknüpft, zum Ausgangspunkte nehmen. Hansens Benehmen gegen den Ankömmling ist das in der *Traumdeutung*[1] geschilderte. Im Fieber wenige Tage nachher verrät er, wie wenig er mit diesem Zuwachs einverstanden ist [S. 17]. Hier ist die Feindseligkeit das zeitlich Vorangehende, die Zärtlichkeit mag nachfolgen[2]. Die Angst, daß noch ein neues Kind nachkommen könne, hat seither eine Stelle in seinem bewußten Denken. In der Neurose ist die bereits unterdrückte Feindseligkeit durch eine besondere Angst, die vor der Badewanne, vertreten [S. 60]; in der Analyse bringt er den Todeswunsch gegen die Schwester unverhohlen zum Ausdrucke, nicht bloß in Anspielungen, die der Vater vervollständigen muß. Seine Selbstkritik läßt ihm diesen Wunsch nicht so arg erscheinen wie den analogen gegen den Vater; aber er hat offenbar beide Personen in gleicher Weise im Unbewußten behandelt, weil sie beide ihm die Mammi wegnehmen, ihn im Alleinsein mit ihr stören.

Dies Ereignis und die mit ihm verknüpften Erweckungen haben übrigens seinen Wünschen eine neue Richtung gegeben. In der sieghaften Schlußphantasie [S. 85–6] zieht er dann die Summe aller seiner erotischen Wunschregungen, der aus der autoerotischen Phase stammenden und der mit der Objektliebe zusammenhängenden. Er ist mit der schönen Mutter verheiratet und hat ungezählte Kinder, die er nach seiner Weise pflegen kann.

2

Hans erkrankt eines Tages an Angst auf der Straße: Er kann noch nicht sagen, wovor er sich fürchtet, aber zu Beginn seines Angstzustandes verrät er auch dem Vater das Motiv seines Krankseins, den Krankheits-

---

[1] S. 172, 8. Aufl. [Kap. V, Abschnitt D (*β*)].
[2] Vgl. seine Vorsätze, wenn die Kleine erst sprechen kann (oben S. 66).

gewinn[1]. Er will bei der Mutter bleiben, mit ihr schmeicheln; die Erinnerung, daß er auch von ihr getrennt war zur Zeit, als das Kind kam, mag, wie der Vater meint [S. 85], zu dieser Sehnsucht beitragen. Bald erweist sich, daß diese Angst nicht mehr in Sehnsucht zurückzuübersetzen ist, er fürchtet sich auch, wenn die Mutter mit ihm geht. Unterdes erhalten wir Anzeichen von dem, woran sich die zur Angst gewordene Libido fixiert hat. Er äußert die ganz spezialisierte Furcht, daß ihn ein weißes Pferd beißen wird.

Wir benennen einen solchen Krankheitszustand eine »Phobie« und könnten den Fall unseres Kleinen der Agoraphobie zurechnen, wenn diese Affektion nicht dadurch ausgezeichnet wäre, daß die sonst unmögliche Leistung im Raume jedesmal durch die Begleitung einer gewissen dazu auserwählten Person, im äußersten Falle des Arztes, leicht möglich wird. Hansens Phobie hält diese Bedingung nicht ein, sieht bald vom Raume ab und nimmt immer deutlicher das Pferd zum Objekte; in den ersten Tagen äußert er auf der Höhe des Angstzustandes die Befürchtung: »Das Pferd wird ins Zimmer kommen« [S. 27], die mir das Verständnis seiner Angst so sehr erleichtert hat.

Die Stellung der »Phobien« im System der Neurosen ist bisher eine unbestimmte gewesen. Sicher scheint, daß man in den Phobien nur Syndrome erblicken darf, die verschiedenen Neurosen angehören können, ihnen nicht die Bedeutung besonderer Krankheitsprozesse einzuräumen braucht. Für die Phobien von der Art wie die unseres kleinen Patienten, die ja die häufigsten sind, scheint mir die Bezeichnung »Angsthysterie« nicht unzweckmäßig; ich habe sie Herrn Dr. W. Stekel vorgeschlagen, als er die Darstellung der nervösen Angstzustände unternahm, und ich hoffe, daß sie sich einbürgern wird[2]. Sie rechtfertigt sich durch die vollkommene Übereinstimmung im psychischen Mechanismus dieser Phobien mit der Hysterie bis auf einen, aber entscheidenden und zur Sonderung geeigneten Punkt. Die aus dem pathogenen Material durch die Verdrängung entbundene Libido wird nämlich nicht *konvertiert,* aus dem Seelischen heraus zu einer körperlichen Innervation verwendet, sondern wird als Angst frei. In den vorkommenden Krankheitsfällen kann sich die »Angsthysterie« mit der *»Konversionshysterie«* in beliebigem Ausmaße vermengen. Es gibt auch reine Konversionshysterie ohne

---

[1] [Eine ausführliche Diskussion des »Krankheitsgewinns« findet sich in der 24. der *Vorlesungen* Freuds (1916–17).]

[2] W. Stekel, *Nervöse Angstzustände und ihre Behandlung,* 1908. [Freud schrieb ein Vorwort für die erste Auflage dieses Werkes (1908 f).]

jede Angst sowie bloße Angsthysterie, die sich in Angstempfindungen und Phobien äußert, ohne Konversionszusatz; ein Fall letzterer Art ist der unseres kleinen Hans.

Die Angsthysterien sind die häufigsten aller psychoneurotischen Erkrankungen, vor allem aber die zuerst im Leben auftretenden, es sind geradezu die Neurosen der Kinderzeit. Wenn eine Mutter etwa von ihrem Kind erzählt, es sei sehr »nervös«, so kann man in 9 unter 10 Fällen darauf rechnen, daß das Kind irgendeine Art von Angst oder viele Ängstlichkeiten zugleich hat. Leider ist der feinere Mechanismus dieser so bedeutsamen Erkrankungen noch nicht genügend studiert; es ist noch nicht festgestellt, ob die Angsthysterie zum Unterschiede von der Konversionshysterie und von anderen Neurosen ihre einzige[1] Bedingung in konstitutionellen Momenten oder im akzidentellen Erleben hat, oder in welcher Vereinigung von beiden sie sie findet[2]. Es scheint mir, daß es diejenige neurotische Erkrankung ist, welche die geringsten Ansprüche auf eine besondere Konstitution erhebt und im Zusammenhange damit am leichtesten zu jeder Lebenszeit akquiriert werden kann.

Ein wesentlicher Charakter der Angsthysterien läßt sich leicht hervorheben. Die Angsthysterie entwickelt sich immer mehr zur »Phobie«, am Ende kann der Kranke angstfrei geworden sein, aber nur auf Kosten von Hemmungen und Einschränkungen, denen er sich unterwerfen mußte. Es gibt bei der Angsthysterie eine von Anfang an fortgesetzte psychische Arbeit, um die frei gewordene Angst wieder psychisch zu binden, aber diese Arbeit kann weder die Rückverwandlung der Angst in Libido herbeiführen noch an dieselben Komplexe anknüpfen, von denen die Libido herrührt. Es bleibt ihr nichts anderes übrig, als jeden der möglichen Anlässe zur Angstentwicklung durch einen psychischen Vorbau von der Art einer Vorsicht, einer Hemmung, eines Verbots zu sperren, und diese Schutzbauten sind es, die uns als Phobien erscheinen und für unsere Wahrnehmung das Wesen der Krankheit ausmachen.

Man darf sagen, daß die Behandlung der Angsthysterie bisher eine rein

---

[1] [Dieses Wort wurde 1924 hinzugefügt, zweifellos um den Satz klarer zu machen.]

[2] *(Zusatz 1923:)* Die hier aufgeworfene Frage ist zwar nicht weiter verfolgt worden. Es besteht aber kein Grund, für die Angsthysterie eine Ausnahme von der Regel anzunehmen, daß Anlage und Erleben für die Ätiologie einer Neurose zusammenwirken müssen. Ein besonderes Licht auf die in der Kindheit so starke Disposition zur Angsthysterie scheint die Auffassung Ranks von der Wirkung des Geburtstraumas zu werfen. [S. jedoch Freuds spätere Kritik an dieser These von Rank im achten Kapitel von *Hemmung, Symptom und Angst* (1926 d).]

negative gewesen ist. Die Erfahrung hat gezeigt, daß es unmöglich, ja
unter Umständen gefährlich ist, die Heilung der Phobie auf gewalttätige Art zu erreichen, indem man den Kranken in eine Situation
bringt, in welcher er die Angstentbindung durchmachen muß, nachdem
man ihm seine Deckung entzogen hat. So läßt man ihn notgedrungen
Schutz suchen, wo er ihn zu finden glaubt, und bezeugt ihm eine wir-
kungslose Verachtung wegen seiner »unbegreiflichen Feigheit«.

Für die Eltern unseres kleinen Patienten stand von Beginn der Erkrankung an fest, daß man ihn weder auslachen noch brutalisieren dürfe,
sondern den Zugang zu seinen verdrängten Wünschen auf psychoanaly-
tischem Wege suchen müsse. Der Erfolg belohnte die außerordentliche
Bemühung seines Vaters, dessen Mitteilungen uns Gelegenheit geben
werden, in das Gefüge einer solchen Phobie einzudringen und den Weg
der bei ihr vorgenommenen Analyse zu verfolgen.

Es ist mir nicht unwahrscheinlich, daß die Analyse durch ihre Ausdeh-
nung und Ausführlichkeit dem Leser einigermaßen undurchsichtig geworden ist. Ich will darum zuerst ihren Verlauf verkürzt wiederholen
mit Weglassung alles störenden Beiwerks und Hervorhebung der Ergebnisse, die sich schrittweise erkennen lassen.

Wir erfahren zunächst, daß der Ausbruch des Angstzustandes kein so
plötzlicher war, wie es auf den ersten Blick erschien. Einige Tage vorher
war das Kind aus einem Angsttraum erwacht, dessen Inhalt war, die
Mama sei weg und er habe jetzt keine Mama zum Schmeicheln [S. 26].
Schon dieser Traum weist auf einen Verdrängungsvorgang von bedenk-
licher Intensität. Seine Aufklärung kann nicht lauten, wie bei vielen
Angstträumen sonst, daß das Kind aus irgendwelchen somatischen Quellen im Traume Angst verspürt und diese Angst nun zur Erfüllung eines
sonst intensiv verdrängten Wunsches aus dem Unbewußten benutzt hat
(vgl. *Traumdeutung*[1]), sondern es ist ein echter Straf- und Verdrän-
gungstraum, bei dem auch die Funktion des Traumes fehlschlägt, da das
Kind mit Angst aus dem Schlaf erwacht. Der eigentliche Vorgang im
Unbewußten läßt sich leicht rekonstruieren. Das Kind hat von Zärtlichkeiten mit der Mutter geträumt, bei ihr geschlafen, alle Lust ist in Angst
und aller Vorstellungsinhalt in sein Gegenteil verwandelt worden. Die

---

[1] [1900 *a*, Kapitel V, gegen Ende des Abschnitts C: ›Die somatischen Traumquellen‹.
Der Hinweis auf *Die Traumdeutung*, 8. Auflage, S. 399, der in früheren Ausgaben
steht, könnte ein Irrtum sein, führt jedenfalls nicht weiter.]

Verdrängung hat den Sieg über den Traummechanismus davongetragen.

Aber die Anfänge dieser psychologischen Situation gehen noch weiter zurück. Schon im Sommer gab es ähnliche sehnsüchtig-ängstliche Stimmungen, in denen er ähnliches äußerte, und die ihm damals den Vorteil brachten, daß ihn die Mutter zu sich ins Bett nahm. Seit dieser Zeit etwa dürften wir den Bestand einer gesteigerten sexuellen Erregung bei Hans annehmen, deren Objekt die Mutter ist, deren Intensität sich in zwei Verführungsversuchen [S. 23 und S. 27] an der Mutter äußert – der letzte ganz kurz vor dem Ausbruche der Angst – und die sich nebenbei in allabendlicher masturbatorischer Befriedigung entlädt. Ob dann der Umschlag dieser Erregung sich spontan vollzieht oder infolge der Abweisung der Mutter oder durch die zufällige Erweckung früherer Eindrücke bei der später zu erfahrenden »Veranlassung« der Erkrankung, das ist nicht zu entscheiden, ist wohl auch gleichgültig, da die drei verschiedenen Fälle nicht als Gegensätze aufgefaßt werden können. Die Tatsache ist die des Umschlags der sexuellen Erregung in die Angst.

Von dem Benehmen des Kindes in der ersten Zeit der Angst haben wir schon gehört, auch daß der erste Inhalt, den es seiner Angst gibt, lautet: Ein *Pferd* wird es beißen. Hier findet nun die erste Einmengung der Therapie statt. Die Eltern weisen darauf hin, daß die Angst die Folge der Masturbation sei, und leiten ihn zur Entwöhnung von derselben an [S. 27]. Ich sorge dafür, daß die Zärtlichkeit für die Mutter, die er gegen die Angst vor den Pferden vertauschen möchte, kräftig vor ihm betont werde [S. 30]. Eine geringfügige Besserung nach dieser ersten Einflußnahme geht bald in einer Zeit körperlichen Krankseins unter. Der Zustand ist unverändert. Bald darauf findet Hans die Ableitung der Furcht, daß ihn ein Pferd beißen wird, von der Reminiszenz eines Eindruckes in Gmunden [S. 31]. Ein Vater warnte damals sein Kind bei der Abreise[1]: Gib den Finger nicht zum Pferde, sonst wird es dich beißen. Der Wortlaut, in den Hans die Warnung des Vaters kleidet, erinnert an die Wortfassung der Onanieverwarnung (den Finger hingeben). Die Eltern scheinen so zuerst recht zu behalten, daß Hans sich vor seiner onanistischen Befriedigung schreckt. Der Zusammenhang ist aber noch ein loser und das Pferd scheint zu seiner Schreckensrolle recht zufällig geraten zu sein.

Ich hatte die Vermutung geäußert, daß sein verdrängter Wunsch jetzt

---

[1] [Vor 1924 hieß es an dieser Stelle: »Ein fortreisender Vater warnte damals sein Kind...«, s. Fußnote, S. 96–7.]

lauten könnte, er wolle durchaus den Wiwimacher der Mutter sehen.
Da sein Benehmen gegen ein neu eingetretenes Hausmädchen dazu
stimmt, wird ihm vom Vater die erste Aufklärung erteilt: Frauen haben
keinen Wiwimacher [S. 33]. Er reagiert auf diese erste Hilfeleistung mit
der Mitteilung einer Phantasie, er habe die Mama gesehen, wie sie ihren
Wiwimacher gezeigt habe[1]. Diese Phantasie und eine im Gespräch ge-
äußerte Bemerkung, sein Wiwimacher sei doch angewachsen, gestatten
den ersten Einblick in die unbewußten Gedankengänge des Patienten.
Er stand wirklich unter dem nachträglichen Eindruck der Kastrationsdrohung der Mutter, die 1¼ Jahre früher vorgefallen war [S. 15, oben],
denn die Phantasie, daß die Mutter das gleiche tue, die gewöhnliche »Re-
tourkutsche« beschuldigter Kinder, soll ja seiner Entlastung dienen; sie ist
eine Schutz- und Abwehrphantasie. Indes müssen wir uns sagen, daß es
die Eltern waren, welche aus dem in Hans wirksamen pathogenen Material das Thema der Beschäftigung mit dem Wiwimacher hervorgeholt
haben. Er ist ihnen darin gefolgt, hat aber noch nicht selbsttätig in die
Analyse eingegriffen. Ein therapeutischer Erfolg ist nicht zu beobachten.
Die Analyse ist weit weg von den Pferden, und die Mitteilung, daß
Frauen keinen Wiwimacher haben, ist durch ihren Inhalt eher geeignet,
seine Besorgnis um die Erhaltung des eigenen Wiwimachers zu steigern.
Es ist aber nicht der therapeutische Erfolg, den wir an erster Stelle an-
streben, sondern wir wollen den Patienten in den Stand setzen, seine
unbewußten Wunschregungen bewußt zu erfassen. Dies erreichen wir,
indem wir auf Grund der Andeutungen, die er uns macht, mit Hilfe
unserer Deutekunst den unbewußten Komplex *mit unseren Worten* vor
sein Bewußtsein bringen. Das Stück Ähnlichkeit zwischen dem, was er
gehört hat, und dem, was er sucht, das sich selbst, trotz aller Widerstände, zum Bewußtsein durchdrängen will, setzt ihn in den Stand, das
Unbewußte zu finden. Der Arzt ist ihm im Verständnisse um ein Stück
voraus; er kommt auf seinen eigenen Wegen nach, bis sie sich am be-
zeichneten Ziel treffen. Anfänger in der Psychoanalyse pflegen diese
beiden Momente zu verschmelzen und den Zeitpunkt, in dem ihnen
ein unbewußter Komplex des Kranken kenntlich geworden ist, auch für
den zu halten, in dem der Kranke ihn erfaßt. Sie erwarten zu viel, wenn
sie mit der Mitteilung dieser Erkenntnis den Kranken heilen wollen,
während er das Mitgeteilte nur dazu verwenden kann, mit dessen Hilfe

---

[1] Aus dem Zusammenhange ist zu ergänzen: und dabei berührt habe (S. 33). Er kann
ja seinen Wiwimacher nicht zeigen, ohne ihn zu berühren. [Diese Fußnote wurde 1924
von Freud hinzugefügt. Davor hatte im Text statt »gezeigt« »berührt« gestanden.]

den unbewußten Komplex in seinem Unbewußten, *dort wo er verankert ist,* aufzufinden. Einen ersten Erfolg dieser Art erzielen wir nun bei Hans. Er ist jetzt nach der partiellen Bewältigung des Kastrationskomplexes imstande, seine Wünsche auf die Mutter mitzuteilen, und er tut dies in noch entstellter Form durch die *Phantasie von den beiden Giraffen,* von denen die eine erfolglos schreit, weil er von der anderen Besitz ergreift [S. 37]. Die Besitzergreifung stellt er unter dem Bilde des Sichdaraufsetzens dar. Der Vater erkennt in dieser Phantasie eine Reproduktion einer Szene, die sich morgens im Schlafzimmer zwischen den Eltern und dem Kinde abgespielt hat, und versäumt nicht, dem Wunsche die ihm noch anhaftende Entstellung abzustreifen. Er und die Mutter sind die beiden Giraffen. Die Einkleidung in die Giraffenphantasie ist hinreichend determiniert durch den Besuch bei diesen großen Tieren in Schönbrunn wenige Tage vorher, durch die Giraffenzeichnung, die der Vater aus früheren Zeiten aufbewahrt hat, vielleicht auch durch eine unbewußte Vergleichung, die an den langen und steifen Hals der Giraffe anknüpft[1]. Wir merken, daß die Giraffe als großes und durch seinen Wiwimacher interessantes Tier ein Konkurrent der Pferde in ihrer Angstrolle hätte werden können, und auch daß Vater und Mutter beide als Giraffen vorgeführt werden, gibt einen vorläufig noch nicht verwerteten Wink für die Deutung der Angstpferde.

Zwei kleinere Phantasien, die Hans unmittelbar nach der Giraffendichtung bringt, daß er in Schönbrunn sich in einen verbotenen Raum drängt, daß er in der Stadtbahn ein Fenster zerschlägt [S. 40, oben], wobei beide Male das Strafbare der Handlung betont ist und der Vater als Mitschuldiger erscheint, entziehen sich leider der Deutung des Vaters. Ihre Mitteilung bringt darum auch Hans keinen Nutzen. Aber was so verstanden geblieben ist, das kommt wieder; es ruht nicht, wie ein unerlöster Geist, bis er zur Lösung und Erlösung gekommen ist.

Das Verständnis der beiden verbrecherischen Phantasien bietet uns keine Schwierigkeiten. Sie gehören zum Komplex des Besitzergreifens von der Mutter. In dem Kinde ringt es wie eine Ahnung von etwas, was er mit der Mutter machen könnte, womit die Besitzergreifung vollzogen wäre, und er findet für das Unfaßbare gewisse bildliche Vertretungen, denen das Gewalttätige, Verbotene gemeinsam ist, deren Inhalt uns so merkwürdig gut zur verborgenen Wirklichkeit zu stimmen scheint. Wir kön-

---

[1] Dazu stimmt die spätere Bewunderung Hansens für den Hals seines Vaters. [Dies ist wahrscheinlich eine Verdichtung der Episoden auf S. 39 und 50.]

nen nur sagen, es sind symbolische Koitusphantasien, und es ist keineswegs nebensächlich, daß der Vater dabei mittut: »Ich möchte mit der Mama etwas tun, etwas Verbotenes, ich weiß nicht was, aber ich weiß, du tust es auch.«

Die Giraffenphantasie hatte bei mir eine Überzeugung verstärkt, die sich bereits bei der Äußerung des kleinen Hans: »Das Pferd wird ins Zimmer kommen« [S. 27], geregt hatte, und ich fand den Moment geeignet, ihm als ein wesentlich zu postulierendes Stück seiner unbewußten Regungen mitzuteilen: seine Angst vor dem Vater wegen seiner eifersüchtigen und feindseligen Wünsche gegen ihn. Damit hatte ich ihm teilweise die Angst vor den Pferden gedeutet, der Vater mußte das Pferd sein, vor dem er sich mit guter innerer Begründung fürchtete. Gewisse Einzelheiten, das Schwarze am Munde und das vor den Augen (Schnurrbart und Augengläser als Vorrechte des erwachsenen Mannes), vor denen Hans Angst äußerte, schienen mir direkt vom Vater auf die Pferde versetzt zu sein [S. 41].

Mit dieser Aufklärung hatte ich den wirksamsten Widerstand gegen die Bewußtmachung der unbewußten Gedanken bei Hans beseitigt, da ja der Vater selbst die Rolle des Arztes bei ihm spielte. Die Höhe des Zustandes war von da an überschritten, das Material floß reichlich, der kleine Patient zeigte Mut, die Einzelheiten seiner Phobie mitzuteilen, und griff bald selbständig in den Ablauf der Analyse ein[1].

Man erfährt erst jetzt, vor welchen Objekten und Eindrücken Hans Angst hat. Nicht allein vor Pferden und daß Pferde ihn beißen, davon wird es bald stille, sondern auch vor Wagen, Möbelwagen und Stellwagen, als deren Gemeinsames sich alsbald die schwere Belastung herausstellt, vor Pferden, die sich in Bewegung setzen, Pferden, die groß und schwer aussehen, Pferden, die schnell fahren. Den Sinn dieser Bestimmungen gibt Hans dann selbst an; er hat Angst, daß die Pferde *umfallen,* und macht so alles zum Inhalte seiner Phobie, was dies Umfallen der Pferde zu erleichtern scheint [S. 44–5].

Es ist gar nicht selten, daß man den eigentlichen Inhalt einer Phobie, den

---

[1] Die Angst vor dem Vater spielt noch in den Analysen, die man als Arzt mit Fremden vornimmt, eine der bedeutsamsten Rollen als Widerstand gegen die Reproduktion des unbewußten pathogenen Materials. Die Widerstände sind zum Teil von der Natur der [stereotypen] »Motive«, überdies ist, wie in diesem Beispiel, ein Stück des unbewußten Materials *inhaltlich* befähigt, als Hemmung gegen die Reproduktion eines andern Stückes zu dienen. [Offenbar steht das in dieser Fußnote angeschnittene Problem in Analogie zu der Frage, ob der seelische Inhalt der »Urphantasien« möglicherweise hereditär übertragen werde. S. Anmerkung S. 15–16.]

richtigen Wortlaut eines Zwangsimpulses u. dgl. erst nach einem Stücke psychoanalytischer Bemühung zu hören bekommt. Die Verdrängung hat nicht nur die unbewußten Komplexe getroffen, sie richtet sich auch noch fortwährend gegen deren Abkömmlinge und hindert den Kranken an der Wahrnehmung seiner Krankheitsprodukte selbst. Man ist da in der seltsamen Lage, als Arzt der Krankheit zu Hilfe zu kommen, um Aufmerksamkeit für sie zu werben[1], aber nur wer das Wesen der Psychoanalyse völlig verkennt, wird diese Phase der Bemühung hervorheben und darob eine Schädigung durch die Analyse erwarten. Die Wahrheit ist, daß die Nürnberger keinen henken, den sie nicht zuvor in die Hand bekommen haben, und daß es einiger Arbeit bedarf, um der krankhaften Bildungen, die man zerstören will, habhaft zu werden.

Ich erwähnte schon in den die Krankengeschichte begleitenden Glossen [S. 48], daß es sehr instruktiv ist, sich so in das Detail einer Phobie zu vertiefen und sich den sicheren Eindruck einer sekundär hergestellten Beziehung zwischen der Angst und ihren Objekten zu holen. Daher das eigentümlich diffuse und dann wiederum so streng bedingte Wesen einer Phobie. Das Material zu diesen Speziallösungen hat sich unser kleiner Patient offenbar aus den Eindrücken geholt, die er infolge der Lage der Wohnung gegenüber dem Hauptzollamte tagsüber vor Augen haben kann. Er verrät auch in diesem Zusammenhang eine jetzt durch die Angst gehemmte Regung, mit den Ladungen der Wagen, dem Gepäcke, den Fässern und Kisten wie die Buben der Gasse zu spielen.

In diesem Stadium der Analyse findet er das an sich nicht bedeutsame Erlebnis wieder, welches dem Ausbruche der Krankheit unmittelbar vorausgegangen ist, und das wohl als die Veranlassung für diesen Ausbruch angesehen werden darf. Er ging mit der Mama spazieren und sah ein Stellwagenpferd umfallen und mit den Füßen zappeln [S. 47]. Dies machte auf ihn einen großen Eindruck. Er erschrak heftig, meinte, das Pferd sei tot; von jetzt ab würden alle Pferde umfallen. Der Vater weist ihn darauf hin, daß er bei dem fallenden Pferde an ihn, den Vater, gedacht und gewünscht haben muß, er solle so fallen und tot sein. Hans sträubt sich nicht gegen diese Deutung; ein Weile später akzeptiert er durch ein Spiel, das er aufführt, indem er den Vater beißt, die Identifizierung des Vaters mit dem gefürchteten Pferde [S. 49] und benimmt sich von da ab frei und furchtlos, ja, selbst ein wenig übermütig gegen seinen

---

[1] [Ähnlich bei den Zwangsneurosen, s. den Fall des »Rattenmannes« (1909 *d*), Teil II, ›Zur Theorie‹, ziemlich am Anfang des Abschnitts a).]

Vater. Die Angst vor Pferden hält aber noch an, und infolge welcher
Verkettung das fallende Pferd seine unbewußten Wünsche aufgerührt
hat, ist uns noch nicht klar.

Fassen wir zusammen, was sich bisher ergeben hat: Hinter der erst ge-
äußerten Angst, das Pferd werde ihn beißen, ist die tiefer liegende Angst,
die Pferde werden umfallen, aufgedeckt worden, und beide, das bei-
ßende wie das fallende Pferd, sind der Vater, der ihn strafen wird, weil
er so böse Wünsche gegen ihn hegt. Von der Mutter sind wir unterdes
in der Analyse abgekommen.

Ganz unerwartet und gewiß ohne Dazutun des Vaters beginnt nun
Hans sich mit dem ›Lumpfkomplex‹ zu beschäftigen und Ekel vor
Dingen zu zeigen, die ihn an die Stuhlentleerung erinnern [S. 51 f.]. Der
Vater, der hier nur ungern mitgeht, setzt mittendrin die Fortsetzung der
Analyse durch, wie er sie leiten möchte, und bringt Hans zur Erinne-
rung eines Erlebnisses in Gmunden, dessen Eindruck sich hinter dem des
fallenden Stellwagenpferdes verbarg. Fritzl, sein geliebter Spielgenosse,
vielleicht auch sein Konkurrent bei den vielen Gespielinnen, hatte im
Pferdespiele mit dem Fuße an einen Stein gestoßen, war umgefallen, und
der Fuß hatte geblutet [S. 54]. An diesen Unfall hatte das Erlebnis mit
dem fallenden Stellwagenpferd erinnert. Es ist bemerkenswert, daß
Hans, der zur Zeit mit anderen Dingen beschäftigt ist, das Umfallen
Fritzls, das den Zusammenhang herstellt, zuerst leugnet, erst in einem
späteren Stadium der Analyse zugesteht [S. 74]. Für uns mag es aber
interessant sein hervorzuheben, wie sich die Verwandlung von Libido
in Angst auf das Hauptobjekt der Phobie, das Pferd, projiziert. Pferde
waren ihm die interessantesten großen Tiere, Pferdespiel das liebste
Spiel mit seinen kindlichen Genossen. Die Vermutung, daß der Vater
ihm zuerst als Pferd gedient hat, wird durch Erkundigung beim Vater
bestätigt, und so konnte sich bei dem Unfalle in Gmunden der Person
des Vaters die Fritzls substituieren. Nach eingetretenem Verdrängungs-
umschwunge mußte er sich nun vor den Pferden fürchten, an die er
vorher so viel Lust geknüpft hatte.

Aber wir sagten schon, daß wir diese letzte bedeutsame Aufklärung über
die Wirksamkeit des Krankheitsanlasses dem Eingreifen des Vaters
verdanken. Hans ist bei seinen Lumpfinteressen, und wir müssen ihm
endlich dorthin folgen. Wir erfahren, daß er sich früher der Mutter als
Begleiter aufs Klosett aufzudrängen pflegte [S. 58] und daß er dies bei
der damaligen Stellvertreterin der Mutter, seiner Freundin Berta, wiederholte, bis es bekannt und verboten wurde [S. 56]. Die Lust, bei den

Verrichtungen einer geliebten Person zuzuschauen, entspricht auch einer »Triebverschränkung«, von der wir bei Hans bereits ein Beispiel bemerkt hatten [S. 93]. Endlich geht auch der Vater auf die Lumpfsymbolik ein und anerkennt eine Analogie zwischen einem schwer beladenen Wagen und einem mit Stuhlmassen belasteten Leibe, der Art, wie der Wagen aus dem Tore hinausfährt und wie man den Stuhl aus dem Leibe entläßt u. dgl. [S. 60–2].

Die Stellung Hansens in der Analyse hat sich aber gegen frühere Stadien wesentlich geändert. Konnte ihm der Vater früher voraussagen, was kommen würde, bis Hans, der Andeutung folgend, nachgetrabt war, so eilt er jetzt mit sicherem Schritte voraus, und der Vater hat Mühe ihm zu folgen. Hans bringt wie unvermittelt eine neue Phantasie: Der Schlosser oder Installateur hat die Badewanne losgeschraubt, in welcher Hans sich befindet, und ihm dann mit seinem großen Bohrer in den Bauch gestoßen [S. 60]. Von jetzt an hinkt unser Verständnis dem Materiale nach. Wir können erst später erraten, daß dies die angstentstellte Umarbeitung einer *Zeugungsphantasie* ist. Die große Badewanne, in der Hans im Wasser sitzt, ist der Mutterleib; der »Bohrer«, der schon dem Vater als ein großer Penis kenntlich wird, dankt seine Erwähnung dem Geborenwerden. Es klingt natürlich sehr merkwürdig, wenn wir der Phantasie die Deutung geben müssen: Mit deinem großen Penis hast du mich »gebohrt« (zur Geburt gebracht) und mich in den Mutterleib hineingesetzt. Aber vorläufig entgeht die Phantasie der Deutung und dient Hans nur als Anknüpfung zur Fortführung seiner Mitteilungen.

Vor dem Baden in der großen Wanne zeigt Hans eine Angst [S. 60], die wiederum zusammengesetzt ist. Ein Anteil derselben entgeht uns noch, der andere wird durch eine Beziehung zum Baden der kleinen Schwester alsbald aufgeklärt. Hans gibt den Wunsch zu, daß die Mutter die Kleine beim Baden fallen lassen möge, so daß sie sterbe [S. 65]; seine eigene Angst beim Baden war die vor der Vergeltung für diesen bösen Wunsch, vor der Strafe, daß es ihm so ergehen werde. Er verläßt nun das Thema des Lumpfes und übergeht unmittelbar darauf auf das der kleinen Schwester. Aber wir können ahnen, was diese Auseinanderreihung bedeutet. Nichts anderes, als daß die kleine Hanna selbst ein Lumpf ist, daß alle Kinder Lumpfe sind und wie Lumpfe geboren werden. Wir verstehen nun, daß alle Möbel-, Stell- und Lastwagen nur Storchenkistenwagen sind, auch nur als symbolische Vertretungen der Gravidität Interesse für ihn hatten und daß er im Umfallen der schweren oder schwer belasteten Pferde nichts anderes gesehen haben kann als eine – Entbindung, ein Niederkommen[1]. Das fallende Pferd war also nicht nur der sterbende Vater, sondern auch die Mutter in der Niederkunft.

Und nun bringt Hans die Überraschung, auf welche wir in der Tat nicht vorbereitet waren. Er hat die Gravidität der Mutter, die ja mit der Geburt der Kleinen endigte, als er 3½ Jahre war, bemerkt und sich den richtigen Sachverhalt, wenigstens nach der Entbindung, konstruiert, wohl ohne ihn zu äußern, vielleicht ohne ihn äußern zu können; es war damals nur zu beobachten, daß er unmittelbar nach der Entbindung sich so sehr skeptisch gegen alle Zeichen, die auf die Anwesenheit des Storches deuten sollten, benahm [S. 17]. *Aber daß er im Unbewußten und ganz im Gegensatze zu seinen offiziellen Reden gewußt, woher das Kind kam und wo es früher verweilt hatte*, das wird durch diese Analyse gegen jeden Zweifel sicher dargetan; es ist vielleicht das unerschütterlichste Stück derselben.

Den zwingenden Beweis dafür erbringt die hartnäckig festgehaltene, mit soviel Einzelheiten ausgeschmückte Phantasie, daß Hanna schon im Sommer vor ihrer Geburt mit ihnen in Gmunden war, wie sie hingereist ist und damals soviel mehr leisten konnte als ein Jahr später, nach ihrer Geburt [S. 63–4]. Die Frechheit, mit der Hans diese Phantasie vorträgt, die ungezählten tollen Lügen, die er in sie einflicht, sind beileibe nicht sinnlos; das alles soll seiner Rache am Vater dienen, dem er wegen der Irreführung durch das Storchmärchen grollt. Es ist ganz so, als ob er sagen wollte: hast du mich für so dumm gehalten und mir zugemutet zu glauben, daß der Storch die Hanna gebracht hat, so kann ich dafür von dir verlangen, daß du meine Erfindungen für Wahrheit nimmst. In durchsichtigem Zusammenhange mit diesem Racheakte des kleinen Forschers an seinem Vater reiht sich nun die Phantasie vom Necken und Schlagen der Pferde an [S. 71]. Sie ist wiederum doppelt gefügt, lehnt sich einerseits an die Neckerei an, der er eben den Vater unterzogen hat, und bringt anderseits jene dunkeln sadistischen Gelüste gegen die Mutter wieder, die sich, zuerst von uns noch unverstanden, in den Phantasien vom verbotenen Tun geäußert hatten. Bewußt gesteht er auch die Lust, die Mammi zu schlagen, ein [S. 72].

Nun haben wir nicht mehr viel Rätsel zu erwarten. Eine dunkle Phantasie vom Zugversäumen [S. 73] scheint eine Vorläuferin der späteren Unterbringung des Vaters bei der Großmutter in Lainz zu sein, da sie

---

[1] [S. Anmerkung auf S. 85. – Weitere Betrachtungen zu dieser speziellen Symbolbildung finden sich am Schluß der Abhandlung von Freud ›Eine Kindheitserinnerung aus *Dichtung und Wahrheit*‹ (1917 b).]

eine Reise nach Lainz behandelt und die Großmutter in ihr vorkommt. Eine andere Phantasie, in der ein Bub dem Kondukteur 50 000 fl. gibt, damit er ihn mit dem Wagen fahren läßt [S. 75], klingt fast wie ein Plan, dem Vater, dessen Stärke ja zum Teil in seinem Reichtume liegt, die Mutter abzukaufen. Dann gesteht er den Wunsch, den Vater zu beseitigen, und die Begründung desselben, weil er seine Intimität mit der Mutter störe, mit einer Offenheit ein, zu welcher er es bisher noch nicht gebracht hatte [S. 74]. Wir dürfen uns nicht verwundern, wenn dieselben Wunschregungen im Laufe der Analyse wiederholt auftreten; die Monotonie entsteht nämlich erst durch die angeknüpften Deutungen; für Hans sind es nicht bloße Wiederholungen, sondern fortschreitende Entwicklungen von der schüchternen Andeutung bis zur vollbewußten, von jeder Entstellung freien Klarheit.

Was nun noch folgt, sind solche von Hans ausgehende Betätigungen der für unsere Deutung bereits gesicherten analytischen Ergebnisse. Er zeigt in einer unzweideutigen Symptomhandlung, die er nur vor dem Hausmädchen, nicht vor dem Vater, leicht verkleidet, wie er sich eine Geburt vorstellt [S. 75]; aber wenn wir genauer zusehen, zeigt er noch mehr, deutet auf etwas hin, was in der Analyse nicht mehr zur Sprache kommt. Durch die runde Lücke im Gummileibe einer Puppe steckt er ein kleines Messerchen hinein, das der Mama gehört, und läßt es wieder herausfallen, indem er ihr die Beine auseinanderreißt. Die darauffolgende Aufklärung durch die Eltern [S. 78], daß Kinder tatsächlich im Leibe der Mutter wachsen und wie ein Lumpf herausbefördert werden, kommt zu spät; sie kann ihm nichts mehr Neues sagen. Durch eine andere, wie zufällig erfolgende Symptomhandlung gibt er zu, daß er den Vater tot gewünscht hat, indem er ein Pferd, mit dem er spielt, umfallen läßt, d. h. umwirft, in dem Momente, da der Vater von diesem Todeswunsche spricht. Mit Worten bekräftigt er, daß die schwer beladenen Wagen ihm die Gravidität der Mutter vorstellten, und daß das Umfallen des Pferdes so war, wie wenn man ein Kind bekommt. Die köstlichste Bestätigung in diesem Zusammenhange, der Beweis, daß Kinder »Lumpfe« sind, durch die Erfindung des Namens »Lodi« für sein Lieblingskind kommt nur verspätet zu unserer Kenntnis, denn wir hören, daß er mit diesem Wurstkinde schon die längste Zeit gespielt hat [S. 83] [1].

---

[1] Ein zunächst befremdender Einfall des genialen Zeichners Th. Th. Heine, der auf einem Blatte im *Simplizissimus* darstellt, wie das Kind des Selchermeisters in die Wurstmaschine gerät und dann als Würstchen von den Eltern betrauert, eingesegnet wird und gen Himmel fliegt, findet durch die Lodiepisode unserer Analyse seine Zurückführung auf eine infantile Wurzel.

Die beiden abschließenden Phantasien Hansens, mit denen seine Herstellung vollkommen wird, haben wir bereits gewürdigt. Die eine, vom Installateur, der ihm einen neuen und, wie der Vater errät, größeren Wiwimacher ansetzt [S. 86], ist doch nicht bloß die Wiederholung der früheren, die sich mit dem Installateur und der Badewanne beschäftigte. Sie ist eine siegreiche Wunschphantasie und enthält die Überwindung der Kastrationsangst. Die zweite Phantasie, die den Wunsch eingesteht, mit der Mutter verheiratet zu sein und viele Kinder mit ihr zu haben [S. 85–6], erschöpft nicht bloß den Inhalt jener unbewußten Komplexe, die sich beim Anblicke des fallenden Pferdes gerührt und Angst entwickelt hatten – sie korrigiert auch, was an jenen Gedanken schlechterdings unannehmbar war, indem sie, anstatt den Vater zu töten, ihn durch Erhöhung zur Ehe mit der Großmutter unschädlich macht. Mit dieser Phantasie schließen Krankheit und Analyse berechtigterweise ab.

Während der Analyse eines Krankheitsfalles kann man einen anschaulichen Eindruck von der Struktur und Entwicklung der Neurose nicht gewinnen. Es ist das die Sache einer synthetischen Arbeit, der man sich nachher unterziehen muß. Wenn wir diese Synthese bei der Phobie unseres kleinen Hans unternehmen, so knüpfen wir an die Schilderung seiner Konstitution, seiner leitenden sexuellen Wünsche und seiner Erlebnisse bis zur Geburt der Schwester an, die wir auf früheren Seiten dieser Abhandlung gegeben haben.

Die Ankunft dieser Schwester brachte ihm mehrerlei, was ihn von nun an nicht zur Ruhe kommen ließ. Zunächst ein Stück Entbehrung, zu Anfang eine zeitweilige Trennung von der Mutter und dann später eine dauernde Verminderung ihrer Fürsorge und Aufmerksamkeit, die er mit der Schwester zu teilen sich gewöhnen mußte. Zuzweit eine Wiederbelebung seiner Lusterlebnisse aus der Kinderpflege, hervorgerufen durch all das, was er die Mutter mit der kleinen Schwester vornehmen sah. Aus beiden Einflüssen ergab sich eine Steigerung seiner erotischen Bedürftigkeit, der es an Befriedigung zu mangeln begann. Für den Verlust, den ihm die Schwester gebracht hatte, entschädigt er sich durch die Phantasie, daß er selbst Kinder habe, und solange er (bei seinem zweiten Aufenthalte)[1] in Gmunden mit diesen Kindern wirklich spielen konnte, fand seine Zärtlichkeit genügende Ableitung. Aber nach Wien zurückgekehrt, war er wieder einsam, heftete alle seine Ansprüche an die

---

[1] [Diese Parenthese wurde 1924 hinzugefügt.]

111

Mutter und litt weitere Entbehrung, da er seit dem Alter von $4^1/_2$ Jahren[1] aus dem Schlafzimmer der Eltern verbannt worden war. Seine gesteigerte erotische Erregbarkeit äußerte sich nun in Phantasien, welche die Sommergespielen in seine Einsamkeit beschworen, und in regelmäßigen autoerotischen Befriedigungen durch masturbatorische Reizung des Genitales.

Drittens brachte ihm aber die Geburt der Schwester die Anregung zu einer Denkarbeit, die einerseits nicht zur Lösung zu bringen war, anderseits ihn in Gefühlskonflikte verstrickte. Das große Rätsel stellte sich für ihn ein, woher die Kinder kommen, das erste Problem vielleicht, dessen Lösung die Geisteskräfte des Kindes in Anspruch nimmt[2], von dem das Rätsel der thebanischen Sphinx wahrscheinlich nur eine Entstellung wiedergibt. Die ihm gebotene Aufklärung, der Storch habe die Hanna gebracht, wies er ab. Er hatte doch bemerkt, daß die Mutter Monate vor der Geburt der Kleinen einen großen Leib bekommen hatte, daß sie dann zu Bett gelegen, bei der Geburt gestöhnt hatte und dann schlank aufgestanden war. Er schloß also, die Hanna sei im Leibe der Mutter gewesen und dann herausgekommen wie ein »Lumpf«. Dieses Gebären konnte er sich lustvoll vorstellen, unter Anknüpfung an eigene früheste Lustempfindungen beim Stuhlgange, konnte sich also mit doppelter Motivierung wünschen, selbst Kinder zu haben, um sie mit Lust zu gebären und dann (mit Vergeltungslust gleichsam) zu pflegen. In all dem lag nichts, was ihn zu Zweifel oder zu Konflikt geführt hätte.

Aber es war noch etwas anderes da, was ihn stören mußte. Der Vater mußte etwas mit der *Geburt* der kleinen Hanna zu tun haben, denn er behauptete, Hanna und er selbst, Hans, seien seine Kinder. Er hatte sie aber gewiß nicht in die Welt gesetzt, sondern die Mama. Dieser Vater war ihm bei der Mutter im Wege. Wenn er da war, konnte er nicht bei der Mutter schlafen, und wenn die Mutter Hans ins Bett nehmen wollte, schrie der Vater. Hans hatte erfahren, wie gut er's bei Abwesenheit des Vaters haben könnte, und der Wunsch, den Vater zu beseitigen, war nur gerechtfertigt. Nun erhielt diese Feindseligkeit eine Verstärkung. Der Vater hatte ihm die Lüge vom Storch erzählt, und es ihm damit unmöglich gemacht, ihn in diesen Dingen um Aufklärung zu bitten. Er hinderte

---

[1] [In den früheren Ausgaben »4«; dies wurde 1924 durch »$4^1/_2$« ersetzt. S. jedoch die Bemerkung von Hansens Vater (3) auf S. 87. Die Betten sind beim Umzug in die neue Wohnung möglicherweise umgestellt worden (S. 21).]

[2] [Freud berichtigte diese Ansicht, soweit sie Mädchen betraf, in einer Anmerkung zu seiner Arbeit ›Einige psychische Folgen des anatomischen Geschlechtsunterschieds‹ (1925 *j*).]

ihn nicht nur, bei der Mutter im Bette zu sein, sondern vorenthielt ihm auch das Wissen, nach dem er strebte. Er benachteiligte ihn nach beiden Richtungen, und dies offenbar zu seinem eigenen Vorteile.

Daß er nun diesen selben Vater, den er als Konkurrenten hassen mußte, seit jeher geliebt hatte und weiter lieben mußte, daß er ihm Vorbild war, sein erster Spielgenosse und gleichfalls sein Pfleger aus den ersten Jahren, das ergab den ersten, zunächst nicht lösbaren Gefühlskonflikt. Wie Hansens Natur sich entwickelt hatte, mußte die Liebe vorläufig die Oberhand behalten und den Haß unterdrücken, ohne ihn aufheben zu können, denn er wurde von der Liebe zur Mutter her immer von neuem gespeist.

Der Vater wußte aber nicht nur, woher die Kinder kommen, er übte es auch wirklich aus, das, was Hans nur dunkel ahnen konnte. Der Wiwimacher mußte etwas damit zu tun haben, dessen Erregung all diese Gedanken begleitete, und zwar ein großer, größer als Hans seinen fand. Folgte man den Empfindungsandeutungen, die sich da ergaben, so mußte es sich um eine Gewalttätigkeit handeln, die man an der Mama verübte, um ein Zerschlagen, ein Öffnungschaffen, ein Eindringen in einen abgeschlossenen Raum, den Impuls dazu konnte das Kind in sich verspüren; aber obwohl es auf dem Wege war, von seinen Penissensationen aus, die Vagina zu postulieren, so konnte es doch das Rätsel nicht lösen, denn so etwas, wie der Wiwimacher es brauchte, bestand ja in seiner Kenntnis nicht; vielmehr stand der Lösung die Überzeugung im Wege, daß die Mama einen Wiwimacher wie er besitze. Der Lösungsversuch, was man mit der Mama anfangen müßte, damit sie Kinder bekomme, versank im Unbewußten, und beiderlei aktive Impulse, der feindselige gegen den Vater wie der sadistisch-zärtliche gegen die Mutter, blieben verwendungslos, der eine infolge der neben dem Hasse vorhandenen Liebe, der andere vermöge der Ratlosigkeit, die sich aus den infantilen Sexualtheorien ergab.

Nur in dieser Weise vermag ich, auf die Resultate der Analyse gestützt, die unbewußten Komplexe und Wunschregungen zu konstruieren, deren Verdrängung und Wiedererweckung die Phobie des kleinen Hans zum Vorscheine brachte. Ich weiß, daß damit dem Denkvermögen eines Kindes zwischen 4 und 5 Jahren viel zugemutet ist, aber ich lasse mich von dem leiten, was wir neu erfahren haben, und halte mich durch die Vorurteile unserer Unwissenheit nicht für gebunden. Vielleicht hätte man die Angst vor dem »Krawallmachen mit den Beinen« benutzen können, um noch Lücken in unserem Beweisverfahren auszufüllen. Hans gab zwar an, es erinnere ihn an das Zappeln mit den Beinen, wenn er gezwungen werden sollte, sein Spiel zu unterbrechen, um Lumpf zu machen, so daß dieses Element der Neurose in Beziehung zu dem Problem gerät, ob die Mama gerne oder nur gezwungen Kinder bekomme, aber ich habe nicht den Eindruck, daß hiemit die volle Aufklärung für das »Krawallmachen mit den Beinen« gegeben ist. Meine Vermutung, daß sich bei dem Kinde eine Reminiszenz an einen von ihm im Schlafzimmer beobachteten sexuellen Verkehr der Eltern geregt habe, konnte der Vater nicht bestätigen. Begnügen wir uns also mit dem, was wir erfahren haben.

Durch welchen Einfluß es in der geschilderten Situation bei Hans zum Umkippen, zur Verwandlung der libidinösen Sehnsucht in Angst gekommen ist, an welchem Ende da die Verdrängung eingesetzt hat, das ist schwer zu sagen und könnte wohl nur durch die Vergleichung mit mehreren ähnlichen Analysen zu entscheiden sein; ob das intellektuelle Unvermögen des Kindes, das schwierige Problem der Kinderzeugung zu lösen und die durch die Annäherung an die Lösung entbundenen aggressiven Impulse zu verwerten, den Ausschlag gab oder ein somatisches Unvermögen, eine Intoleranz seiner Konstitution gegen die regelmäßig geübte masturbatorische Befriedigung, ob die bloße Fortdauer der sexuellen Erregung in so hoher Intensität zum Umschlage führen mußte, das stelle ich als fraglich hin, bis uns weitere Erfahrung zu Hilfe kommt.

Dem Gelegenheitsanlasse für den Ausbruch der Krankheit zu viel Einfluß zuzuschreiben, verbieten die zeitlichen Verhältnisse, denn Andeutungen von Ängstlichkeit waren bei Hans lange vorher, ehe er das Stellwagenpferd auf der Straße umfallen sah, zu beobachten.

Immerhin knüpfte die Neurose direkt an dieses akzidentelle Erlebnis an und bewahrte die Spur desselben in der Erhebung des Pferdes zum Angstobjekt. Eine »traumatische Kraft« kommt diesem Eindrucke an und für sich nicht zu; nur die frühere Bedeutung des Pferdes als Gegenstand der Vorliebe und des Interesses und die Anknüpfung an das traumatisch geeignetere Erlebnis in Gmunden, wie Fritzl beim Pferdespiele umfiel, sowie der leichte Assoziationsweg von Fritzl zum Vater, haben den zufällig beobachteten Unfall mit so großer Wirksamkeit ausgestattet. Ja, wahrscheinlich hätten auch diese Beziehungen nicht ausgereicht, wenn nicht dank der Schmiegsamkeit und der Vieldeutigkeit der Assoziationsverknüpfungen der gleiche Eindruck sich auch [als] geeignet erwiesen hätte, an den zweiten der im Unbewußten bei Hans lauernden

114

Komplexe, an den von der Niederkunft der graviden Mutter, zu rühren. Von da an war der Weg zur Wiederkehr des Verdrängten eröffnet, und nun wurde er in der Weise beschritten, daß *das pathogene Material auf den Pferdekomplex umgearbeitet (transponiert) und die begleitenden Affekte uniform in Angst verwandelt erschienen.*

Bemerkenswerterweise mußte sich der nunmehrige Vorstellungsinhalt der Phobie noch eine Entstellung und Ersetzung gefallen lassen, ehe das Bewußtsein Kenntnis von ihm nahm. Der erste Wortlaut der Angst, den Hans äußerte, war: das Pferd wird mich beißen; er rührt aus einer anderen Szene in Gmunden her, die einerseits Beziehung zum feindseligen Wunsche gegen den Vater hat, anderseits an die Onanieverwarnung erinnert. Es hat sich da ein ablenkender Einfluß geltend gemacht, der vielleicht von den Eltern ausging; ich bin nicht sicher, ob die Berichte über Hans damals sorgfältig genug abgefaßt wurden, um uns entscheiden zu lassen, ob er seiner Angst diesen Ausdruck gegeben, *ehe oder erst nachdem* ihn die Mutter wegen seiner Masturbation zur Rede gestellt hatte. Im Gegensatze zur Darstellung der Krankengeschichte möchte ich das letztere vermuten [s. S. 27]. Im übrigen ist unverkennbar, daß der feindselige Komplex gegen den Vater bei Hans überall den lüsternen gegen die Mutter verdeckt, sowie er auch in der Analyse zuerst aufgedeckt und erledigt wurde.

In anderen Krankheitsfällen fände sich weit mehr über die Struktur einer Neurose, ihre Entwicklung und Ausbreitung zu sagen, aber die Krankheitsgeschichte unseres kleinen Hans ist sehr kurz; sie wird alsbald nach ihrem Beginne von der Behandlungsgeschichte abgelöst. Wenn die Phobie sich während der Behandlung dann weiter zu entwickeln schien, neue Objekte und neue Bedingungen in ihren Bereich zog, so war der selbst behandelnde Vater natürlich einsichtsvoll genug, darin nur ein Zumvorscheinkommen des bereits Fertigen und nicht eine Neuproduktion, die man der Behandlung zur Last legen könnte, zu erblicken. Auf solche Einsicht darf man dann in anderen Fällen von Behandlung nicht immer rechnen.

Ehe ich diese Synthese für beendigt erkläre, muß ich noch einen andern Gesichtspunkt würdigen, bei dem wir mitten in die Schwierigkeiten der Auffassung neurotischer Zustände geraten werden. Wir sehen, wie unser kleiner Patient von einem wichtigen Verdrängungsschube befallen wird, der gerade seine herrschenden sexuellen Komponenten betrifft[1]. Er

---

[1] Der Vater hat sogar beobachtet, daß gleichzeitig mit dieser Verdrängung ein Stück

entäußert sich der Onanie, er weist mit Ekel von sich, was an Exkremente und an Zuschauen bei den Verrichtungen erinnert. Es sind aber nicht diese Komponenten, welche beim Krankheitsanlasse (beim Anblicke des fallenden Pferdes) angeregt werden und die das Material für die Symptome, den Inhalt der Phobie, liefern.

Man hat also da Anlaß, eine prinzipielle Unterscheidung aufzustellen. Wahrscheinlich gelangt man zu einem tieferen Verständnisse des Krankheitsfalles, wenn man sich jenen anderen Komponenten zuwendet, welche die beiden letztgenannten Bedingungen erfüllen. Dies sind bei Hans Regungen, die bereits vorher unterdrückt waren und sich, soviel wir erfahren, niemals ungehemmt äußern konnten, feindselig-eifersüchtige Gefühle gegen den Vater und sadistische, Koitusahnungen entsprechende, Antriebe gegen die Mutter. In diesen frühzeitigen Unterdrückungen liegt vielleicht die Disposition für die spätere Erkrankung. Diese aggressiven Neigungen haben bei Hans keinen Ausweg gefunden, und sobald sie in einer Zeit der Entbehrung und gesteigerten sexuellen Erregung verstärkt hervorbrechen wollen, entbrennt jener Kampf, den wir die »Phobie« nennen. Während derselben dringt ein Teil der verdrängten Vorstellungen als Inhalt der Phobie, entstellt und auf einen anderen Komplex überschrieben, ins Bewußtsein; aber kein Zweifel, daß dies ein kümmerlicher Erfolg ist. Der Sieg verbleibt der Verdrängung, *die bei dieser Gelegenheit auf andere als die vordringliche Komponente übergreift.* Das ändert nichts daran, daß das Wesen des Krankheitszustandes durchaus an die Natur der zurückzuweisenden Triebkomponenten gebunden bleibt. Absicht und Inhalt der Phobie ist eine weitgehende Einschränkung der Bewegungsfreiheit, sie ist also eine machtvolle Reaktion gegen die dunklen Bewegungsimpulse, die sich besonders gegen die Mutter wenden wollten. Das Pferd war für den Knaben immer das Vorbild der Bewegungslust (»Ich bin ein junges Pferd«, sagt Hans im Herumspringen [S. 53]), aber da diese Bewegungslust den Koitusimpuls einschließt, wird die Bewegungslust von der Neurose eingeschränkt und das Pferd zum Sinnbild des Schreckens erhoben. Es scheint, daß den verdrängten Trieben in der Neurose nichts anderes verbleibt als die Ehre, der Angst im Bewußtsein die Vorwände zu liefern. Aber so deutlich auch der Sieg der Sexualablehnung in der Phobie ist, so läßt doch die Kompromißnatur der Krankheit nicht zu, daß das Verdrängte nichts anderes erreiche. Die Phobie vor dem Pferde ist doch

Sublimierung bei ihm eintritt. Er zeigt vom Beginne der Ängstlichkeit an ein gesteigertes Interesse für Musik und entwickelt seine hereditäre musikalische Begabung.

wieder ein Hindernis, auf die Gasse zu gehen, und kann als Mittel dienen, um bei der geliebten Mutter im Hause zu bleiben. Darin hat sich also die Zärtlichkeit für die Mutter siegreich durchgesetzt; der Liebhaber klammert sich infolge der Phobie an sein geliebtes Objekt, aber freilich ist nun dafür gesorgt, daß er unschädlich bleibt. In diesen beiden Wirkungen offenbart sich die eigentliche Natur einer neurotischen Erkrankung.

Alf. Adler hat kürzlich in einer gedankenreichen Arbeit[1], der ich vorhin die Bezeichnung Triebverschränkung entnommen habe, ausgeführt, daß die Angst durch die Unterdrückung des von ihm so genannten »Aggressionstriebes« entstehe, und in weitumfassender Synthese diesem Triebe die Hauptrolle im Geschehen, »im Leben und in der Neurose« zugewiesen. Wenn wir zum Schlusse gelangt sind, daß in unserem Falle von Phobie die Angst durch die Verdrängung jener Aggressionsneigungen, der feindseligen gegen den Vater und der sadistischen gegen die Mutter, zu erklären sei, scheinen wir eine eklatante Bestätigung für die Anschauung Adlers erbracht zu haben. Und doch kann ich derselben, die ich für eine irreführende Verallgemeinerung halte, nicht beipflichten. Ich kann mich nicht entschließen, einen besonderen Aggressionstrieb neben und gleichberechtigt mit den uns vertrauten Selbsterhaltungs- und Sexualtrieben anzunehmen[2]. Es scheint mir, daß Adler einen allgemeinen und unerläßlichen Charakter aller Triebe, eben das »Triebhafte«, Drängende in ihnen, was wir als die Fähigkeit, der Motilität Anstoß zu geben, beschreiben können, zu einem besonderen Triebe mit Unrecht hypostasiert habe. Von den anderen Trieben erübrigte dann nichts anderes als die Beziehung zu einem Ziele, nachdem ihnen die Be-

---

[1] [1908] S. o. [S. 93 und S. 108.]

[2] *(Zusatz 1923:)* Das im Text Stehende ist zu einer Zeit geschrieben worden, da Adler noch auf dem Boden der Psychoanalyse zu stehen schien, vor seiner Aufstellung des männlichen Protests und seiner Verleugnung der Verdrängung. Ich habe seither auch einen »Aggressionstrieb« statuieren müssen, der nicht mit dem Adler'schen zusammenfällt. Ich ziehe es vor, ihn »Destruktions- oder Todestrieb« zu heißen (*Jenseits des Lustprinzips* [1920 g], *Das Ich und das Es* [1923 b]). Sein Gegensatz zu den libidinösen Trieben kommt in der bekannten Polarität von Lieben und Hassen zum Ausdruck. Auch mein Widerspruch gegen die Adler'sche Aufstellung, die einen allgemeinen Charakter der Triebe überhaupt zu Gunsten eines einzigen beeinträchtigt, bleibt aufrecht. [Eine genauere Darstellung der Differenzen zwischen Freud und Adler findet sich im dritten Teil seiner Abhandlung ›Zur Geschichte der psychoanalytischen Bewegung‹ (1914 d). S. auch *Das Unbehagen in der Kultur* (1930 a), besonders von Kapitel V an, und Vorlesung 32 der *Neuen Folge der Vorlesungen* (1933 a), letztes Drittel, bezüglich seiner späteren Ansichten über den Destruktionstrieb.]

ziehung zu den Mitteln, dieses Ziel zu erreichen, durch den »Aggressionstrieb« abgenommen wird; trotz all der Unsicherheit und Ungeklärtheit unserer Trieblehre möchte ich vorläufig an der gewohnten Auffassung festhalten, welche jedem Triebe sein eigenes Vermögen, aggressiv zu werden[1], beläßt, und in den beiden bei unserem Hans zur Verdrängung gelangenden Trieben würde ich altbekannte Komponenten der sexuellen Libido erkennen.

3

Ehe ich nun in die voraussichtlich kurz gehaltenen Erörterungen eintrete, was aus der Phobie des kleinen Hans allgemein Wertvolles für Kinderleben und Kindererziehung zu entnehmen ist, muß ich dem lange aufgesparten Einwande begegnen, der uns mahnt, daß Hans ein Neurotiker, Hereditarier, Dégénéré ist, kein normales Kind, von dem aus auf andere Kinder übertragen werden darf. Es tut mir lange schon leid, daran zu denken, wie alle die Bekenner des »Normalmenschen« unseren armen kleinen Hans mißhandeln werden, nachdem sie erst erfahren haben, daß ihm tatsächlich hereditäre Belastung nachgewiesen werden kann. Seiner schönen Mutter, die in einem Konflikte ihrer Mädchenzeit neurotisch erkrankte, hatte ich damals Hilfe geleistet, und dies war sogar der Anfang meiner Beziehungen zu seinen Eltern. Ich getraue mich nur ganz schüchtern, einiges zu seinen Gunsten vorzubringen.

Zunächst, daß Hans nicht das ist, was man sich nach der strengen Observanz unter einem degenerierten, zur Nervosität erblich bestimmten Kinde vorstellen würde, sondern vielmehr ein körperlich wohlgebildeter, heiterer, liebenswürdiger und geistig reger Geselle, an dem nicht nur der eigene Vater seine Freude haben kann. An seiner sexuellen Frühreife freilich ist kein Zweifel, aber es fehlt da viel Vergleichsmaterial zum richtigen Urteile. Aus einer Sammeluntersuchung aus amerikanischer Quelle[2] habe ich z. B. ersehen, daß ähnlich frühe Objektwahl und Liebesempfinden bei Knaben nicht gar so selten angetroffen wird, und aus der Kindergeschichte von später als »groß« erkannten Männern weiß man das nämliche, so daß ich meinen möchte, die sexuelle Frühreife

---

[1] [In den früheren Ausgaben standen an dieser Stelle noch die Worte »ohne sich auf ein Objekt zu richten«. Sie wurden 1924 gestrichen.]
[2] [Sanford Bell, 1902.]

sei ein selten fehlendes Korrelat der intellektuellen, und darum bei begabten Kindern häufiger anzutreffen, als man erwarten sollte [1].

Ferner mache ich in meiner eingestandenen Parteilichkeit für den kleinen Hans geltend, daß er nicht das einzige Kind ist, das zu irgendeiner Zeit seiner Kinderjahre von Phobien befallen wird. Solche Erkrankungen sind bekanntlich ganz außerordentlich häufig, auch bei Kindern, deren Erziehung an Strenge nichts zu wünschen übrig läßt. Die betreffenden Kinder werden später entweder neurotisch, oder sie bleiben gesund. Ihre Phobien werden in der Kinderstube niedergeschrien, weil sie der Behandlung unzugänglich und gewiß sehr unbequem sind. Sie lassen dann im Laufe von Monaten oder Jahren nach, heilen anscheinend; welche psychischen Veränderungen eine solche Heilung bedingt, welche Charakterveränderungen mit ihr verknüpft sind, darin hat niemand Einsicht. Wenn man dann einmal einen erwachsenen Neurotiker in psychoanalytische Behandlung nimmt, der, nehmen wir an, erst in reifen Jahren manifest erkrankt ist, so erfährt man regelmäßig, daß seine Neurose an jene Kinderangst anknüpft, die Fortsetzung derselben darstellt, und daß also eine unausgesetzte, aber auch ungestörte psychische Arbeit sich von jenen Kinderkonflikten an durchs Leben fortgesponnen hat, ohne Rücksicht darauf, ob deren erstes Symptom Bestand hatte oder unter dem Drange der Verhältnisse zurückgezogen wurde. Ich meine also, unser Hans ist vielleicht nicht stärker erkrankt gewesen als so viele andere Kinder, die nicht als »Degenerierte« gebrandmarkt werden; aber da er ohne Einschüchterung, mit möglichster Schonung und möglichst geringem Zwang erzogen wurde, hat sich seine Angst kühner hervorgewagt. Die Motive des schlechten Gewissens und der Furcht vor der Strafe haben ihr gefehlt, die sonst gewiß zu ihrer Verkleinerung beitragen. Mir will scheinen, wir geben zu viel auf Symptome und kümmern uns zu wenig um das, woraus sie hervorgehen. In der Kindererziehung gar wollen wir nichts anderes als in Ruhe gelassen werden, keine Schwierigkeiten erleben, kurz, das brave Kind züchten und achten sehr wenig darauf, ob dieser Entwicklungsgang dem Kinde auch frommt. Ich könnte mir also vorstellen, daß es heilsam für unseren Hans war, diese Phobie produziert zu haben, weil sie die Aufmerksamkeit der Eltern auf die unvermeidlichen Schwierigkeiten lenkte, welche die Überwindung der angeborenen Triebkomponenten in der Kulturerziehung dem Kinde bereiten muß, und weil diese seine Störung die Hilfeleistung des Vaters

---

[1] [Diese Frage wird in dem Absatz über ›Frühreife‹ gegen Ende der *Drei Abhandlungen zur Sexualtheorie* (1905 *d*) angeschnitten.]

nach sich zog. Vielleicht hat er nun vor anderen Kindern das voraus, daß er nicht mehr jenen Keim verdrängter Komplexe in sich trägt, der fürs spätere Leben jedesmal etwas bedeuten muß, der gewiß Charakterverbildung in irgendeinem Ausmaße mit sich bringt, wenn nicht die Disposition zu einer späteren Neurose. Ich bin geneigt, so zu denken, aber ich weiß nicht, ob noch viele andere mein Urteil teilen werden, weiß auch nicht, ob die Erfahrung mir recht geben wird.

Ich muß aber fragen, was hat nun bei Hans das Anslichtziehen der nicht nur von den Kindern verdrängten, sondern auch von den Eltern gefürchteten Komplexe geschadet? Hat der Kleine nun etwa Ernst gemacht mit seinen Ansprüchen auf die Mutter, oder sind an Stelle der bösen Absichten gegen den Vater Tätlichkeiten getreten? Sicherlich werden das viele befürchtet haben, die das Wesen der Psychoanalyse verkennen und meinen, man verstärke die bösen Triebe, wenn man sie bewußt mache. Diese Weisen handeln dann nur konsequent, wenn sie um Gotteswillen von jeder Beschäftigung mit den bösen Dingen abraten, die hinter den Neurosen stecken. Sie vergessen dabei allerdings, daß sie Ärzte sind, und geraten in eine fatale Ähnlichkeit mit Shakespeares Holzapfel in *Viel Lärm um nichts,* der der ausgeschickten Wache gleichfalls den Rat gibt, sich von jeder Berührung mit den etwa angetroffenen Dieben, Einbrechern recht fernzuhalten. Solches Gesindel sei kein Umgang für ehrliche Leute[1].

Die einzigen Folgen der Analyse sind vielmehr, daß Hans gesund wird, sich vor Pferden nicht mehr fürchtet, und daß er mit seinem Vater, wie dieser belustigt mitteilt, eher familär verkehrt. Aber was der Vater an Respekt etwa einbüßt, das gewinnt er an Vertrauen zurück: »Ich hab' geglaubt, du weißt alles, weil du das vom Pferd gewußt hast.« Die Analyse macht nämlich den *Erfolg* der Verdrängung nicht rückgängig; die Triebe, die damals unterdrückt wurden, bleiben die unterdrückten, aber sie erreicht diesen Erfolg auf anderem Weg, ersetzt den Prozeß der Verdrängung, der ein automatischer und exzessiver ist, durch die maß- und zielvolle Bewältigung mit Hilfe der höchsten seelischen Instanzen, mit einem Worte: *sie ersetzt die Verdrängung durch die Verurteilung.* Sie

---

[1] [Dogberry in *Much Ado about Nothing,* III, 3.] Ich kann die verwunderte Frage hier nicht unterdrücken, woher diese Gegner meiner Anschauungen ihr so sicher vorgetragenes Wissen beziehen, ob die verdrängten Sexualtriebe eine Rolle in der Ätiologie der Neurosen spielen und welche, wenn sie den Patienten den Mund verschließen, sobald sie von ihren Komplexen und deren Abkömmlingen zu reden beginnen? Meine und meiner Anhänger Mitteilungen sind ja dann die einzige Wissenschaft, die ihnen zugänglich bleibt.

scheint uns den lang gehegten Beweis zu erbringen, daß das Bewußtsein eine biologische Funktion hat, daß mit seinem Insspieltreten ein bedeutsamer Vorteil verbunden ist[1].

Hätte ich allein die Verfügung darüber gehabt, so hätte ich's gewagt, dem Kinde auch noch die eine Aufklärung zu geben, welche ihm von den Eltern vorenthalten wurde. Ich hätte seine triebhaften Ahnungen bestätigt, indem ich ihm von der Existenz der Vagina und des Koitus erzählt hätte, so den ungelösten Rest um ein weiteres Stück verkleinert und seinem Fragedrang ein Ende gemacht. Ich bin überzeugt, er hätte weder die Liebe zur Mutter noch sein kindliches Wesen infolge dieser Aufklärungen verloren und hätte eingesehen, daß seine Beschäftigung mit diesen wichtigen, ja imposanten Dingen nun ruhen muß, bis sich sein Wunsch, groß zu werden, erfüllt hat. Aber das pädagogische Experiment wurde nicht so weit geführt.

Daß man zwischen »nervösen« und »normalen« Kindern und Erwachsenen keine scharfe Grenze ziehen darf, daß »Krankheit« ein rein praktischer Summationsbegriff ist, daß Disposition und Erleben zusammentreffen müssen, um die Schwelle für die Erreichung dieser Summation überschreiten zu lassen, daß infolgedessen fortwährend viele Individuen aus der Klasse der Gesunden in die der nervös Kranken übertreten und eine weit geringere Anzahl den Weg auch in umgekehrter Richtung macht, das sind Dinge, die so oft gesagt worden sind und soviel Anklang gefunden haben, daß ich mit ihrer Behauptung gewiß nicht allein stehe. Daß die Erziehung des Kindes einen mächtigen Einfluß geltend machen kann, zugunsten oder ungunsten der bei dieser Summation in Betracht kommenden Krankheitsdisposition, ist zum mindesten sehr wahrscheinlich, aber was die Erziehung anzustreben und wo sie einzugreifen hat, das erscheint noch durchaus fragwürdig. Sie hat sich bisher immer nur die Beherrschung, oft richtiger Unterdrückung der Triebe zur Aufgabe gestellt; der Erfolg war kein befriedigender und dort, wo es gelang, geschah es zum Vorteil einer kleinen Anzahl bevorzugter Menschen, von denen Triebunterdrückung nicht gefordert wird. Man fragte auch nicht danach, auf welchem Wege und mit welchen Opfern die Unterdrückung der unbequemen Triebe erreicht wurde. Substituiert man dieser Auf-

---

[1] *(Zusatz 1923:)* Ich gebrauche hiedurch das Wort Bewußtsein in einem Sinne, den ich später vermieden habe, für unser normales bewußtseinsfähiges Denken. Wir wissen, daß auch solche Denkprozesse *vor*bewußt vor sich gehen können und tun gut, deren »Bewußtsein« rein phänomenologisch zu werten. Natürlich wird der Erwartung, auch das Bewußtwerden erfülle eine biologische Funktion, hiemit nicht widersprochen. [S. *Das Ich und das Es* (1923 *b*), Kapitel I.]

gabe eine andere, das Individuum mit der geringsten Einbuße an seiner Aktivität kulturfähig und sozial verwertbar zu machen, so haben die durch die Psychoanalyse gewonnenen Aufklärungen über die Herkunft der pathogenen Komplexe und über den Kern einer jeden Neurose eigentlich den Anspruch, vom Erzieher als unschätzbare Winke für sein Benehmen gegen das Kind gewürdigt zu werden. Welche praktischen Schlüsse sich hieraus ergeben, und inwieweit die Erfahrung die Anwendung derselben innerhalb unserer sozialen Verhältnisse rechtfertigen kann, dies überlasse ich anderen zur Erprobung und Entscheidung [1].

Ich kann von der Phobie unseres kleinen Patienten nicht Abschied nehmen, ohne die Vermutung auszusprechen, welche mir deren zur Heilung führende Analyse besonders wertvoll macht. Ich habe aus dieser Analyse, strenggenommen, nichts Neues erfahren, nichts, was ich nicht schon, oft in weniger deutlicher und mehr vermittelter Weise, bei anderen im reifen Alter behandelten Patienten hatte erraten können. Und da die Neurosen dieser anderen Kranken jedesmal auf die nämlichen infantilen Komplexe zurückzuführen waren, die sich hinter der Phobie Hansens aufdecken ließen, bin ich versucht, für diese Kinderneurose eine typische und vorbildliche Bedeutung in Anspruch zu nehmen, als ob die Mannigfaltigkeit der neurotischen Verdrängungserscheinungen und die Reichhaltigkeit des pathogenen Materials einer Ableitung von sehr wenigen Prozessen an den nämlichen Vorstellungskomplexen nicht im Wege stünden.

---

[1] [Freud nahm die Frage der Beziehung von Psychoanalyse und Erziehung in seinen Vorworten zu den Büchern von Pfister und Aichhorn (Freud 1913*b* und 1925 *f*) sowie in Teil II (H) seines Beitrags zu *Scientia* (1913 *j*) wieder auf. Er widmete ihr auch einige Seiten in Vorlesung 34 seiner *Neuen Folge der Vorlesungen* (1933 *a*).]

NACHSCHRIFT ZUR ANALYSE DES KLEINEN HANS

(1922)

Vor einigen Monaten – im Frühjahr des Jahres 1922 – stellte sich mir ein junger Mann vor und erklärte, er sei der »kleine Hans«, über dessen kindliche Neurose ich im Jahre 1909 berichtet hatte. Ich war sehr froh, ihn wiederzusehen, denn er war mir etwa zwei Jahre nach Abschluß seiner Analyse aus den Augen geraten, und ich hatte seit länger als einem Jahrzehnt nichts von seinen Schicksalen erfahren. Die Veröffentlichung dieser ersten Analyse an einem Kinde hatte viel Aufsehen und noch mehr Entrüstung hervorgerufen, und dem armen Jungen war großes Unheil prophezeit worden, weil er in so zartem Alter »entharmlost« und zum Opfer einer Psychoanalyse gemacht worden war.

Nichts von all diesen Befürchtungen ist aber eingetroffen. Der kleine Hans war jetzt ein stattlicher Jüngling von 19 Jahren. Er behauptete, sich durchaus wohl zu befinden und an keinerlei Beschwerden oder Hemmungen zu leiden. Er war nicht nur ohne Schädigung durch die Pubertät gegangen, sondern hatte auch eine der schwersten Belastungsproben für sein Gefühlsleben gut bestanden. Seine Eltern hatten sich voneinander geschieden und jeder Teil eine neue Ehe geschlossen. Er lebe infolgedessen allein, stehe aber mit beiden Eltern gut und bedaure nur, daß er durch die Auflösung der Familie von seiner lieben jüngeren Schwester getrennt worden sei.

Eine Mitteilung des kleinen Hans war mir besonders merkwürdig. Ich getraue mich auch nicht, eine Erklärung für sie zu geben. Als er seine Krankengeschichte las, erzählte er, es sei ihm alles fremd vorgekommen, er erkannte sich nicht, konnte sich an nichts erinnern, und nur als er auf die Reise nach Gmunden stieß, dämmerte ihm etwas wie ein Schimmer von Erinnerung auf, das könnte er selbst gewesen sein. Die Analyse hatte also die Begebenheit nicht vor der Amnesie bewahrt, sondern war selbst der Amnesie verfallen. Ähnlich ergeht es dem mit der Psychoanalyse Vertrauten manchmal im Schlafe. Er wird durch einen Traum geweckt, beschließt ihn ohne Aufschub zu analysieren, schläft, mit dem Ergebnis seiner Bemühung zufrieden, wieder ein, und am nächsten Morgen sind Traum und Analyse vergessen [1].

---

[1] [Diese Erscheinung wird von Freud in einem 1911 in seiner *Traumdeutung* (1900 a) ergänzten Zusatz, Kapitel VII, gegen Mitte des Abschnitts A, erörtert.]

Aus der Geschichte einer infantilen Neurose

[»Der Wolfsmann«]

(1918 [1914])

EDITORISCHE VORBEMERKUNG

Deutsche Ausgaben:

1918 *S. K. S. N.*, Bd. 4, 578–717.
1922 *S. K. S. N.*, Bd. 5, 1–140.
1924 Leipzig, Wien und Zürich: Internationaler Psychoanalytischer Verlag. 132 Seiten.
1924 *G. S.*, Bd. 8, 439–567.
1931 *Neurosenlehre und Technik*, 37–171.
1947 *G. W.*, Bd. 12, 29–157.

In der Ausgabe des Jahres 1924 sind von Freud nur wenige, hauptsächlich Daten betreffende Änderungen vorgenommen worden; am Schluß wurde eine längere Fußnote hinzugefügt.

Diese Falldarstellung ist die ausführlichste und zweifellos wichtigste aller Krankengeschichten Freuds. Der Patient, ein reicher junger Russe, kam im Februar 1910 zu Freud. Seine erste Behandlung, von der in der vorliegenden Arbeit berichtet wird, begann im Februar 1910 und endete im Juli 1914, zu welchem Zeitpunkt Freud die Analyse für abgeschlossen hielt. Er begann die Niederschrift der Krankengeschichte im Oktober 1914 und schloß sie Anfang November des gleichen Jahres ab. (Diese Angaben sind der Freud-Biographie von Ernest Jones, 1962, Bd. 2, S. 331, entnommen, und Jones seinerseits stützte sich auf Freuds Briefwechsel. In der Fußnote auf S. 129 der vorliegenden Edition spricht Freud selbst vom Winter 1914–15.) Freud hielt die Veröffentlichung jedoch vier Jahre zurück. Nach seinen eigenen Worten (ibid., Anm.) nahm er bei der endgültigen Fassung keine Änderungen von irgendwelchem Belang vor; er hat sie lediglich durch zwei Passagen ergänzt. Den späteren Verlauf der Krankengeschichte dieses Patienten, nach Abschluß seiner ersten Analyse, schildert Freud in der Fußnote, die er in der Ausgabe von 1924 am Schluß hinzugefügt hat (S. 230–31). Dort finden sich auch noch einige spätere Daten, die teils auf Material beruhen, das Freud selber in der Folge veröffentlichte, teils auf Nachrichten, die nach seinem Tode bekannt wurden.
Freud erwähnt den Fall des »Wolfsmannes« in mehreren, vor und nach der eigentlichen Falldarstellung veröffentlichten Arbeiten; es sollen wenigstens die wichtigsten dieser Hinweise hier genannt werden. In seiner Arbeit ›Märchenstoffe in Träumen‹ (1913 *d*) berichtet er den ganzen Wolfstraum; einen Teil dieses Artikels nahm Freud auch in den vorliegenden Text auf (S. 149 ff.). Die Arbeit über ›*fausse reconnaissance*‹ in der psychoanalytischen Behandlung

(1914 *a*) beschreibt eine andere Episode aus dieser Behandlung, die hier ebenfalls zum Teil abgedruckt ist (S. 199). Die metapsychologische Arbeit über
›Die Verdrängung‹ (1915 *d*), die nach der hier vorliegenden Arbeit geschrieben,
aber vor ihr veröffentlicht wurde, enthält einen Absatz über die Wolfsphobie
des Patienten. Viele Jahre danach kam Freud noch einmal auf diesen Fall
zurück, und zwar in *Hemmung, Symptom und Angst* (1926 *d*), in den Kapiteln
IV und VII; dort wird die Wolfsphobie des Patienten mit der Pferdephobie des
»kleinen Hans« verglichen (s. die andere in diesem Band enthaltene Arbeit).
Die besondere Bedeutung, die diese Krankengeschichte in Freuds Augen zur
Zeit ihrer Veröffentlichung hatte, lag gewiß darin, daß sie ihm für seine Kritik
an Adler und vor allem an Jung Beweise lieferte. Hier hatte er schlüssige
Beweise in Händen, mit denen er jeglichen Zweifel an der kindlichen Sexualität
zurückweisen konnte. Aber noch vieles andere, höchst Wertvolle ergab sich
aus dieser Behandlung; so die Beziehung zwischen »Urszene« und »Urphantasien«, was geradenwegs auf die dunkle Frage hinführte, ob der seelische Inhalt
der Urphantasien möglicherweise hereditär erworben sein könnte. In der 23.
der *Vorlesungen zur Einführung in die Psychoanalyse* (1916–17) wird diese
Frage erneut untersucht und hier in den hinzugefügten Passagen auf S. 174 ff.
und 208 ff. noch weiter ausgeführt. Ferner benutzte Freud das aufschlußreiche
Material des Abschnittes VII, das von der Analerotik des Patienten handelt,
in seinem Aufsatz ›Über Triebumsetzungen‹ (1917 *c*).
Noch bedeutsamer war, daß die Analyse des »Wolfsmannes« Licht auf die
frühere, die orale Libidoorganisation warf, die auf S. 217–19 recht ausführlich erörtert wird. Wahrscheinlich spielte das in dieser Analyse aufgedeckte
»kannibale« Material eine wesentliche, wegbereitende Rolle für einige der
folgenreichsten Theorien, mit denen Freud zu jener Zeit beschäftigt war: die
wechselseitigen Beziehungen zwischen Einverleibung, Identifikation, Bildung
eines Ich-Ideals, Schuldgefühl und den pathologischen Depressionszuständen.
Manche dieser Theorien hatte Freud im letzten Aufsatz von *Totem und Tabu*
(1912–13) und in seiner Arbeit ›Zur Einführung des Narzißmus‹ (1914 *c*) schon
formuliert; andere erschienen in der Arbeit ›Trauer und Melancholie‹ (1917 *e*),
die 1915 abgeschlossen war.
Der vielleicht wichtigste klinische Fund bestand in den Beweisen für die
kausale Rolle, welche die *primären* weiblichen Triebregungen für die Neurose
dieses Patienten spielten. Seine stark ausgeprägte Bisexualität lieferte die Bestätigung für Ansichten, die Freud schon längere Zeit hegte und die auf die
Periode seiner Freundschaft mit Fließ zurückgingen. Aber in seinen folgenden
Arbeiten legte Freud nun größeren Nachdruck auf die Bisexualität als eine
allgemeine Erscheinung und die Existenz eines »umgekehrten« oder »negativen«
Ödipuskomplexes. Am klarsten ist diese Theorie in der Erörterung des »vollständigen« Ödipuskomplexes in *Das Ich und das Es* (1923 *b*), Kapitel III, ausgesprochen.

I

VORBEMERKUNGEN

Der Krankheitsfall, über welchen ich hier – wiederum nur in fragmentarischer Weise – berichten werde[1], ist durch eine Anzahl von Eigentümlichkeiten ausgezeichnet, welche zu ihrer Hervorhebung vor der Darstellung auffordern. Er betrifft einen jungen Mann, welcher in seinem achtzehnten Jahr nach einer gonorrhoischen Infektion als krank zusammenbrach und gänzlich abhängig und existenzunfähig war, als er mehrere Jahre später in psychoanalytische Behandlung trat. Das Jahrzehnt seiner Jugend vor dem Zeitpunkt der Erkrankung hatte er in annähernd normaler Weise durchlebt und seine Mittelschulstudien ohne viel Störung erledigt. Aber seine früheren Jahre waren von einer schweren neurotischen Störung beherrscht gewesen, welche knapp vor seinem vierten Geburtstag als Angsthysterie (Tierphobie) begann, sich dann in eine Zwangsneurose mit religiösem Inhalt umsetzte und mit ihren Ausläufern bis in sein zehntes[2] Jahr hineinreichte.

Nur diese infantile Neurose wird der Gegenstand meiner Mitteilungen sein. Trotz der direkten Aufforderung des Patienten habe ich es abgelehnt, die vollständige Geschichte seiner Erkrankung, Behandlung und Herstellung zu schreiben, weil ich diese Aufgabe als technisch undurchführbar und sozial unzulässig erkannte. Damit fällt auch die Möglich-

---

[1] Diese Krankengeschichte ist kurz nach Abschluß der Behandlung im Winter 1914/15 niedergeschrieben worden ‧unter dem damals frischen Eindruck der Umdeutungen, welche C. G. Jung und Alf. Adler an den psychoanalytischen Ergebnissen vornehmen wollten. Sie knüpft also an den im *Jahrbuch der Psychoanalyse* VI, 1914 veröffentlichten Aufsatz: ›Zur Geschichte der psychoanalytischen Bewegung‹ an und ergänzt den dort enthaltene, im wesentlichen persönliche Polemik durch objektive Würdigung des analytischen Materials. Sie war ursprünglich für den nächsten Band des *Jahrbuches* bestimmt, aber da sich das Erscheinen desselben durch die Hemmungen des‧[ersten] großen Krieges ins Unbestimmbare verzögerte, entschloß ich mich, sie dieser von einem neuen Verleger [Heller anstatt Deuticke] veranstalteten Sammlung [S. K. S. N., Bd. 4] anzuschließen. Manches, was in ihr zum erstenmal hätte ausgesprochen werden sollen, hatte ich unterdes in meinen 1916/17 gehaltenen *Vorlesungen zur Einführung in die Psychoanalyse* behandeln müssen. Der Text der ersten Niederschrift hat keine Abänderungen von irgendwelchem Belang erfahren; Zusätze sind durch eckige Klammern kenntlich gemacht. [Es sind nur zwei solcher Zusätze vorhanden, nämlich auf S. 174 ff. und 208 ff. Im übrigen sind in dieser vorliegenden Arbeit wie auch sonst in der *Studienausgabe* sämtliche Herausgeber-Hinweise durch eckige Klammern kenntlich gemacht.]

[2] [In den vor 1924 erschienenen Ausgaben hieß es »achtes«.]

keit weg, den Zusammenhang zwischen seiner infantilen und seiner späteren definitiven Erkrankung aufzuzeigen. Ich kann von dieser letzteren nur angeben, daß der Kranke ihretwegen lange Zeit in deutschen Sanatorien zugebracht hat und damals von der zuständigsten Stelle[1] als ein Fall von »manisch-depressivem Irresein« klassifiziert worden ist. Diese Diagnose traf sicherlich für den Vater des Patienten zu, dessen an Tätigkeit und Interessen reiches Leben durch wiederholte Anfälle von schwerer Depression gestört worden war. An dem Sohne selbst habe ich bei mehrjähriger Beobachtung keinen Stimmungswandel beobachten können, der an Intensität und nach den Bedingungen seines Auftretens über die ersichtliche psychische Situation hinausgegangen wäre. Ich habe mir die Vorstellung gebildet, daß dieser Fall sowie viele andere, die von der klinischen Psychiatrie mit mannigfaltigen und wechselnden Diagnosen belegt werden, als Folgezustand nach einer spontan abgelaufenen, mit Defekt ausgeheilten Zwangsneurose aufzufassen ist.

Meine Beschreibung wird also von einer infantilen Neurose handeln, die nicht während ihres Bestandes, sondern erst fünfzehn Jahre nach ihrem Ablauf analysiert worden ist. Diese Situation hat ihre Vorzüge ebensowohl wie ihre Nachteile im Vergleiche mit der anderen. Die Analyse, die man am neurotischen Kind selbst vollzieht, wird von vornherein vertrauenswürdiger erscheinen, aber sie kann nicht sehr inhaltsreich sein; man muß dem Kind zuviel Worte und Gedanken leihen[2] und wird vielleicht doch die tiefsten Schichten undurchdringlich für das Bewußtsein finden. Die Analyse der Kindheitserkrankung durch das Medium der Erinnerung bei dem Erwachsenen und geistig Gereiften ist von diesen Einschränkungen frei; aber man wird die Verzerrung und Zurichtung in Rechnung bringen, welcher die eigene Vergangenheit beim Rückblick aus späterer Zeit unterworfen ist. Der erste Fall gibt vielleicht die überzeugenderen Resultate, der zweite ist der bei weitem lehrreichere.

Auf alle Fälle darf man aber behaupten, daß Analysen von kindlichen Neurosen ein besonders hohes theoretisches Interesse beanspruchen können. Sie leisten für das richtige Verständnis der Neurosen Erwachsener ungefähr soviel wie die Kinderträume für die Träume der Erwachsenen. Nicht etwa, daß sie leichter zu durchschauen oder ärmer an Elementen wären; die Schwierigkeit der Einfühlung ins kindliche Seelenleben macht

---

[1] [Nach Ernest Jones waren unter den Psychiatern, die der Patient konsultiert hatte, solche Kapazitäten wie Ziehen in Berlin und Kraepelin in München.]
[2] [Der Wert der Kinderanalyse als Beweismittel ist von Freud in der Krankengeschichte des »kleinen Hans«, S. 13 f. und 89 ff. des vorliegenden Bandes, erörtert worden.]

sie sogar zu einem besonders harten Stück Arbeit für den Arzt. Aber es sind doch in ihnen so viele der späteren Auflagerungen weggefallen, daß das Wesentliche der Neurose unverkennbar hervortritt. Der Widerstand gegen die Ergebnisse der Psychoanalyse hat bekanntlich in der gegenwärtigen Phase des Kampfes um die Psychoanalyse eine neue Form angenommen. Man begnügte sich früher damit, den von der Analyse behaupteten Tatsachen die Wirklichkeit zu bestreiten, wozu eine Vermeidung der Nachprüfung die beste Technik schien. Dies Verfahren scheint sich nun langsam zu erschöpfen; man schlägt jetzt den anderen Weg ein, die Tatsachen anzuerkennen, aber die Folgerungen, die sich aus ihnen ergeben, durch Umdeutungen zu beseitigen, so daß man sich der anstößigen Neuheiten doch wieder erwehrt hat. Das Studium der kindlichen Neurosen erweist die volle Unzulänglichkeit dieser seichten oder gewaltsamen Umdeutungsversuche. Es zeigt den überragenden Anteil der so gern verleugneten libidinösen Triebkräfte an der Gestaltung der Neurose auf und läßt die Abwesenheit fernliegender kultureller Zielstrebungen erkennen, von denen das Kind noch nichts weiß, und die ihm darum nichts bedeuten können.

Ein anderer Zug, welcher die hier mitzuteilende Analyse der Aufmerksamkeit empfiehlt, hängt mit der Schwere der Erkrankung und der Dauer ihrer Behandlung zusammen. Die in kurzer Zeit zu einem günstigen Ausgang führenden Analysen werden für das Selbstgefühl des Therapeuten wertvoll sein und die ärztliche Bedeutung der Psychoanalyse dartun; für die Förderung der wissenschaftlichen Erkenntnis bleiben sie meist belanglos. Man lernt nichts Neues aus ihnen. Sie sind ja nur darum so rasch geglückt, weil man bereits alles wußte, was zu ihrer Erledigung notwendig war. Neues kann man nur aus Analysen erfahren, die besondere Schwierigkeiten bieten, zu deren Überwindung man dann viel Zeit verbraucht. Nur in diesen Fällen erreicht man es, in die tiefsten und primitivsten Schichten der seelischen Entwicklung herabzusteigen und von dort die Lösungen für die Probleme der späteren Gestaltungen zu holen. Man sagt sich dann, daß, strenggenommen, erst die Analyse, welche so weit vorgedrungen ist, diesen Namen verdient. Natürlich belehrt ein einzelner Fall nicht über alles, was man wissen möchte. Richtiger gesagt, er könnte alles lehren, wenn man nur imstande wäre, alles aufzufassen, und nicht durch die Ungeübtheit der eigenen Wahrnehmung genötigt wäre, sich mit wenigem zu begnügen.

An solchen fruchtbringenden Schwierigkeiten ließ der hier zu beschreibende Krankheitsfall nichts zu wünschen übrig. Die ersten Jahre der

Behandlung erzielten kaum eine Änderung. Eine glückliche Konstellation fügte es, daß trotzdem alle äußeren Verhältnisse die Fortsetzung des therapeutischen Versuches ermöglichten. Ich kann mir leicht denken, daß bei weniger günstigen Umständen die Behandlung nach einiger Zeit aufgegeben worden wäre. Für den Standpunkt des Arztes kann ich nur aussagen, daß er sich in solchem Falle ebenso »zeitlos« verhalten muß wie das Unbewußte selbst[1], wenn er etwas erfahren und erzielen will. Das bringt er schließlich zustande, wenn er auf kurzsichtigen therapeutischen Ehrgeiz zu verzichten vermag. Das Ausmaß von Geduld, Gefügigkeit, Einsicht und Zutrauen, welches von Seiten des Kranken und seiner Angehörigen erforderlich ist, wird man in wenigen anderen Fällen erwarten dürfen. Der Analytiker darf sich aber sagen, daß die Ergebnisse, welche er an einem Falle in so langer Arbeit gewonnen hat, nun dazu verhelfen werden, die Behandlungsdauer einer nächsten, ebenso schweren Erkrankung wesentlich zu verkürzen und so die Zeitlosigkeit des Unbewußten fortschreitend zu überwinden, nachdem man sich ihr ein erstes Mal unterworfen hat.

Der Patient, mit dem ich mich hier beschäftige, blieb lange Zeit hinter einer Einstellung von gefügiger Teilnahmslosigkeit unangreifbar verschanzt. Er hörte zu, verstand und ließ sich nichts nahekommen. Seine untadelige Intelligenz war wie abgeschnitten von den triebhaften Kräften, welche sein Benehmen in den wenigen ihm übriggebliebenen Lebensrelationen beherrschten. Es bedurfte einer langen Erziehung, um ihn zu bewegen, einen selbständigen Anteil an der Arbeit zu nehmen, und als infolge dieser Bemühung die ersten Befreiungen auftraten, stellte er sofort die Arbeit ein, um weitere Veränderungen zu verhüten und sich in der hergestellten Situation behaglich zu erhalten. Seine Scheu vor einer selbständigen Existenz war so groß, daß sie alle Beschwerden des Krankseins aufwog. Es fand sich ein einziger Weg, um sie zu überwinden. Ich mußte warten, bis die Bindung an meine Person stark genug geworden war, um ihr das Gleichgewicht zu halten, dann spielte ich diesen einen Faktor gegen den anderen aus. Ich bestimmte, nicht ohne mich durch gute Anzeichen der Rechtzeitigkeit leiten zu lassen, daß die Behandlung zu einem gewissen Termin abgeschlossen werden müsse, gleichgültig, wie weit sie vorgeschritten sei. Diesen Termin war ich einzuhalten entschlossen; der Patient glaubte endlich an meinen Ernst. Unter dem unerbittlichen Druck dieser Terminsetzung gab sein Wider-

---

[1] [Vgl. ›Das Unbewußte‹ (1915 *e*), Teil V.]

stand, seine Fixierung ans Kranksein nach, und die Analyse lieferte nun in unverhältnismäßig kurzer Zeit all das Material, welches die Lösung seiner Hemmungen und die Aufhebung seiner Symptome ermöglichte. Aus dieser letzten Zeit der Arbeit, in welcher der Widerstand zeitweise verschwunden war und der Kranke den Eindruck einer sonst nur in der Hypnose erreichbaren Luzidität machte, stammen auch alle die Aufklärungen, welche mir das Verständnis seiner infantilen Neurose gestatteten [1].

So illustrierte der Verlauf dieser Behandlung den von der analytischen Technik längst gewürdigten Satz, daß die Länge des Weges, welchen die Analyse mit dem Patienten zurückzulegen hat, und die Fülle des Materials, welches auf diesem Wege zu bewältigen ist, nicht in Betracht kommen gegen den Widerstand, den man während der Arbeit antrifft, und nur soweit in Betracht kommen, als sie dem Widerstande notwendigerweise proportional sind. Es ist derselbe Vorgang, wie wenn jetzt eine feindliche Armee Wochen und Monate verbraucht, um eine Strecke Landes zu durchziehen, die sonst in friedlichen Zeiten in wenigen Schnellzugsstunden durchfahren wird, und die von der eigenen Armee kurz vorher in einigen Tagen zurückgelegt wurde.

Eine dritte Eigentümlichkeit der hier zu beschreibenden Analyse hat nur den Entschluß, sie mitzuteilen, weiterhin erschwert. Die Ergebnisse derselben haben sich im ganzen mit unserem bisherigen Wissen befriedigend gedeckt oder guten Anschluß daran gefunden. Manche Einzelheiten sind mir aber selbst so merkwürdig und unglaubwürdig erschienen, daß ich Bedenken trug, bei anderen um Glauben für sie zu werben. Ich habe den Patienten zur strengsten Kritik seiner Erinnerungen aufgefordert, aber er fand nichts Unwahrscheinliches an seinen Aussagen und hielt an ihnen fest. Die Leser mögen wenigstens überzeugt sein, daß ich selbst nur berichte, was mir als unabhängiges Erlebnis, unbeeinflußt durch meine Erwartung, entgegengetreten ist. So blieb mir denn nichts übrig, als mich des weisen Wortes zu erinnern, es gebe mehr Dinge zwischen Himmel und Erde, als unsere Schulweisheit sich träumen läßt [2]. Wer es verstünde, seine mitgebrachten Überzeugungen noch gründlicher auszuschalten, könnte gewiß noch mehr von solchen Dingen entdecken [3].

---

[1] [Die Festlegung eines Abschlußtermins in einer Analyse war eine technische Neuerung, die Freud in diesem Fall einführte.]

[2] [Vgl. *Hamlet*, Akt I, Szene 5.]

[3] [Die recht komplizierte Chronologie des Falles wird klarer, wenn man die Anmerkung auf S. 230–31 zu Rate zieht.]

II
ÜBERSICHT DES MILIEUS
UND DER KRANKENGESCHICHTE

Ich kann die Geschichte meines Patienten weder rein historisch noch rein pragmatisch schreiben, kann weder eine Behandlungs- noch eine Krankengeschichte geben, sondern werde mich genötigt sehen, die beiden Darstellungsweisen miteinander zu kombinieren. Es hat sich bekanntlich kein Weg gefunden, um die aus der Analyse resultierende Überzeugung in der Wiedergabe derselben irgendwie unterzubringen. Erschöpfende protokollarische Aufnahmen der Vorgänge in den Analysenstunden würden sicherlich nichts dazu leisten; ihre Anfertigung ist auch durch die Technik der Behandlung ausgeschlossen. Man publiziert also solche Analysen nicht, um Überzeugung bei denen hervorzurufen, die sich bisher abweisend und ungläubig verhalten haben. Man erwartet nur solchen Forschern etwas Neues zu bringen, die sich durch eigene Erfahrungen an Kranken bereits Überzeugungen erworben haben.

Ich werde damit beginnen, die Welt des Kindes zu schildern und von seiner Kindheitsgeschichte mitzuteilen, was ohne Anstrengung zu erfahren war und mehrere Jahre hindurch nicht vollständiger und nicht durchsichtiger wurde.

Jung verheiratete Eltern, die noch eine glückliche Ehe führen, auf welche bald ihre Erkrankungen die ersten Schatten werfen, die Unterleibskrankheiten der Mutter und die ersten Verstimmungsanfälle des Vaters, die seine Abwesenheit vom Hause zur Folge hatten. Die Krankheit des Vaters lernt der Patient natürlich erst sehr viel später verstehen, die Kränklichkeit der Mutter wird ihm schon in frühen Kinderjahren bekannt. Sie gab sich darum verhältnismäßig wenig mit den Kindern ab. Eines Tages, gewiß vor seinem vierten Jahr[1], hört er, von der Mutter an der Hand geführt, die Klagen der Mutter an den Arzt mit an, den sie vom Hause weg begleitet, und prägt sich ihre Worte ein, um sie später für sich selbst zu verwenden [vgl. S. 192]. Er ist nicht das einzige Kind; vor ihm steht eine um zwei Jahre ältere Schwester, lebhaft, begabt, und voreilig schlimm, der eine große Rolle in seinem Leben zufällt.

---

[1] [S. Seite 192, Anm. In den Ausgaben vor 1924 hieß es: »vielleicht in seinem sechsten Jahr«.]

Eine Kinderfrau betreut ihn, soweit er sich zurückerinnert, ein ungebildetes altes Weib aus dem Volke, von unermüdlicher Zärtlichkeit für ihn. Er ist ihr der Ersatz für einen eigenen früh verstorbenen Sohn. Die Familie lebt auf einem Landgut, welches im Sommer mit einem anderen vertauscht wird. Die große Stadt ist von beiden Gütern nicht weit. Es ist ein Abschnitt in seiner Kindheit, als die Eltern die Güter verkaufen und in die Stadt ziehen. Nahe Verwandte halten sich oft für lange Zeiten auf diesem oder jenem Gut auf, Brüder des Vaters, Schwestern der Mutter und deren Kinder, die Großeltern von Mutterseite. Im Sommer pflegen die Eltern auf einige Wochen zu verreisen. Eine Deckerinnerung zeigt ihm, wie er mit seiner Kinderfrau dem Wagen nachschaut, der Vater, Mutter und Schwester entführt, und darauf friedlich ins Haus zurückgeht. Er muß damals sehr klein gewesen sein [1]. Im nächsten Sommer wurde die Schwester zu Hause gelassen und eine englische Gouvernante aufgenommen, der die Oberaufsicht über die Kinder zufiel.

In späteren Jahren war ihm viel von seiner Kindheit erzählt worden [2]. Vieles wußte er selbst, aber natürlich ohne zeitlichen oder inhaltlichen Zusammenhang. Eine dieser Überlieferungen, die aus Anlaß seiner späteren Erkrankung ungezählte Male vor ihm wiederholt worden war, macht uns mit dem Problem bekannt, dessen Lösung uns beschäftigen wird. Er soll zuerst ein sehr sanftes, gefügiges und eher ruhiges Kind gewesen sein, so daß man zu sagen pflegte, er hätte das Mädchen werden sollen und die ältere Schwester der Bub. Aber einmal, als die Eltern von der Sommerreise zurückkamen, fanden sie ihn verwandelt. Er war unzufrieden, reizbar, heftig geworden, fand sich durch jeden Anlaß gekränkt, tobte dann und schrie wie ein Wilder, so daß die Eltern, als der Zustand andauerte, die Besorgnis äußerten, es werde nicht möglich sein, ihn später einmal in die Schule zu schicken. Es war der Sommer, in dem die englische Gouvernante anwesend war, die sich als eine närrische, unverträgliche, übrigens dem Trunke ergebene Person erwies. Die Mutter war darum geneigt, die Charakterveränderung des Knaben mit der

---

[1] $2^{1/2}$ Jahre. Fast alle Zeiten ließen sich später mit Sicherheit bestimmen.

[2] Mitteilungen solcher Art darf man in der Regel als Material von uneingeschränkter Glaubwürdigkeit verwerten. Es läge darum nahe, die Lücken in der Erinnerung des Patienten durch Erkundigungen bei den älteren Familienmitgliedern mühelos auszufüllen, allein ich kann nicht entschieden genug von solcher Technik abraten. Was die Angehörigen über Befragen und Aufforderung erzählen, unterliegt allen kritischen Bedenken, die in Betracht kommen können. Man bedauert es regelmäßig, sich von diesen Auskünften abhängig gemacht zu haben, hat dabei das Vertrauen in die Analyse gestört und eine andere Instanz über sie gesetzt. Was überhaupt erinnert werden kann, kommt im weiteren Verlauf der Analyse zum Vorschein.

Einwirkung dieser Engländerin zusammenzubringen, und nahm an, sie habe ihn durch ihre Behandlung gereizt. Die scharfsichtige Großmutter, die den Sommer mit den Kindern geteilt hatte, vertrat die Ansicht, daß die Reizbarkeit des Knaben durch die Zwistigkeiten zwischen der Engländerin und der Kinderfrau hervorgerufen sei. Die Engländerin hatte die Kinderfrau wiederholt eine Hexe geheißen, sie gezwungen, das Zimmer zu verlassen; der Kleine hatte offen die Partei seiner geliebten »Nanja« genommen und der Gouvernante seinen Haß bezeigt. Wie dem sein mochte, die Engländerin wurde bald nach der Rückkehr der Eltern weggeschickt, ohne daß sich am unleidlichen Wesen des Kindes etwas änderte.

Die Erinnerung an diese schlimme Zeit ist bei dem Patienten erhalten geblieben. Er meint, die erste seiner Szenen habe er gemacht, als er einmal zu Weihnachten nicht doppelt beschenkt wurde, wie ihm gebührt hätte, weil der Weihnachtstag gleichzeitig sein Geburtstag war. Mit seinen Ansprüchen und Empfindlichkeiten verschonte er auch die geliebte Nanja nicht, ja quälte vielleicht sie am unerbittlichsten. Aber diese Phase der Charakterveränderung ist in seiner Erinnerung unlösbar verknüpft mit vielen anderen sonderbaren und krankhaften Erscheinungen, die er zeitlich nicht anzuordnen weiß. Er wirft all das, was jetzt berichtet werden soll, was unmöglich gleichzeitig gewesen sein kann und voll inhaltlichen Widerspruchs ist, in einen und denselben Zeitraum, den er »noch auf dem ersten Gut« benennt. Mit fünf Jahren, glaubt er, hätten sie dieses Gut verlassen[1]. Er weiß also zu erzählen, daß er an einer Angst gelitten, welche sich seine Schwester zunutze machte, um ihn zu quälen. Es gab ein gewisses Bilderbuch, in dem ein Wolf dargestellt war, aufrecht stehend und ausschreitend. Wenn er dieses Bild zu Gesicht bekam, fing er an wie rasend zu schreien, er fürchtete sich, der Wolf werde kommen und ihn auffressen. Die Schwester wußte es aber immer so einzurichten, daß er dieses Bild sehen mußte, und ergötzte sich an seinem Schrecken. Er fürchtete sich indes auch vor anderen Tieren, großen und kleinen. Einmal jagte er einem schönen großen Schmetterling mit gelb gestriften Flügeln, die in Zipfel ausliefen, nach, um ihn zu fangen. (Es war wohl ein »Schwalbenschwanz«[2].) Plötzlich faßte ihn entsetzliche Angst vor

---

[1] [Der Patient dachte dabei wahrscheinlich an das Gut, auf dem die Familie den größten Teil des Jahres zu verbringen pflegte (vgl. S. 135). Einige Zeit später wurden die beiden Familiengüter verkauft und ein neues Gut erworben, wie Freud seinen englischen Übersetzern, Alix und James Strachey, berichtete (vgl. S. 206).]

[2] [Hier und zu Beginn von Abschnitt VIII, unten, hieß es in den Ausgaben vor 1924 »Admiral«.]

dem Tier, er gab die Verfolgung schreiend auf. Auch vor Käfern und Raupen hatte er Angst und Abscheu. Doch wußte er sich zu erinnern, daß er um dieselbe Zeit Käfer gequält und Raupen zerschnitten; auch Pferde waren ihm unheimlich. Wenn ein Pferd geschlagen wurde, schrie er auf und mußte deswegen einmal den Zirkus verlassen. Anderemale liebte er es selbst, Pferde zu schlagen. Ob diese entgegengesetzten Arten des Verhaltens gegen Tiere wirklich gleichzeitig in Kraft gewesen, oder ob sie einander nicht vielmehr abgelöst hatten, dann aber, in welcher Folge und wann, das ließ seine Erinnerung nicht entscheiden. Er konnte auch nicht sagen, ob seine schlimme Zeit durch eine Phase von Krankheit ersetzt worden war oder sich durch diese hindurch fortgesetzt hatte. Jedenfalls war man durch seine nun folgenden Mitteilungen zur Annahme berechtigt, daß er in jenen Kinderjahren eine sehr gut kenntliche Erkrankung an Zwangsneurose durchgemacht hatte. Er erzählte, er sei eine lange Zeit hindurch sehr fromm gewesen. Vor dem Einschlafen mußte er lange beten und eine unendliche Reihe von Kreuzen schlagen. Er pflegte auch abends mit einem Sessel, auf den er stieg, die Runde vor allen Heiligenbildern zu machen, die im Zimmer hingen, und jedes einzelne andächtig zu küssen. Zu diesem frommen Zeremoniell stimmte es dann sehr schlecht – oder vielleicht doch ganz gut –, daß er sich an gotteslästerliche Gedanken erinnerte, die ihm wie eine Eingebung des Teufels in den Sinn kamen. Er mußte denken: Gott – Schwein oder Gott – Kot. Irgendeinmal auf einer Reise in einen deutschen Badeort war er von dem Zwang gequält, an die heilige Dreieinigkeit zu denken, wenn er drei Häufchen Pferdemist oder anderen Kot auf der Straße liegen sah. Damals befolgte er auch ein eigentümliches Zeremoniell, wenn er Leute sah, die ihm leid taten, Bettler, Krüppel, Greise. Er mußte geräuschvoll ausatmen, um nicht so zu werden wie sie, unter gewissen anderen Bedingungen auch den Atem kräftig einziehen. Es lag mir natürlich nahe anzunehmen, daß diese deutlich zwangsneurotischen Symptome einer etwas späteren Zeit und Entwicklungsstufe angehörten als die Zeichen von Angst und die grausamen Handlungen gegen Tiere.

Die reiferen Jahre des Patienten waren durch ein sehr ungünstiges Verhältnis zu seinem Vater bestimmt, der damals nach wiederholten Anfällen von Depression die krankhaften Seiten seines Charakters nicht verbergen konnte. In den ersten Kinderjahren war dies Verhältnis ein sehr zärtliches gewesen, wie die Erinnerung des Sohnes bewahrt hatte. Der Vater hatte ihn sehr lieb und spielte gerne mit ihm. Er war von klein auf stolz auf den Vater und äußerte nur, er wolle so ein Herr werden wie der. Die Nanja hatte ihm gesagt, die Schwester sei das Kind der Mutter, er aber das des Vaters, womit er sehr zufrieden war. Zu Ausgang der Kindheit war eine Entfremdung zwischen ihm und dem Vater eingetreten. Der Vater zog die Schwester unzweifelhaft vor, und er war sehr gekränkt darüber. Später wurde die Angst vor dem Vater dominierend.

Gegen das achte Jahr etwa verschwanden alle die Erscheinungen, die der Patient der mit der Schlimmheit beginnenden Lebensphase zurechnet. Sie verschwanden nicht mit einem Schlage, sondern kehrten einige Male wieder, wichen aber endlich, wie der Kranke meint, dem Einfluß der Lehrer und Erzieher, die dann an die Stelle der weiblichen Pflegepersonen traten. Dies also sind im knappsten Umriß die Rätsel, deren Lösung der Analyse aufgegeben wurde: Woher rührte die plötzliche Charakterveränderung des Knaben, was bedeuteten seine Phobie und seine Perversitäten, wie kam er zu seiner zwanghaften Frömmigkeit, und wie hängen alle diese Phänomene zusammen? Ich erinnere nochmals daran, daß unsere therapeutische Arbeit einer späteren rezenten neurotischen Erkrankung galt und daß Aufschlüsse über jene früheren Probleme sich nur ergeben konnten, wenn der Verlauf der Analyse für eine Zeit von der Gegenwart abführte, um uns zu dem Umweg durch die kindliche Urzeit zu nötigen.

DIE VERFÜHRUNG UND IHRE NÄCHSTEN FOLGEN

Die nächste Vermutung richtete sich begreiflicherweise gegen die englische Gouvernante, während deren Anwesenheit die Veränderung des Knaben aufgetreten war. Es waren zwei an sich unverständliche Deckerinnerungen erhalten, die sich auf sie bezogen. Sie hatte einmal, als sie vorausging, zu den Nachkommenden gesagt: Schauen Sie doch auf mein Schwänzchen! Ein andermal war ihr auf einer Fahrt der Hut weggeflogen zur großen Befriedigung der Geschwister. Das deutete auf den Kastrationskomplex hin und gestattete etwa die Konstruktion, eine von ihr an den Knaben gerichtete Drohung hätte zur Entstehung seines abnormen Benehmens viel beigetragen. Es ist ganz ungefährlich, solche Konstruktionen den Analysierten mitzuteilen, sie schaden der Analyse niemals, wenn sie irrig sind, und man spricht sie doch nicht aus, wenn man nicht Aussicht hat, irgendeine Annäherung an die Wirklichkeit durch sie zu erreichen. Als nächste Wirkung dieser Aufstellung traten Träume auf, deren Deutung nicht vollkommen gelang, die aber immer um denselben Inhalt zu spielen schienen. Es handelte sich in ihnen, soweit man sie verstehen konnte, um aggressive Handlungen des Knaben gegen die Schwester oder gegen die Gouvernante und um energische Zurechtweisungen und Züchtigungen dafür. Als hätte er ... nach dem Bad ... die Schwester entblößen ... ihr die Hüllen ... oder Schleier ... abreißen wollen und ähnliches. Es gelang aber nicht, aus der Deutung einen sicheren Inhalt zu gewinnen, und als man den Eindruck empfangen hatte, es werde in diesen Träumen das nämliche Material in immer wieder wechselnder Weise verarbeitet, war die Auffassung dieser angeblichen Reminiszenzen gesichert. Es konnte sich nur um Phantasien handeln, die der Träumer irgendeinmal, wahrscheinlich in den Pubertätsjahren, über seine Kindheit gemacht hatte und die jetzt in so schwer kenntlicher Form wieder aufgetaucht waren.

Ihr Verständnis ergab sich mit einem Schlage, als der Patient sich plötzlich der Tatsache besann, die Schwester habe ihn ja, »als er noch sehr klein war, auf dem ersten Gut«, zu sexuellen Tätlichkeiten verführt. Zunächst kam die Erinnerung, daß sie auf dem Abort, den die Kinder häufig gemeinsam benützten, die Aufforderung vorgebracht: Wollen wir uns den Popo zeigen, und dem Wort auch die Tat habe folgen lassen. Späterhin stellte sich das Wesentlichere der Verführung mit allen Einzelheiten der Zeit und der Lokalität ein. Es war im Frühjahr, zu einer Zeit, da der Vater abwesend war; die Kinder spielten auf dem Boden in einem Raum, während im benachbarten die Mutter arbeitete. Die Schwester hatte nach seinem Glied gegriffen, damit gespielt und dabei unbegreifliche Dinge über die Nanja wie zur Erklärung gesagt. Die Nanja tue dasselbe mit allen Leuten, z. B. mit dem Gärtner, sie stelle ihn auf den Kopf und greife dann nach seinen Genitalien.

Damit war das Verständnis der vorhin erratenen Phantasien gegeben. Sie sollten die Erinnerung an einen Vorgang, welcher später dem männlichen Selbstgefühl des Patienten anstößig erschien, verlöschen, und erreichten dieses Ziel, indem sie einen Wunschgegensatz an Stelle der historischen Wahrheit setzten. Nach diesen Phantasien hatte nicht er die passive Rolle gegen die Schwester gespielt, sondern im Gegenteile, er war aggressiv gewesen, hatte die Schwester entblößt sehen wollen, war zurückgewiesen und bestraft worden und darum in die Wut geraten, von der die häusliche Tradition soviel erzählte. Zweckmäßig war es auch, die Gouvernante in diese Dichtung zu verweben, der nun einmal von Mutter und Großmutter die Hauptschuld an seinen Wutanfällen zugeteilt wurde. Diese Phantasien entsprachen also genau der Sagenbildung, durch welche eine später große und stolze Nation die Kleinheit und das Mißgeschick ihrer Anfänge zu verhüllen sucht[1].

In Wirklichkeit konnte die Gouvernante an der Verführung und ihren Folgen nur einen sehr entlegenen Anteil haben. Die Szenen mit der Schwester fanden im Frühjahr des nämlichen Jahres statt, in dessen Hochsommermonaten die Engländerin als Ersatz der abwesenden Eltern eintrat. Die Feindseligkeit des Knaben gegen die Gouvernante kam vielmehr auf eine andere Weise zustande. Indem sie die Kinderfrau beschimpfte und als Hexe verleumdete, trat sie bei ihm in die Fußstapfen der Schwester, die zuerst jene ungeheuerlichen Dinge von der Kinderfrau erzählt hatte, und gestattete ihm so, an ihr die Abneigung zum Vorschein zu bringen, die sich infolge der Verführung, wie wir hören werden, gegen die Schwester entwickelt hatte.

Die Verführung durch die Schwester war aber gewiß keine Phantasie. Ihre Glaubwürdigkeit wurde durch eine niemals vergessene Mitteilung aus späteren, reifen Jahren erhöht. Ein um mehr als ein Jahrzehnt älte-

---

[1] [S. die ausführlichere Erörterung dieses Punktes in Freuds Studie über Leonardo da Vinci (1910 c; zu Anfang des Kap. II).]

rer Vetter hatte ihm in einem Gespräch über die Schwester gesagt, er
erinnere sich sehr wohl daran, was für ein vorwitzig sinnliches Ding sie
gewesen sei. Als Kind von vier oder fünf Jahren habe sie sich einmal
auf seinen Schoß gesetzt und ihm die Hose geöffnet, um nach seinem
Glied zu greifen.

Ich möchte jetzt die Kindergeschichte meines Patienten unterbrechen, um
von dieser Schwester, ihrer Entwicklung, weiteren Schicksalen und von
ihrem Einfluß auf ihn zu sprechen. Sie war zwei Jahre älter als er und
ihm immer vorausgeblieben. Als Kind bubenhaft unbändig, schlug sie
dann eine glänzende intellektuelle Entwicklung ein, zeichnete sich durch
scharfen realistischen Verstand aus, bevorzugte die Naturwissenschaften
in ihren Studien, produzierte aber auch Gedichte, die der Vater hoch
einschätzte. Ihren zahlreichen ersten Bewerbern war sie geistig sehr
überlegen, pflegte sich über sie lustig [zu] machen. In den ersten Zwan-
zigerjahren aber begann sie verstimmt zu werden, klagte, daß sie nicht
schön genug sei, und zog sich von allem Umgang zurück. Auf eine Reise
in Begleitung einer befreundeten älteren Dame geschickt, erzählte sie
nach ihrer Heimkehr ganz unwahrscheinliche Dinge, wie sie von ihrer Be-
gleiterin mißhandelt worden sei, blieb aber an die vorgebliche Peinigerin
offenbar fixiert. Auf einer zweiten Reise bald nachher vergiftete sie sich
und starb fern vom Hause. Wahrscheinlich entsprach ihre Affektion dem
Beginne einer Dementia praecox. Sie war eine der Zeugen für die an-
sehnliche neuropathische Heredität in der Familie, keineswegs aber die
einzige. Ein Onkel, Vaterbruder, starb nach langen Jahren einer Sonder-
lingsexistenz unter Zeichen, die auf eine schwere Zwangsneurose schließen lassen; eine gute Anzahl von Seitenverwandten war und ist mit
leichteren nervösen Störungen behaftet.

Für unseren Patienten war die Schwester in der Kindheit – von der Verführung zunächst abgesehen – ein unbequemer Konkurrent um die Geltung bei den Eltern, dessen schonungslos gezeigte Überlegenheit er sehr
drückend empfand. Er neidete ihr dann besonders den Respekt, den der
Vater vor ihren geistigen Fähigkeiten und intellektuellen Leistungen be-
zeugte, während er, seit seiner Zwangsneurose intellektuell gehemmt,
sich mit einer geringen Einschätzung begnügen mußte. Von seinem vier-
zehnten Jahr an begann das Verhältnis der Geschwister sich zu bessern;
ähnliche geistige Anlage und gemeinsame Opposition gegen die Eltern
führten sie so weit zusammen, daß sie wie die besten Kameraden miteinander verkehrten. In der stürmischen sexuellen Erregtheit seiner
Pubertätszeit wagte er es, eine intime körperliche Annäherung bei ihr zu

suchen. Als sie ihn ebenso entschieden als geschickt abgewiesen hatte, wandte er sich von ihr sofort zu einem kleinen Bauernmädchen, das im Hause bedienstet war und den gleichen Namen wie die Schwester trug. Er hatte damit einen für seine heterosexuelle Objektwahl bestimmenden Schritt vollzogen, denn alle die Mädchen, in die er sich dann später, oft unter den deutlichsten Anzeichen des Zwanges, verliebte, waren gleichfalls dienende Personen, deren Bildung und Intelligenz weit hinter der seinigen zurückstehen mußten. Waren alle diese Liebesobjekte Ersatzpersonen für die ihm versagte Schwester, so ist nicht abzuweisen, daß eine Tendenz zur Erniedrigung der Schwester, zur Aufhebung ihrer intellektuellen Überlegenheit, die ihn einst so bedrückt hatte, dabei die Entscheidung über seine Objektwahl bekam[1].

Motiven dieser Art, die dem Willen zur Macht, dem Behauptungstrieb des Individuums entstammen, hat Alf. Adler wie alles andere so auch das sexuelle Verhalten der Menschen untergeordnet. Ich bin, ohne die Geltung solcher Macht- und Vorrechtsmotive je zu leugnen, nie davon überzeugt gewesen, daß sie die ihnen zugeschriebene dominierende und ausschließliche Rolle spielen können. Hätte ich die Analyse meines Patienten nicht bis zu Ende geführt, so hätte ich die Beobachtung dieses Falles zum Anlaß nehmen müssen, um eine Korrektur meines Vorurteils im Sinne von Adler vorzunehmen. Unerwarteterweise brachte der Schluß dieser Analyse neues Material, aus dem sich wiederum ergab, daß diese Machtmotive (in unserem Falle die Erniedrigungstendenz) die Objektwahl nur im Sinne eines Beitrags und einer Rationalisierung bestimmt hatten, während die eigentliche, tiefere Determinierung mir gestattete, an meinen früheren Überzeugungen festzuhalten[2].

Als die Nachricht vom Tode der Schwester anlangte, erzählte der Patient, empfand er kaum eine Andeutung von Schmerz. Er zwang sich zu Zeichen von Trauer und konnte sich in aller Kühle darüber freuen, daß er jetzt der alleinige Erbe des Vermögens geworden sei. Er befand sich schon seit mehreren Jahren in seiner rezenten Krankheit, als sich dies zutrug. Ich gestehe aber, daß diese eine Mitteilung mich in der diagnostischen Beurteilung des Falles für eine ganze Weile unsicher machte. Es war zwar anzunehmen, daß der Schmerz über den Verlust des geliebtesten Mitglieds seiner Familie eine Ausdruckshemmung durch die fortwirkende Eifersucht gegen sie und durch die Einmengung der unbewußt

---

[1] [Vgl. Freuds frühere Bearbeitung dieses Themas (1912 *d*).]
[2] S. unten S. 207. [Eine ausführlichere Diskussion der Ansichten Adlers findet sich in Teil III von Freuds Schrift ›Zur Geschichte der psychoanalytischen Bewegung‹ (1914 *d*).]

gewordenen inzestuösen Verliebtheit erfahren würde, aber auf einen
Ersatz für den unterbliebenen Schmerzausbruch vermochte ich nicht zu
verzichten. Ein solcher fand sich endlich in einer anderen, ihm unverständlich gebliebenen Gefühlsäußerung. Wenige Monate nach dem Tode
der Schwester machte er selbst eine Reise in die Gegend, wo sie gestorben war, suchte dort das Grab eines großen Dichters auf, der damals
sein Ideal war, und vergoß heiße Tränen auf diesem Grabe. Dies war
eine auch ihn befremdende Reaktion, denn er wußte, daß mehr als zwei
Menschenalter seit dem Tode des verehrten Dichters dahingegangen
waren. Er verstand sie erst, als er sich erinnerte, daß der Vater die Gedichte der verstorbenen Schwester mit denen des großen Poeten in
Vergleich zu bringen pflegte. Einen anderen Hinweis auf die richtige
Auffassung dieser scheinbar an den Dichter gerichteten Huldigung hatte
er mir durch einen Irrtum in seiner Erzählung gegeben, den ich an dieser
Stelle hervorziehen konnte. Er hatte vorher wiederholt angegeben, daß
sich die Schwester erschossen habe, und mußte dann berichtigen, daß sie
Gift genommen hatte. Der Poet aber war in einem Pistolenduell erschossen worden [1].

Ich kehre nun zur Geschichte des Bruders zurück, die ich aber von hier
ein Stück weit pragmatisch darstellen muß. Als das Alter des Knaben
zur Zeit, da die Schwester ihre Verführungsaktionen begann, stellte
sich $3^{1}/_{4}$ Jahre [2] heraus. Es geschah, wie gesagt, im Frühjahr desselben
Jahres, in dessen Herbst die Eltern ihn bei ihrer Rückkehr so gründlich
verwandelt fanden. Es liegt nun sehr nahe, diese Wandlung mit der
unterdes stattgehabten Erweckung seiner Sexualtätigkeit in Zusammenhang zu bringen.

Wie reagierte der Knabe auf die Verlockungen der älteren Schwester?
Die Antwort lautet: mit Ablehnung, aber die Ablehnung galt der Person, nicht der Sache. Die Schwester war ihm als Sexualobjekt nicht ge-
nehm, wahrscheinlich, weil sein Verhältnis zu ihr bereits durch den
Wettbewerb um die Liebe der Eltern im feindseligen Sinne bestimmt
war. Er wich ihr aus, und ihre Werbungen nahmen auch bald ein Ende.
Aber er suchte an ihrer Statt eine andere, geliebtere Person zu gewinnen, und Mitteilungen der Schwester selbst, die sich auf das Vorbild der
Nanja berufen hatte, lenkten seine Wahl auf diese. Er begann also vor
der Nanja mit seinem Glied zu spielen, was, wie in so vielen anderen
Fällen, wenn die Kinder die Onanie nicht verbergen, als Verführungs-

---

[1] [Nach Bestätigung des Wolfmanns selbst: Lermontow.]
[2] [In den Ausgaben vor 1924 hieß es an dieser Stelle: »$3^{1}/_{4}$–$3^{1}/_{2}$ Jahre«.]

versuch aufgefaßt werden muß. Die Nanja enttäuschte ihn, sie machte ein ernstes Gesicht und erklärte, das sei nicht gut. Kinder, die das täten, bekämen an der Stelle eine »Wunde«.

Die Wirkung dieser Mitteilung, die einer Drohung gleichkam, ist nach verschiedenen Richtungen zu verfolgen. Seine Anhänglichkeit an die Nanja wurde dadurch gelockert. Er hätte böse auf sie werden können; später, als seine Wutanfälle einsetzten, zeigte es sich auch, daß er wirklich gegen sie erbittert war. Allein es war für ihn charakteristisch, daß er jede Libidoposition, die er aufgeben sollte, zunächst hartnäckig gegen das Neue verteidigte. Als die Gouvernante auf dem Schauplatz erschien und die Nanja beschimpfte, aus dem Zimmer jagte, ihre Autorität vernichten wollte, übertrieb er vielmehr seine Liebe zu der Bedrohten und benahm sich abweisend und trotzig gegen die angreifende Gouvernante. Nichtsdestoweniger begann er im geheimen ein anderes Sexualobjekt zu suchen. Die Verführung hatte ihm das passive Sexualziel gegeben, an den Genitalien berührt zu werden; wir werden hören, bei wem er dies erreichen wollte, und welche Wege ihn zu dieser Wahl führten.

Es entspricht ganz unseren Erwartungen, wenn wir hören, daß mit seinen ersten genitalen Erregungen seine Sexualforschung einsetzte, und daß er bald auf das Problem der Kastration geriet. Er konnte in dieser Zeit zwei Mädchen, seine Schwester und ihre Freundin, beim Urinieren beobachten. Sein Scharfsinn hätte ihn schon bei diesem Anblicke den Sachverhalt verstehen lassen können, allein er benahm sich dabei, wie wir es von anderen männlichen Kindern wissen. Er lehnte die Idee, daß er hier die von der Nanja angedrohte Wunde bestätigt sehe, ab, und gab sich die Erklärung, das sei der »vordere Popo« der Mädchen. Das Thema der Kastration war mit dieser Entscheidung nicht abgetan; aus allem, was er hörte, entnahm er neue Hindeutungen darauf. Als den Kindern einmal gefärbte Zuckerstangen verteilt wurden, erklärte die Gouvernante, die zu wüsten Phantasien geneigt war, es seien Stücke von zerschnittenen Schlangen. Von da aus erinnerte er sich, daß der Vater einmal auf einem Spazierweg eine Schlange getroffen und sie mit seinem Stocke in Stücke zerschlagen habe. Er hörte die Geschichte (aus *Reineke Fuchs*) vorlesen, wie der Wolf im Winter Fische fangen wollte und seinen Schwanz als Köder benützte, wobei der Schwanz im Eis abbrach. Er erfuhr die verschiedenen Namen, mit denen man je nach der Intaktheit ihres Geschlechts die Pferde bezeichnet. Er war also mit dem Gedanken an die Kastration beschäftigt, aber er hatte noch keinen Glauben daran und keine Angst davor. Andere Sexualprobleme erstanden ihm aus den

Märchen, die ihm um diese Zeit bekannt wurden. Im »Rotkäppchen«
und in den »Sieben Geißlein« wurden die Kinder aus dem Leib des
Wolfs herausgeholt. War der Wolf also ein weibliches Wesen oder konnten auch Männer Kinder im Leib haben? Das war um diese Zeit noch
nicht entschieden. Übrigens kannte er zur Zeit dieser Forschung noch
keine Angst vor dem Wolf.

Eine der Mitteilungen des Patienten wird uns den Weg zum Verständnis der Charakterveränderung bahnen, die während der Abwesenheit
der Eltern im entferntern Anschluß an die Verführung bei ihm hervor-
trat. Er erzählt, daß er nach der Abweisung und Drohung der Nanja die
Onanie sehr bald aufgab. *Das beginnende Sexualleben unter der Leitung*
der Genitalzone war also einer äußeren Hemmung erlegen und durch
deren Einfluß auf eine frühere Phase prägenitaler Organisation zurück-
geworfen worden. Infolge der Unterdrückung der Onanie nahm das
Sexualleben des Knaben sadistisch-analen Charakter an. Er wurde reizbar, quälerisch, befriedigte sich in solcher Weise an Tieren und Menschen.
Sein Hauptobjekt war die geliebte Nanja, die er zu peinigen verstand,
bis sie in Tränen ausbrach. So rächte er sich an ihr für die erfahrene
Abweisung und befriedigte gleichzeitig sein sexuelles Gelüste in der
der regressiven Phase entsprechenden Form. Er begann Grausamkeit
gegen kleine Tiere zu üben, Fliegen zu fangen, um ihnen die Flügel
auszureißen, Käfer zu zertreten; in seiner Phantasie liebte er es, auch
große Tiere, Pferde, zu schlagen. Das waren also durchwegs aktive,
sadistische Betätigungen; von den analen Regungen dieser Zeit wird in
einem späteren Zusammenhange die Rede sein.

Es ist sehr wertvoll, daß in der Erinnerung des Patienten auch gleich-
zeitige Phantasien ganz anderer Art auftauchten, des Inhalts, daß Knaben gezüchtigt und geschlagen wurden, besonders auf den Penis geschlagen; und für wen diese anonymen Objekte als Prügelknaben dien-
ten, läßt sich leicht aus anderen Phantasien erraten, die sich ausmalten,
wie der Thronfolger in einen engen Raum eingesperrt und geschlagen
wird. Der Thronfolger war offenbar er selbst; der Sadismus hatte sich
also in der Phantasie gegen die eigene Person gewendet und war in
Masochismus umgeschlagen. Das Detail, daß das Geschlechtsglied selbst
die Züchtigung empfing, läßt den Schluß zu, daß bei dieser Umwand-
lung bereits ein Schuldbewußtsein beteiligt war, welches sich auf die
Onanie berief [1].

---

[1] [Zum Thema Schlagephantasien s. Freud, 1919 *e*.]

Es blieb in der Analyse kein Zweifel, daß diese passiven Strebungen gleichzeitig oder sehr bald nach den aktiv-sadistischen aufgetreten waren[1]. Dies entspricht der ungewöhnlich deutlichen, intensiven und anhaltenden *Ambivalenz*[2] des Kranken, die sich hier zum erstenmal in der gleichmäßigen Ausbildung der gegensätzlichen Partialtriebpaare äußerte. Dieses Verhalten blieb für ihn auch in der Folge ebenso charakteristisch wie der weitere Zug, daß eigentlich keine der jemals geschaffenen Libidopositionen durch eine spätere völlig aufgehoben wurde. Sie blieb vielmehr neben allen anderen bestehen und gestattete ihm ein unausgesetztes Schwanken, welches sich mit dem Erwerb eines fixierten Charakters unvereinbar erwies.

Die masochistischen Strebungen des Knaben leiten zu einem anderen Punkt über, dessen Erwähnung ich mir aufgespart habe, weil er erst durch die Analyse der nächstfolgenden Phase seiner Entwicklung sichergestellt werden kann. Ich erwähnte schon, daß er nach der Abweisung durch die Nanja seine libidinöse Erwartung von ihr löste und eine andere Person als Sexualobjekt in Aussicht nahm. Diese Person war der damals abwesende Vater. Zu dieser Wahl wurde er gewiß durch ein Zusammentreffen von Momenten geführt, auch durch zufällige wie die Erinnerung an die Zerstückelung der Schlange; vor allem aber erneuerte er damit seine erste und ursprünglichste Objektwahl, die sich dem Narzißmus des kleinen Kindes entsprechend auf dem Wege der Identifizierung vollzogen hatte[3]. Wir haben schon gehört, daß der Vater sein bewundertes Vorbild gewesen war, daß er, gefragt, was er werden wollte, zu antworten pflegte: ein Herr wie der Vater. Dies Identifizierungsobjekt seiner aktiven Strömung wurde nun das Sexualobjekt einer passiven Strömung in der sadistisch-analen Phase. Es macht den Eindruck, als hätte ihn die Verführung durch die Schwester in die passive Rolle gedrängt und ihm ein passives Sexualziel gegeben. Unter dem fortwirkenden Einfluß dieses Erlebnisses beschrieb er nun den Weg von der Schwester über die Nanja zum Vater, von der passiven Einstellung zum Weib bis zu der zum Manne und hatte dabei doch die Anknüpfung an seine

---

[1] Unter passiven Strebungen verstehe ich solche mit passivem Sexualziel, habe aber dabei nicht etwa eine Triebverwandlung, sondern nur eine Zielverwandlung im Auge.
[2] [Dies ist eine ungewöhnliche Verwendung des Terminus »Ambivalenz«; Freud gebrauchte ihn im allgemeinen im Sinne eines Schwankens der Gefühle zwischen Liebe und Haß.]
[3] [Eine ausführlichere Diskussion des Themas Identifizierung findet sich im Kap. VII der *Massenpsychologie* (1921 c).]

frühere spontane Entwicklungsphase gefunden. Der Vater war jetzt wieder sein Objekt, die Identifizierung war der höheren Entwicklung entsprechend durch Objektwahl abgelöst, die Verwandlung der aktiven in eine passive Einstellung war der Erfolg und das Zeichen der dazwischen vorgefallenen Verführung. Eine aktive Einstellung gegen den übermächtigen Vater in der sadistischen Phase wäre natürlich nicht so leicht durchführbar gewesen. Als der Vater im Spätsommer oder Herbst zurückkam, bekamen seine Wutanfälle und Tobszenen eine neue Verwendung. Gegen die Nanja hatten sie aktiv-sadistischen Zwecken gedient; gegen den Vater verfolgten sie masochistische Absichten. Er wollte durch die Vorführung seiner Schlimmheit Züchtigung und Schläge von seiten des Vaters erzwingen, sich so bei ihm die erwünschte masochistische Sexualbefriedigung holen. Seine Schreianfälle waren also geradezu Verführungsversuche. Der Motivierung des Masochismus entsprechend hätte er bei solcher Züchtigung auch die Befriedigung seines Schuldgefühls gefunden. Eine Erinnerung hat ihm aufbewahrt, wie er während einer solchen Szene von Schlimmheit sein Schreien verstärkt, sobald der Vater zu ihm kommt. Der Vater schlägt ihn aber nicht, sondern sucht ihn zu beschwichtigen, indem er mit den Polstern des Bettchens vor ihm Ball spielt.

Ich weiß nicht, wie oft die Eltern und Erzieher angesichts der unerklärlichen Schlimmheit des Kindes Anlaß hätten, sich dieses typischen Zusammenhanges zu erinnern. Das Kind, das sich so unbändig benimmt, legt ein Geständnis ab und will Strafe provozieren. Es sucht in der Züchtigung gleichzeitig die Beschwichtigung seines Schuldbewußtseins und die Befriedigung seiner masochistischen Sexualstrebung [1].

Die weitere Klärung unseres Krankheitsfalles verdanken wir nun der mit großer Bestimmtheit auftretenden Erinnerung, daß alle Angstsymptome erst von einem gewissen Vorfall an zu den Zeichen der Charakteränderung hinzugetreten seien. Vorher habe es keine Angst gegeben, und unmittelbar nach dem Vorfall habe sich die Angst in quälender Form geäußert. Der Zeitpunkt dieser Wandlung läßt sich mit Sicherheit angeben, es war knapp vor dem vierten Geburtstag. Die Kinderzeit, mit der wir uns beschäftigen wollten, zerlegt sich dank diesem Anhaltspunkte in zwei Phasen, eine erste der Schlimmheit und

---

[1] [Vgl. Freuds Darstellung des ›Verbrechers aus Schuldbewußtsein‹, die den Abschnitt III seiner Arbeit ›Einige Charaktertypen aus der psychoanalytischen Arbeit‹ bildet (1916 d).]

Perversität von der Verführung mit 3¹/₄ Jahren bis zum vierten Geburtstag, und eine längere darauffolgende, in der die Zeichen der Neurose vorherrschen. Der Vorfall aber, der diese Scheidung gestattet, war
kein äußeres Trauma, sondern ein Traum, aus dem er mit Angst erwachte.

IV

DER TRAUM UND DIE URSZENE[1]

Ich habe diesen Traum wegen seines Gehaltes an Märchenstoffen bereits
an anderer Stelle publiziert[2] und werde zunächst das dort Mitgeteilte
wiederholen:

>*Ich habe geträumt, daß es Nacht ist und ich in meinem Bett liege,
(mein Bett stand mit dem Fußende gegen das Fenster, vor dem Fenster befand sich eine Reihe alter Nußbäume. Ich weiß, es war Winter,
als ich träumte, und Nachtzeit). Plötzlich geht das Fenster von selbst
auf, und ich sehe mit großem Schrecken, daß auf dem großen Nußbaum vor dem Fenster ein paar weiße Wölfe sitzen. Es waren sechs
oder sieben Stück. Die Wölfe waren ganz weiß und sahen eher aus wie
Füchse oder Schäferhunde, denn sie hatten große Schwänze wie Füchse
und ihre Ohren waren aufgestellt wie bei den Hunden, wenn sie auf
etwas passen. Unter großer Angst, offenbar, von den Wölfen aufgefressen zu werden, schrie ich auf* und erwachte. Meine Kinderfrau
eilte zu meinem Bett, um nachzusehen, was mit mir geschehen war. Es
dauerte eine ganze Weile, bis ich überzeugt war, es sei nur ein Traum
gewesen, so natürlich und deutlich war mir das Bild vorgekommen,
wie das Fenster aufgeht und die Wölfe auf dem Baume sitzen. Endlich
beruhigte ich mich, fühlte mich wie von einer Gefahr befreit und
schlief wieder ein.
Die einzige Aktion im Traume war das Aufgehen des Fensters, denn
die Wölfe saßen ganz ruhig ohne jede Bewegung auf den Ästen des
Baumes, rechts und links vom Stamm und schauten mich an. Es sah
so aus, als ob sie ihre ganze Aufmerksamkeit auf mich gerichtet
hätten. – Ich glaube, dies war mein erster Angsttraum. Ich war damals
drei, vier, höchstens fünf Jahre alt. Bis in mein elftes oder zwölftes
Jahr hatte ich von da an immer Angst, etwas Schreckliches im Traume
zu sehen.«

Er gibt dann noch eine Zeichnung des Baumes mit den Wölfen, die
seine Beschreibung bestätigt [Fig. 5]. Die Analyse des Traumes fördert
nachstehendes Material zu Tage.

---

[1] [S. unten S. 158, Anm. 2.]
[2] ›Märchenstoffe in Träumen‹ (1913 *d*).

Fig. 5

Er hat diesen Traum immer in Beziehung zu der Erinnerung gebracht, daß er in diesen Jahren der Kindheit eine ganz ungeheuerliche Angst vor dem Bild eines Wolfes in einem Märchenbuche zeigte. Die ältere, ihm recht überlegene Schwester pflegte ihn zu necken, indem sie ihm unter irgendeinem Vorwand gerade dieses Bild vorhielt, worauf er entsetzt zu schreien begann. Auf diesem Bild stand der Wolf aufrecht, mit einem Fuß ausschreitend, die Tatzen ausgestreckt und die Ohren aufgestellt. Er meint, dieses Bild habe als Illustration zum Märchen vom »Rotkäppchen« gehört.

Warum sind die Wölfe weiß? Das läßt ihn an die Schafe denken, von denen große Herden in der Nähe des Gutes gehalten wurden. Der Vater nahm ihn gelegentlich mit, diese Herden zu besuchen, und er war dann jedesmal sehr stolz und selig. Später – nach eingezogenen Erkundigungen kann es leicht kurz vor der Zeit dieses Traumes gewesen sein – brach unter diesen Schafen eine Seuche aus. Der Vater ließ einen Pasteurschüler kommen, der die Tiere impfte, aber sie starben nach der Impfung noch zahlreicher als vorher.

Wie kommen die Wölfe auf den Baum? Dazu fällt ihm eine Geschichte ein, die er den Großvater erzählen gehört. Er kann sich nicht erinnern, ob vor oder nach dem Traum, aber ihr Inhalt spricht ent-

150

schieden für das erstere. Die Geschichte lautet: Ein Schneider sitzt in seinem Zimmer bei der Arbeit, da öffnet sich das Fenster und ein Wolf springt herein. Der Schneider schlägt mit der Elle nach ihm – nein, verbessert er sich, packt ihn beim Schwanz und reißt ihm diesen aus, so daß der Wolf erschreckt davonrennt. Eine Weile später geht der Schneider in den Wald und sieht plötzlich ein Rudel Wölfe herankommen, vor denen er sich auf einen Baum flüchtet. Die Wölfe sind zunächst ratlos, aber der Verstümmelte, der unter ihnen ist und sich am Schneider rächen will, macht den Vorschlag, daß einer auf den anderen steigen soll, bis der letzte den Schneider erreicht hat. Er selbst – es ist ein kräftiger Alter – will die Basis dieser Pyramide machen. Die Wölfe tun so, aber der Schneider hat den gezüchtigten Besucher erkannt und ruft plötzlich wie damals: Packt den Grauen beim Schwanz. Der schwanzlose Wolf erschrickt bei dieser Erinnerung, läuft davon und die andern purzeln alle herab.

In dieser Erzählung findet sich der Baum vor, auf dem im Traum die Wölfe sitzen. Sie enthält aber auch eine unzweideutige Anknüpfung an den Kastrationskomplex. Der *alte* Wolf ist vom Schneider um den Schwanz gebracht worden. Die Fuchsschwänze der Wölfe im Traum sind wohl Kompensationen dieser Schwanzlosigkeit.

Warum sind es sechs oder sieben Wölfe? Diese Frage schien nicht zu beantworten, bis ich den Zweifel aufwarf, ob sich sein Angstbild auf das Rotkäppchenmärchen bezogen haben könne. Dies Märchen gibt nur Anlaß zu zwei Illustrationen, zur Begegnung des Rotkäppchens mit dem Wolf im Walde und zur Szene, wo der Wolf mit der Haube der Großmutter im Bette liegt. Es müsse sich also ein anderes Märchen hinter der Erinnerung an das Bild verbergen. Er fand dann bald, daß es nur die Geschichte vom »Wolf und den sieben Geißlein« sein könne. Hier findet sich die Siebenzahl, aber auch die Sechs, denn der Wolf frißt nur sechs Geißlein auf, das siebente versteckt sich im Uhrkasten. Auch das Weiß kommt in dieser Geschichte vor, denn der Wolf läßt sich beim Bäcker die Pfote weiß machen, nachdem ihn die Geißlein bei seinem ersten Besuch an der grauen Pfote erkannt haben. Beide Märchen haben übrigens viel Gemeinsames. In beiden findet sich das Auffressen, das Bauchaufschneiden, die Herausbeförderung der gefressenen Personen, deren Ersatz durch schwere Steine, und endlich kommt in beiden der böse Wolf um. Im Märchen von den Geißlein kommt auch noch der Baum vor. Der Wolf legt sich nach der Mahlzeit unter einen Baum und schnarcht.

Ich werde mich mit diesem Traum wegen eines besonderen Umstandes noch an anderer Stelle beschäftigen müssen und ihn dann eingehender deuten und würdigen. Es ist ja ein erster aus der Kindheit erinnerter Angsttraum, dessen Inhalt im Zusammenhang mit anderen Träumen, die bald nachher erfolgten, und mit gewissen Begebenheiten in der Kinderzeit des Träumers ein Interesse von ganz besonderer Art wachruft. Hier beschränken wir uns auf die Beziehung des Traumes zu zwei Märchen, die viel Gemeinsames haben, zum »Rotkäppchen« und zum »Wolf und die sieben Geißlein«. Der Eindruck dieser Märchen äußerte sich bei dem kindlichen Träumer in einer richtigen Tierphobie, die sich von anderen ähnlichen Fällen nur dadurch auszeichnete, daß das Angsttier nicht ein der Wahrnehmung leicht zugängliches Objekt war (wie etwa Pferd und Hund), sondern nur aus Erzählung und Bilderbuch gekannt.

Ich werde ein andermal auseinandersetzen, welche Erklärung diese Tierphobien haben und welche Bedeutung ihnen zukommt. Vorgreifend bemerke ich nur, daß diese Erklärung sehr zu dem Hauptcharakter stimmt, welchen die Neurose des Träumers in späteren Lebenszeiten erkennen ließ. Die Angst vor dem Vater war das stärkste Motiv seiner Erkrankung gewesen, und die ambivalente Einstellung zu jedem Vaterersatz beherrschte sein Leben wie sein Verhalten in der Behandlung.

Wenn der Wolf bei meinem Patienten nur der erste Vaterersatz war, so fragt es sich, ob die Märchen vom Wolf, der die Geißlein auffrißt, und vom Rotkäppchen etwas anderes als die infantile Angst vor dem Vater zum geheimen Inhalt haben [1]. Der Vater meines Patienten hatte übrigens die Eigentümlichkeit des *»zärtlichen Schimpfens«*, die so viele Personen im Umgang mit ihren Kindern zeigen, und die scherzhafte Drohung »ich fress' dich auf« mag in den ersten Jahren, als der später strenge Vater mit dem Söhnlein zu spielen und zu kosen pflegte, mehr als einmal geäußert worden sein. Eine meiner Patientinnen erzählte mir, daß ihre beiden Kinder den Großvater nie liebgewinnen konnten, weil er sie in seinem zärtlichen Spiel zu schrecken pflegte, er werde ihnen den Bauch aufschneiden.

Lassen wir nun all das beiseite, was in diesem Aufsatze der Verwertung des Traumes vorgreift, und kehren wir zu seiner nächsten Deutung

---

[1] Vgl. die von O. Rank hervorgehobene Ähnlichkeit dieser beiden Märchen mit dem Mythus von Kronos (1912).

zurück. Ich will bemerken, daß diese Deutung eine Aufgabe war, deren
Lösung sich durch mehrere Jahre hinzog. Der Patient hatte den Traum
sehr frühzeitig mitgeteilt und sehr bald meine Überzeugung angenommen, daß hinter ihm die Verursachung seiner infantilen Neurose verborgen sei. Wir kamen im Laufe der Behandlung oft auf den Traum
zurück, aber erst in den letzten Monaten der Kur gelang es, ihn ganz
zu verstehen, und zwar dank der spontanen Arbeit des Patienten. Er
hatte immer hervorgehoben, daß zwei Momente des Traumes den größten Eindruck auf ihn gemacht hätten, erstens die völlige Ruhe und
Unbeweglichkeit der Wölfe und zweitens die gespannte Aufmerksamkeit, mit der sie alle auf ihn schauten. Auch das nachhaltige Wirklichkeitsgefühl, in das der Traum auslief, erschien ihm beachtenswert.
An dies letztere wollen wir anknüpfen. Wir wissen aus den Erfahrungen
der Traumdeutung, daß diesem Wirklichkeitsgefühl eine bestimmte
Bedeutung zukommt. Es versichert uns, daß etwas in dem latenten Material des Traumes den Anspruch auf Wirklichkeit in der Erinnerung
erhebt, also daß der Traum sich auf eine Begebenheit bezieht, die wirklich vorgefallen und nicht bloß phantasiert worden ist[1]. Natürlich kann
es sich nur um die Wirklichkeit von etwas Unbekanntem handeln; die
Überzeugung z. B., daß der Großvater wirklich die Geschichte vom
Schneider und vom Wolf erzählt, oder daß ihm wirklich die Märchen
vom Rotkäppchen und von den sieben Geißlein vorgelesen worden waren, könnte sich niemals durch das den Traum überdauernde Wirklichkeitsgefühl ersetzen. Der Traum schien auf eine Begebenheit hinzu-
deuten, deren Realität so recht im Gegensatz zur Irrealität der Märchen
betont wird.
Wenn eine solche unbekannte, d. h. zur Zeit des Traumes bereits vergessene Szene hinter dem Inhalt des Traumes anzunehmen war, so mußte
sie sehr früh vorgefallen sein. Der Träumer sagt ja: »ich war, als ich den
Traum hatte, drei, vier, höchstens fünf Jahre alt.« Wir können hinzufügen: »und wurde durch den Traum an etwas erinnert, was einer noch
früheren Zeit angehört haben mußte.«
Zum Inhalt dieser Szene mußte führen, was der Träumer aus dem manifesten Trauminhalt hervorhob, die Momente des aufmerksamen Schauens
und der Bewegungslosigkeit. Wir erwarten natürlich, daß dies Material
das unbekannte Material der Szene in irgendeiner Entstellung wieder-
bringt, vielleicht sogar in der Entstellung zur Gegensätzlichkeit.

---

[1] [Vgl. *Die Traumdeutung* (1900 *a*), Kap. VI, E, Abschnitt 9: ›Wirklichkeitsgefühl und
Darstellung der Wiederholung‹.]

Aus dem Rohstoff, welchen die erste Analyse mit dem Patienten ergeben hatte, waren gleichfalls mehrere Schlüsse zu ziehen, die in den gesuchten Zusammenhang einzufügen waren. Hinter der Erwähnung der Schafzucht waren die Belege für seine Sexualforschung zu suchen, deren Interessen er bei seinen Besuchen mit dem Vater befriedigen konnte, aber auch Andeutungen von Todesangst mußten dabei sein, denn die Schafe waren ja zum größten Teil an der Seuche gestorben. Was im Traum das vordringlichste war, die Wölfe auf dem Baume, führte direkt zur Erzählung des Großvaters, an welcher kaum etwas anderes als die Anknüpfung an das Kastrationsthema das Fesselnde und den Traum Anregende gewesen sein konnte.

Wir hatten aus der ersten unvollständigen Analyse des Traumes ferner erschlossen, daß der Wolf ein Vaterersatz sei, so daß dieser erste Angsttraum jene Angst vor dem Vater zum Vorschein gebracht hätte, welche von nun an sein Leben beherrschen sollte. Dieser Schluß selbst war allerdings noch nicht verbindlich. Wenn wir aber als Ergebnis der vorläufigen Analyse zusammenstellen, was sich aus dem vom Träumer gelieferten Material ableitet, so liegen uns etwa folgende Bruchstücke zur Rekonstruktion vor:

Eine wirkliche Begebenheit – aus sehr früher Zeit – Schauen – Unbewegtheit – Sexualprobleme – Kastration – der Vater – etwas Schreckliches.

Eines Tages begann der Patient die Deutung des Traumes fortzusetzen. Die Stelle des Traumes, meinte er, in der es heißt: Plötzlich geht das Fenster von selbst auf, ist durch die Beziehung zum Fenster, an dem der Schneider sitzt, und durch das der Wolf ins Zimmer kommt, nicht ganz aufgeklärt. Es muß die Bedeutung haben: die Augen gehen plötzlich auf. Also ich schlafe und erwache plötzlich, dabei sehe ich etwas: den Baum mit den Wölfen. Dagegen war nichts einzuwenden, aber es ließ weitere Ausnützung zu. Er war erwacht und hatte etwas zu sehen bekommen. Das aufmerksame Schauen, das im Traum den Wölfen zugeschrieben wird, ist vielmehr auf ihn zu schieben. Da hatte an einem entscheidenden Punkte eine Verkehrung stattgefunden, die sich übrigens durch eine andere Verkehrung im manifesten Trauminhalt anzeigt[1]. Es war ja auch eine Verkehrung, wenn die Wölfe auf dem Baum saßen, während sie sich in der Erzählung des Großvaters unten befanden und nicht auf den Baum steigen konnten.

[1] [Vgl. *Die Traumdeutung* (1900*a*), Kap. VI, A, Abschnitt II (gegen Ende), über Umkehrung im Trauminhalt.]

Wenn nun auch das andere vom Träumer betonte Moment durch eine Verkehrung oder Umkehrung entstellt wäre? Dann müßte es anstatt Bewegungslosigkeit (die Wölfe sitzen regungslos da, schauen auf ihn, aber rühren sich nicht) heißen: heftigste Bewegung. Er ist also plötzlich erwacht und hat eine Szene von heftiger Bewegtheit vor sich gesehen, auf die er mit gespannter Aufmerksamkeit schaute. In dem einen Falle bestünde die Entstellung in einer Vertauschung von Subjekt und Objekt, Aktivität und Passivität, angeschaut werden anstatt anschauen, im anderen Falle in einer Verwandlung ins Gegenteil: Ruhe anstatt Bewegtheit.

Einen weiteren Fortschritt im Verständnis des Traumes brachte ein andermal der plötzlich auftauchende Einfall: Der Baum ist der Weihnachtsbaum. Jetzt wußte er, der Traum war kurz vor Weihnachten in der Weihnachtserwartung geträumt worden. Da der Weihnachtstag auch sein Geburtstag war, ließ sich der Zeitpunkt des Traumes und der von ihm ausgehenden Wandlung nun mit Sicherheit feststellen. Es war knapp vor seinem vierten Geburtstag. Er war also eingeschlafen in der gespannten Erwartung des Tages, der ihm eine doppelte Beschenkung bringen sollte. Wir wissen, daß das Kind unter solchen Verhältnissen leicht die Erfüllung seiner Wünsche im Traum antizipiert. Es war also schon Weihnacht im Traume, der Inhalt des Traumes zeigte ihm seine Bescherung, am Baume hingen die für ihn bestimmten Geschenke. Aber anstatt der Geschenke waren es – Wölfe geworden, und der Traum endigte damit, daß er Angst bekam, vom Wolf (wahrscheinlich vom Vater) gefressen zu werden, und seine Zuflucht zur Kinderfrau nahm. Die Kenntnis seiner Sexualentwicklung vor dem Traum macht es uns möglich, die Lücke im Traume auszufüllen und die Verwandlung der Befriedigung in Angst aufzuklären. Unter den traumbildenden Wünschen muß sich, als der stärkste, der nach der sexuellen Befriedigung geregt haben, die er damals vom Vater ersehnte. Der Stärke dieses Wunsches gelang es, die längst vergessene Erinnerungsspur einer Szene aufzufrischen, die ihm zeigen konnte, wie die Sexualbefriedigung durch den Vater aussah, und das Ergebnis war Schreck, Entsetzen vor der Erfüllung dieses Wunsches, Verdrängung der Regung, die sich durch diesen Wunsch dargestellt hatte, und darum Flucht vom Vater weg zur ungefährlicheren Kinderfrau.

Die Bedeutung dieses Weihnachtstermins war in der angeblichen Erinnerung erhalten geblieben, daß er den ersten Wutanfall bekommen, weil er von den Weihnachtsgeschenken unbefriedigt gewesen war

[S. 136]. Die Erinnerung zog Richtiges und Falsches zusammen, sie konnte nicht ohne Abänderung recht haben, denn nach den oft wiederholten Aussagen der Eltern war seine Schlimmheit bereits nach deren Rückkehr im Herbst und nicht erst zu Weihnachten aufgefallen, aber das Wesentliche der Beziehungen zwischen mangelnder Liebesberriedigung, Wut und Weihnachtszeit war in der Erinnerung festgehalten worden.

Welches Bild konnte aber die nächtlicherweise wirkende, sexuelle Sehnsucht heraufbeschworen haben, das imstande war, so intensiv von der gewünschten Erfüllung abzuschrecken? Dieses Bild mußte nach dem Material der Analyse eine Bedingung erfüllen, es mußte geeignet sein, die Überzeugung von der Existenz der Kastration zu begründen. Die Kastrationsangst wurde dann der Motor der Affektverwandlung.

Hier kommt nun die Stelle, an der ich die Anlehnung an den Verlauf der Analyse verlassen muß. Ich fürchte, es wird auch die Stelle sein, an der der Glaube der Leser mich verlassen wird.

Was in jener Nacht aus dem Chaos der unbewußten Eindrucksspuren aktiviert wurde, war das Bild eines Koitus zwischen den Eltern unter nicht ganz gewöhnlichen und für die Beobachtung besonders günstigen Umständen. Es gelang allmählich, für alle Fragen, die sich an diese Szene knüpfen konnten, befriedigende Antworten zu erhalten, indem jener erste Traum im Verlauf der Kur in ungezählten Abänderungen und Neuauflagen wiederkehrte, zu denen die Analyse die gewünschten Aufklärungen lieferte. So stellte sich zunächst das Alter des Kindes bei der Beobachtung heraus, etwa 1½ Jahre[1]. Er litt damals an einer Malaria, deren Anfall täglich zu bestimmter Stunde wiederkehrte[2]. Von seinem zehnten Jahr an war er zeitweise Stimmungen von Depression unterworfen, die am Nachmittag einsetzten und um die fünfte Stunde ihre Höhe erreichten. Dieses Symptom bestand noch zur Zeit der analytischen Behandlung. Die wiederkehrende Depression ersetzte den damaligen Fieber- oder Mattigkeitsanfall; die fünfte Stunde war entweder die Zeit der Fieberhöhe oder die der Koitusbeobachtung, wenn nicht beide Zeiten zusammenfallen[3]. Er befand sich wahrschein-

---

[1] Daneben käme mit weit geringerer Wahrscheinlichkeit, eigentlich kaum haltbar, das Alter von ½ Jahr in Betracht.

[2] Vgl. die späteren Umbildungen dieses Moments in der Zwangsneurose. In den Träumen während der Kur Ersetzung durch einen heftigen Wind. [*Zusatz 1924:*] (*aria* = Luft).

[3] Man bringe damit zusammen, daß der Patient zu seinem Traum nur *fünf* Wölfe gezeichnet hat, obwohl der Text des Traumes von 6 oder 7 spricht.

lich gerade dieses Krankseins wegen im Zimmer der Eltern. Diese auch durch direkte Tradition erhärtete Erkrankung legt uns nahe, den Vorfall in den Sommer zu verlegen und damit für den am Weihnachtstag Geborenen ein Alter von n + 1¹/₂ Jahren anzunehmen[1]. Er hatte also im Zimmer der Eltern in seinem Bettchen geschlafen und erwachte, etwa infolge des steigenden Fiebers, am Nachmittag, vielleicht um die später durch Depression ausgezeichnete fünfte Stunde. Es stimmt zur Annahme eines heißen Sommertages, wenn sich die Eltern halb entkleidet[2] zu einem Nachmittagsschläfchen zurückgezogen hätten. Als er erwachte, wurde er Zeuge eines dreimal wiederholten[3] *coitus a tergo*, konnte das Genitale der Mutter wie das Glied des Vaters sehen und verstand den Vorgang wie dessen Bedeutung[4]. Endlich störte er den Verkehr der Eltern auf eine Weise, von der späterhin die Rede sein wird [S. 195].

Im Grunde ist es nichts Außerordentliches, macht nicht den Eindruck des Produkts einer ausschweifenden Phantasie, daß ein junges, erst wenige Jahre verheiratetes Ehepaar an einen Nachmittagsschlaf zu heißer Sommerszeit einen zärtlichen Verkehr anschließt und sich dabei über die Gegenwart des 1¹/₂ Jahre alten, in seinem Bettchen schlafenden Knäbleins hinaussetzt. Ich meine vielmehr, es wäre etwas durchaus Banales, Alltägliches, und auch die erschlossene Stellung beim Koitus kann an diesem Urteil nichts ändern. Besonders da aus dem Beweismaterial nicht hervorgeht, daß der Koitus jedesmal in der Stellung von rückwärts vollzogen wurde. Ein einziges Mal hätte ja hingereicht, um dem Zuschauer die Gelegenheit zu Beobachtungen zu geben, die durch eine andere Lage der Liebenden erschwert oder ausgeschlossen wären. Der Inhalt dieser Szene selbst kann also kein Argument gegen ihre Glaubwürdigkeit sein. Das Bedenken der Unwahrscheinlichkeit wird sich gegen drei andere Punkte richten: dagegen, daß ein Kind in dem zarten

---

[1] [Noch deutlicher wäre vielleicht »n + ¹/₂«. Da zwischen dem Geburtstag des Patienten und dem Sommer 6 Monate liegen, muß er zur Zeit des Traumes 0 Jahre + 6 Monate oder 1 Jahr + 6 Monate, 2 Jahre + 6 Monate usw. alt gewesen sein. Das Alter 0 + 6 Monate hat Freud jedoch in der Anmerkung 1 auf S. 156 bereits ausgeschlossen.]

[2] In weißer Wäsche, die *weißen* Wölfe.

[3] Woher dreimal? Er stellte plötzlich einmal die Behauptung auf, daß ich dieses Detail durch Deutung eruiert hätte. Das traf nicht zu. Es war ein spontaner, weiterer Kritik entzogener Einfall, den er nach seiner Gewohnheit mir zuschob und ihn durch diese Projektion vertrauenswürdig machte.

[4] Ich meine, er verstand ihn zur Zeit des Traumes mit 4 Jahren, nicht zur Zeit der Beobachtung. Mit 1¹/₂ Jahren holte er sich die Eindrücke, deren nachträgliches Verständnis ihm zur Zeit des Traumes durch seine Entwicklung, seine sexuelle Erregung und seine Sexualforschung ermöglicht wurde.

Alter von 1½ Jahren imstande sein sollte, die Wahrnehmung eines so komplizierten Vorganges aufzunehmen und sie so getreu in seinem Unbewußten zu bewahren, zweitens dagegen, daß eine nachträgliche zum Verständnis vordringende Bearbeitung der so empfangenen Eindrücke zu 4 Jahren möglich ist, und endlich, daß es durch irgendein Verfahren gelingen sollte, die Einzelheiten einer solchen Szene, unter solchen Umständen erlebt und verstanden, in zusammenhängender und überzeugender Weise bewußt zu machen [1].

Ich werde diese und andere Bedenken später sorgfältig prüfen, versichere dem Leser, daß ich nicht weniger kritisch als er gegen die Annahme einer solchen Beobachtung des Kindes eingestellt bin, und bitte ihn, sich mit mir zum *vorläufigen* Glauben an die Realität dieser Szene zu entschließen. Zunächst wollen wir das Studium der Beziehungen dieser »Urszene« [2] zum Traum, zu den Symptomen und zur Lebensgeschichte des Patienten fortsetzen. Wir werden gesondert verfolgen, welche Wirkungen vom wesentlichen Inhalt der Szene und von einem ihrer visuellen Eindrücke ausgegangen sind.

Unter letzterem meine ich die Stellungen, welche er die Eltern einnehmen sah, die aufrechte des Mannes und die tierähnlich gebückte der Frau. Wir haben schon gehört [S. 150], daß ihn in der Angstzeit die Schwester mit dem Bild im Märchenbuch zu schrecken pflegte, auf dem der Wolf aufrecht dargestellt war, einen Fuß vorgesetzt, die Tatzen ausgestreckt und die Ohren aufgestellt. Er ließ sich während der Kur die Mühe nicht verdrießen, in Antiquarläden nachzuspüren, bis er das Märchenbilderbuch seiner Kindheit wiedergefunden hatte, und erkannte sein Schreckbild in einer Illustration zur Geschichte vom »Wolf und den sieben Geißlein«. Er meinte, die Stellung des Wolfes auf diesem Bild hätte ihn an die des Vaters während der konstruierten Urszene erinnern können. Dieses Bild wurde jedenfalls zum Ausgangspunkt weiterer

---

[1] Man kann sich die erste dieser Schwierigkeiten nicht durch die Annahme erleichtern, das Kind sei zur Zeit der Beobachtung doch wahrscheinlich um ein Jahr älter gewesen, also 2½ Jahre alt, zu welcher Zeit es eventuell vollkommen sprachfähig sein mag. Für meinen Patienten war eine solche Zeitverschiebung durch alle Nebenumstände seines Falles fast ausgeschlossen. Übrigens wolle man in Betracht ziehen, daß solche Szenen von Beobachtung des elterlichen Koitus in der Analyse keineswegs selten aufgedeckt werden. Ihre Bedingung ist aber gerade, daß sie in die früheste Kinderzeit fallen. Je älter das Kind ist, desto sorgfältiger werden auf einem gewissen sozialen Niveau die Eltern dem Kinde die Gelegenheit zu solcher Beobachtung versagen.

[2] [Das scheint die früheste veröffentlichte Verwendung dieses Terminus zu sein. Freud hatte ihn jedoch annähernd gleichsinnig schon in einem Brief an Fließ vom 2. Mai 1897 (1950 a, Brief 61) gebraucht.]

Angstwirkungen. Als er in seinem siebenten oder achten Jahr einmal die Ankündigung erhielt, morgen werde ein neuer Lehrer zu ihm kommen, träumte er in der nächstfolgenden Nacht von diesem Lehrer als Löwen, der sich laut brüllend in der Stellung des Wolfes auf jenem Bilde seinem Bette näherte, und erwachte wiederum mit Angst. Die Wolfsphobie war damals bereits überwunden, er hatte darum die Freiheit, sich ein neues Angsttier zu wählen, und anerkannte in diesem späten Traum den Lehrer als Vaterersatz. Jeder seiner Lehrer spielte in seinen späteren Kinderjahren die gleiche Vaterrolle und wurde mit dem Vatereinfluß zum Guten wie zum Bösen ausgestattet.

Das Schicksal schenkte ihm einen sonderbaren Anlaß, seine Wolfsphobie in der Gymnasialzeit aufzufrischen und die Relation, die ihr zugrunde lag, zum Ausgang schwerer Hemmungen zu machen. Der Lehrer, der den lateinischen Unterricht seiner Klasse leitete, hieß *Wolf*. Er war von Anfang an vor ihm eingeschüchtert, zog sich einmal eine schwere Beschimpfung von ihm zu, weil er in einer lateinischen Übersetzung einen dummen Fehler begangen hatte, und wurde von da an eine lähmende Angst vor diesem Lehrer nicht mehr los, die sich bald auf andere Lehrer übertrug. Aber die Gelegenheit, bei der er in der Übersetzung strauchelte, war auch nicht beziehungslos. Er hatte das lateinische Wort *filius* zu übersetzen und tat es mit dem französischen *fils* anstatt mit dem entsprechenden Wort der Muttersprache. Der Wolf war eben noch immer der Vater[1].

Das erste der »passageren Symptome«[2], welches der Patient in der Behandlung produzierte, ging noch auf die Wolfsphobie und auf das Märchen von den sieben Geißlein zurück. In dem Zimmer, wo die ersten Sitzungen abgehalten wurden, befand sich eine große Wandkastenuhr gegenüber dem Patienten, der abgewandt von mir auf einem Divan lag. Es fiel mir auf, daß er von Zeit zu Zeit das Gesicht zu mir kehrte, mich sehr freundlich, wie begütigend ansah und dann den Blick von mir

---

[1] Nach dieser Beschimpfung durch den Lehrer-Wolf erfuhr er als die allgemeine Meinung der Kollegen, daß der Lehrer zur Beschwichtigung – Geld von ihm erwarte. Darauf werden wir später zurückkommen [S. 188 ff.]. – Ich kann mir vorstellen, welche Erleichterung es für eine rationalistische Betrachtung einer solchen Kindergeschichte bedeuten würde, wenn sich annehmen ließe, die ganze Angst vor dem Wolf sei in Wirklichkeit von dem Lateinlehrer gleichen Namens ausgegangen, in die Kindheit zurückprojiziert worden und hätte in Anlehnung an die Märchenillustration die Phantasie der Urszene verursacht. Allein das ist unhaltbar; die zeitliche Priorität der Wolfsphobie und deren Verlegung in die Kindheitsjahre auf dem ersten Gut ist allzusicher bezeugt. Und der Traum mit 4 Jahren?
[2] Ferenczi (1912).

zur Uhr wendete. Ich meinte damals, er gebe so ein Zeichen seiner Sehnsucht nach Beendigung der Stunde. Lange Zeit später erinnerte mich
der Patient an dieses Gebärdenspiel und gab mir dessen Erklärung,
indem er daran erinnerte, daß das jüngste der sieben Geißlein ein Ver-
steck im Kasten der Wanduhr fände, während die sechs Geschwister vom
Wolf gefressen würden. Er wollte also damals sagen: Sei gut mit mir.
Muß ich mich vor dir fürchten? Wirst du mich auffressen? Soll ich mich
wie das jüngste Geißlein im Wandkasten vor dir verstecken?

Der Wolf, vor dem er sich fürchtete, war unzweifelhaft der Vater, aber
die Wolfsangst war an die Bedingung der aufrechten Stellung gebunden.
Seine Erinnerung behauptete mit großer Bestimmtheit, daß Bilder vom
Wolf, der auf allen Vieren gehe oder wie im Rotkäppchenmärchen im
Bett liege, ihn nicht geschreckt hätten. Nicht mindere Bedeutung zog die
Stellung auf sich, die er nach unserer Konstruktion der Urszene das Weib
hatte einnehmen sehen; diese Bedeutung blieb aber auf das sexuelle
Gebiet beschränkt. Die auffälligste Erscheinung seines Liebeslebens nach
der Reife waren Anfälle von zwanghafter sinnlicher Verliebtheit, die
in rätselhafter Folge auftraten und wieder verschwanden, eine riesige
Energie bei ihm auch in Zeiten sonstiger Hemmung entfesselten und
seiner Beherrschung ganz entzogen waren. Ich muß die volle Würdigung dieser Zwangslieben wegen eines besonders wertvollen Zusammenhanges noch aufschieben [s. S. 205 ff.], aber ich kann hier anführen, daß
sie an eine bestimmte, seinem Bewußtsein verborgene Bedingung geknüpft
waren, die sich erst in der Kur erkennen ließ. Das Weib mußte die Stellung eingenommen haben, die wir der Mutter in der Urszene zuschreiben. Große, auffällige Hinterbacken empfand er von der Pubertät an
als den stärksten Reiz des Weibes; ein anderer Koitus als der von rückwärts bereitete ihm kaum Genuß. Die kritische Erwägung ist zwar berechtigt, hier einzuwenden, daß solche sexuelle Bevorzugung der hinte-
ren Körperpartien ein allgemeiner Charakter der zur Zwangsneurose
neigenden Personen sei und nicht zur Ableitung von einem besonderen
Eindruck der Kinderzeit berechtige. Sie gehöre in das Gefüge der anal-
erotischen Veranlagung und zu jenen archaischen Zügen, welche diese
Konstitution auszeichnen. Man darf die Begattung von rückwärts – *more
ferarum* – doch wohl als die phylogenetisch ältere Form auffassen. Wir
werden auch auf diesen Punkt in späterer Diskussion zurückkommen,
wenn wir das Material für seine unbewußte Liebesbedingung nachgetragen haben. [Vgl. S. 173 und S. 206.]

Setzen wir nun in der Erörterung der Beziehungen zwischen Traum und

Urszene fort. Nach unseren bisherigen Erwartungen sollte der Traum dem Kind, das sich auf die Erfüllung seiner Wünsche zu Weihnachten freut, das Bild der Sexualbefriedigung durch den Vater vorführen, wie er es in jener Urszene gesehen hatte, als Vorbild der eigenen Befriedigung, die er vom Vater ersehnt. Anstatt dieses Bild tritt aber das Material der Geschichte auf, die der Großvater kurz vorher erzählt hatte: Der Baum, die Wölfe, die Schwanzlosigkeit in der Form der Überkompensation in den buschigen Schwänzen der angeblichen Wölfe. Hier fehlt uns ein Zusammenhang, eine Assoziationsbrücke, die von dem Inhalt der Urgeschichte zu dem der Wolfsgeschichte hinüberleitet. Diese Verbindung wird wiederum durch die Stellung und nur durch diese gegeben. Der schwanzlose Wolf fordert in der Erzählung des Großvaters die andern auf, *auf ihn zu steigen*. Durch dieses Detail wurde die Erinnerung an das Bild der Urszene geweckt, auf diesem Weg konnte das Material der Urszene durch das der Wolfsgeschichte vertreten werden, dabei gleichzeitig die Zweizahl der Eltern in erwünschter Weise durch die Mehrzahl der Wölfe ersetzt. Eine nächste Wandlung erfuhr der Trauminhalt, indem das Material der Wolfsgeschichte sich dem Inhalt des Märchens von den sieben Geißlein anpaßte, die Siebenzahl von ihm entlehnte[1].

Die Materialwandlung: Urszene – Wolfsgeschichte – Märchen von den sieben Geißlein – ist die Spiegelung des Gedankenfortschritts während der Traumbildung: Sehnsucht nach sexueller Befriedigung durch den Vater – Einsicht in die daran geknüpfte Bedingung der Kastration – Angst vor dem Vater. Ich meine, der Angsttraum des vierjährigen Knaben ist erst jetzt restlos aufgeklärt[2].

---

[1] 6 oder 7 heißt es im Traum. 6 ist die Anzahl der gefressenen Kinder, das siebente rettet sich in den Uhrkasten. Es bleibt strenges Gesetz der Traumdeutung, daß jede Einzelheit ihre Aufklärung finde.

[2] Nachdem uns die Synthese dieses Traumes gelungen ist, will ich versuchen, die Beziehungen des manifesten Trauminhaltes zu den latenten Traumgedanken übersichtlich darzustellen.
Es ist Nacht, ich liege in meinem Bette. Das letztere ist der Beginn der Reproduktion der Urszene. »Es ist Nacht« ist Entstellung für: ich hatte geschlafen. Die Bemerkung: Ich weiß, es war Winter, als ich träumte, und Nachtzeit, bezieht sich auf die Erinnerung an den Traum, gehört nicht zu seinem Inhalt. Sie ist richtig, es war eine der Nächte vor dem Geburtstag resp. Weihnachtstag.
Plötzlich geht das Fenster von selbst auf. Zu übersetzen: Plötzlich erwache ich von selbst, Erinnerung der Urszene. Der Einfluß der Wolfsgeschichte, in der der Wolf durchs Fenster hereinspringt, macht sich modifizierend geltend und verwandelt den direkten in einen bildlichen Ausdruck. Gleichzeitig dient die Einführung des Fensters dazu, um den folgenden Trauminhalt in der Gegenwart unterzubringen. Am Weihnachtsabend geht die Türe plötzlich auf, und man sieht den Baum mit den Geschenken vor sich.

Über die pathogene Wirkung der Urszene und die Veränderung, welche deren Erweckung in seiner Sexualentwicklung hervorruft, kann ich mich nach allem, was bisher schon berührt wurde, kurz fassen. Wir werden nur diejenige Wirkung verfolgen, welcher der Traum Ausdruck gibt. Später werden wir uns klarmachen müssen, daß nicht etwa eine einzige Sexualströmung von der Urszene ausgegangen ist, sondern eine ganze Reihe von solchen, geradezu eine Aufsplitterung der Libido. Ferner werden wir uns vorhalten, daß die Aktivierung dieser Szene (ich vermeide absichtlich das Wort: Erinnerung) dieselbe Wirkung hat, als ob sie ein rezentes Erlebnis wäre. Die Szene wirkt nachträglich und hat

---

Hier macht sich also der Einfluß der aktuellen Weihnachtserwartung geltend, welche die sexuelle Befriedigung miteinschließt.

Der große Nußbaum. Vertreter des Christbaumes, also aktuell: überdies der Baum aus der Wolfsgeschichte, auf den sich der verfolgte Schneider flüchtet, unter dem die Wölfe lauern. Der hohe Baum ist auch, wie ich mich oft überzeugen konnte, ein Symbol der Beobachtung, des Voyeurtums. Wenn man auf dem Baume sitzt, kann man alles sehen, was unten vorgeht, und wird selbst nicht gesehen. Vgl. die bekannte Geschichte des Boccaccio und ähnliche Schnurren.

Die Wölfe. Ihre Zahl: *sechs oder sieben.* In der Wolfsgeschichte ist es ein Rudel ohne angegebene Zahl. Die Zahlbestimmung zeigt den Einfluß des Märchens von den sieben Geißlein, von denen sechs gefressen werden. Die Ersetzung der Zweizahl in der Urszene durch eine Mehrzahl, welche in der Urszene absurd wäre, ist dem Widerstand als Entstellungsmittel willkommen. In der zum Traum gefertigten Zeichnung hat der Träumer die 5 zum Ausdruck gebracht, die wahrscheinlich die Angabe: es war Nacht, korrigiert.

Sie sitzen auf dem Baum. Sie ersetzen zunächst die am Baum hängenden Weihnachtsgeschenke. Sie sind aber auch auf den Baum versetzt, weil das heißen kann, sie schauen. In der Geschichte des Großvaters lagern sie unten um den Baum. Ihr Verhältnis zum Baum ist also im Traum umgekehrt worden, woraus zu schließen ist, daß im Trauminhalt noch andere Umkehrungen des latenten Materials vorkommen.

Sie schauen ihn mit gespannter Aufmerksamkeit an. Dieser Zug ist ganz aus der Urszene, auf Kosten einer totalen Verkehrung in den Traum gekommen.

Sie sind ganz weiß. Dieser an sich unwesentliche, in der Erzählung des Träumers stark betonte Zug verdankt seine Intensität einer ausgiebigen Verschmelzung von Elementen aus allen Schichten des Materials, und vereinigt dann nebensächliche Details der anderen Traumquellen mit einem bedeutsameren Stück der Urszene. Diese letztere Determinierung entstammt wohl der Weiße der Bett- und Leibwäsche der Eltern, dazu das Weiß der Schafherden, der Schäferhunde als Anspielung auf seine Sexualforschungen an Tieren, das Weiß in den Märchen von den sieben Geißlein, in dem die Mutter an der Weiße ihrer Hand erkannt wird. Wir werden später die weiße Wäsche auch als Todesandeutung verstehen. [Es scheint in der Tat weiter keinen deutlichen Hinweis zu diesem Punkt zu geben. Vielleicht besteht eine Beziehung zu der Episode mit dem Totenhemd (S. 211).]

Sie sitzen regungslos da. Hiemit wird dem auffälligsten Inhalt der beobachteten Szene widersprochen; der Bewegtheit, welche durch die Stellung, zu der sie führt, die Verbindung zwischen Urszene und Wolfsgeschichte herstellt.

Sie haben Schwänze wie Füchse. Dies soll einem Ergebnis widersprechen, welches aus der Einwirkung der Urszene auf die Wolfsgeschichte gewonnen wurde und als der wichtigste Schluß der Sexualforschung anzuerkennen ist: Es gibt also wirklich eine

unterdes, in dem Intervall zwischen 1¹/₂ und 4 Jahren, nichts von ihrer Frische eingebüßt. Vielleicht finden wir im weiteren noch einen Anhaltspunkt dafür, daß sie bestimmte Wirkungen bereits zur Zeit ihrer Wahrnehmung, also von 1¹/₂ Jahren an, geübt hat.

Wenn sich der Patient in die Situation der Urszene vertiefte, förderte er folgende Selbstwahrnehmungen zu Tage: Er habe vorher angenommen, der beobachtete Vorgang sei ein gewalttätiger Akt, allein dazu stimmte das vergnügte Gesicht nicht, das er die Mutter machen sah; er mußte erkennen, daß es sich um eine Befriedigung handle[1]. Das wesent-

Kastration. Der Schreck, mit dem dies Denkergebnis aufgenommen wird, bricht sich endlich im Traume Bahn und erzeugt dessen Schluß.

Die Angst, von den Wölfen aufgefressen zu werden. Sie erschien dem Träumer als nicht durch den Trauminhalt motiviert. Er sagte, ich hätte mich nicht fürchten müssen, denn die Wölfe sahen eher aus wie Füchse oder Hunde, sie fuhren auch nicht auf mich los, wie um mich zu beißen, sondern waren sehr ruhig und gar nicht schrecklich. Wir erkennen, daß die Traumarbeit sich eine Weile bemüht hat, die peinlichen Inhalte durch Verwandlung ins Gegenteil unschädlich zu machen. (Sie bewegen sich nicht, sie haben ja die schönsten Schwänze.) Bis endlich dieses Mittel versagt und die Angst losbricht. Sie findet ihren Ausdruck mit Hilfe des Märchens, in dem die Geißlein-Kinder vom Wolf-Vater gefressen werden. Möglicherweise hat dieser Märcheninhalt selbst an scherzhafte Drohungen des Vaters, wenn er mit dem Kinde spielte, erinnert, so daß die Angst, vom Wolf gefressen zu werden, ebensowohl Reminiszenz wie Verschiebungsersatz sein könnte.

Die Wunschmotive dieses Traumes sind handgreiflich; zu den oberflächlichen Tageswünschen, Weihnachten mit seinen Geschenken möge schon da sein (Ungeduldstraum), gesellt sich der tiefere, um diese Zeit permanente Wunsch nach der Sexualbefriedigung durch den Vater, der sich zunächst durch den Wunsch, das wiederzusehen, was damals so fesselnd war, ersetzt. Dann verläuft der psychische Vorgang von der Erfüllung dieses Wunsches in der heraufbeschworenen Urszene bis zu der jetzt unvermeidlich gewordenen Ablehnung des Wunsches und Verdrängung.

Die Breite und Ausführlichkeit der Darstellung, zu der ich durch das Bemühen genötigt bin, dem Leser irgendein Äquivalent für die Beweiskraft einer selbstdurchgeführten Analyse zu bieten, mag ihn gleichzeitig davon abbringen, die Publikation von Analysen zu verlangen, die sich über mehrere Jahre erstreckt haben.

[1] Der Aussage des Patienten tragen wir vielleicht am ehesten Rechnung, wenn wir annehmen, daß der Gegenstand seiner Beobachtung zuerst ein Koitus in normaler Stellung gewesen ist, der den Eindruck eines sadistischen Aktes erwecken muß. Erst nach diesem sei die Stellung gewechselt worden, so daß er Gelegenheit zu anderen Beobachtungen und Urteilen gewann. Allein diese Annahme ist nicht gesichert worden, scheint mir auch nicht unentbehrlich. Wir wollen über die abkürzende Darstellung des Textes die wirkliche Situation nicht außer Auge lassen, daß der Analysierte im Alter nach 25 Jahren Eindrücken und Regungen aus seinem vierten Jahr Worte verleiht, die er damals nicht gefunden hätte. Vernachlässigt man diese Bemerkung, so kann man es leicht komisch und unglaubwürdig finden, daß ein vierjähriges Kind solcher fachlicher Urteile und gelehrter Gedanken fähig sein sollte. Es ist dies einfach ein zweiter Fall von *Nachträglichkeit.* Das Kind empfängt mit 1¹/₂ Jahren einen Eindruck, auf den es nicht genügend reagieren kann, versteht ihn erst, wird von ihm ergriffen bei der Wiederbelebung des Eindrucks mit vier Jahren, und kann erst zwei Dezennien später in der Analyse mit bewußter Denktätigkeit erfassen, was damals in ihm vorgegangen. Der

liche Neue, das ihm die Beobachtung des Verkehrs der Eltern brachte, war die Überzeugung von der Wirklichkeit der Kastration, deren Möglichkeit seine Gedanken schon vorher beschäftigt hatte. (Der Anblick der beiden urinierenden Mädchen, die Drohung der Nanja, die Deutung der Gouvernante von den Zuckerstangen, die Erinnerung, daß der Vater eine Schlange in Stücke geschlagen.) Denn jetzt sah er mit eigenen Augen die Wunde, von der die Nanja gesprochen hatte, und verstand, daß ihr Vorhandensein eine Bedingung des Verkehrs mit dem Vater war. Er konnte sie nicht mehr wie bei der Beobachtung der kleinen Mädchen mit dem Popo verwechseln[1].

Der Ausgang des Traumes war Angst, von der er sich nicht eher beruhigte, als bis er seine Nanja bei sich hatte. Er flüchtete sich also zu ihr vom Vater weg. Die Angst war eine Ablehnung des Wunsches nach Sexualbefriedigung durch den Vater, welches Streben ihm den Traum eingegeben hatte. Ihr Ausdruck: vom Wolf gefressen zu werden, war nur eine – wie wir hören werden: regressive – Umsetzung des Wunsches, vom Vater koitiert, d. h. so befriedigt zu werden wie die Mutter. Sein letztes Sexualziel, die passive Einstellung zum Vater, war einer Verdrängung erlegen, die Angst vor dem Vater in Gestalt der Wolfsphobie an ihre Stelle getreten.

Und die treibende Kraft dieser Verdrängung? Dem ganzen Sachverhalt nach konnte es nur die narzißtische Genitallibido sein, die sich als Sorge um sein männliches Glied gegen eine Befriedigung sträubte, für die der Verzicht auf dieses Glied Bedingung schien. Aus dem bedrohten Narzißmus schöpfte er die Männlichkeit, mit der er sich gegen die passive Einstellung zum Vater wehrte.

Wir werden jetzt darauf aufmerksam, daß wir an diesem Punkte der Darstellung unsere Terminologie ändern müssen. Er hatte während des Traumes eine neue Phase seiner Sexualorganisation erreicht. Die sexuellen Gegensätze waren ihm bisher *aktiv* und *passiv* gewesen. Sein Sexualziel war seit der Verführung ein passives, am Genitale berührt zu werden, dann wandelte es sich durch Regression auf die frühere Stufe der sadistisch-analen Organisation in das masochistische, gezüchtigt,

---

Analysierte setzt sich dann mit Recht über die drei Zeitphasen hinweg und setzt sein gegenwärtiges Ich in die längstvergangene Situation ein. Wir folgen ihm darin, denn bei korrekter Selbstbeobachtung und Deutung muß der Effekt so ausfallen, als ob man die Distanz zwischen der zweiten und der dritten Zeitphase vernachlässigen könnte. Auch haben wir kein anderes Mittel, die Vorgänge in der zweiten Phase zu beschreiben.
[1] Wie er sich mit diesem Anteil des Problems weiter auseinandersetzte, werden wir später [S. 192 ff.] bei der Verfolgung seiner Analerotik erfahren.

gestraft zu werden. Es war ihm gleichgültig, ob er dieses Ziel beim Mann oder Weib erreichen sollte. Er war ohne Rücksicht auf den Geschlechtsunterschied von der Nanja zum Vater gewandert, hatte von der Nanja verlangt, am Glied berührt zu werden, vom Vater die Züchtigung provozieren wollen. Das Genitale kam dabei außer Betracht; in der Phantasie, auf den Penis geschlagen zu werden, äußerte sich noch der durch die Regression verdeckte Zusammenhang. Nun führte ihn die Aktivierung der Urszene im Traum zur genitalen Organisation zurück. Er entdeckte die Vagina und die biologische Bedeutung von männlich und weiblich. Er verstand jetzt, aktiv sei gleich männlich, passiv aber weiblich. Sein passives Sexualziel hätte sich jetzt in ein weibliches verwandeln, den Ausdruck annehmen müssen: vom Vater koitiert zu werden, anstatt: von ihm auf das Genitale oder auf den Popo geschlagen zu werden. Dieses feminine Ziel verfiel nun der Verdrängung und mußte sich durch die Angst vor dem Wolf ersetzen lassen.

Wir müssen die Diskussion seiner Sexualentwicklung hier unterbrechen, bis aus späteren Stadien seiner Geschichte neues Licht auf diese früheren zurückfällt. Zur Würdigung der Wolfsphobie fügen wir noch hinzu, daß Vater und Mutter, beide, zu Wölfen wurden. Die Mutter spielte ja den kastrierten Wolf, der die anderen auf sich aufsteigen ließ, der Vater den aufsteigenden. Seine Angst bezog sich aber, wie wir ihn versichern gehört haben, nur auf den stehenden Wolf, also auf den Vater. Ferner muß uns auffallen, daß die Angst, in die der Traum ausging, ein Vorbild in der Erzählung des Großvaters hatte. In dieser wird ja der kastrierte Wolf, der die andern auf sich hat steigen lassen, von Angst befallen, sowie er an die Tatsache seiner Schwanzlosigkeit erinnert wird. Es scheint also, daß er sich während des Traumvorganges mit der kastrierten Mutter identifizierte und sich nun gegen dieses Ergebnis sträubte. In hoffentlich zutreffender Übersetzung: Wenn du vom Vater befriedigt werden willst, mußt du dir wie die Mutter die Kastration gefallen lassen; das will ich aber nicht. Also ein deutlicher Protest der Männlichkeit! Machen wir uns übrigens klar, daß die Sexualentwicklung des Falles, den wir hier verfolgen, für unsere Forschung den großen Nachteil hat, daß sie keine ungestörte ist. Sie wird zuerst durch die Verführung entscheidend beeinflußt und nun durch die Szene der Koitusbeobachtung abgelenkt, die nachträglich wie eine zweite Verführung wirkt.

V

EINIGE DISKUSSIONEN

Eisbär und Walfisch, hat man gesagt, können nicht miteinander Krieg
führen, weil sie, ein jeder auf sein Element beschränkt, nicht zueinander
kommen. Ebenso unmöglich wird es mir, mit Arbeitern auf dem Gebiet
der Psychologie oder der Neurotik zu diskutieren, die die Voraussetzun-
gen der Psychoanalyse nicht anerkennen und ihre Ergebnisse für Arte-
fakte halten. Daneben hat sich aber in den letzten Jahren eine Opposition von Anderen entwickelt, die, nach ihrem eigenen Vermeinen
wenigstens, auf dem Boden der Analyse stehen, die Technik und Resultate derselben nicht bestreiten und sich nur für berechtigt halten, aus
dem nämlichen Material andere Folgerungen abzuleiten und es anderen
Auffassungen zu unterziehen.

Theoretischer Widerspruch ist aber zumeist unfruchtbar. Sowie man
begonnen hat, sich von dem Material, aus dem man schöpfen soll, zu
entfernen, läuft man Gefahr, sich an seinen Behauptungen zu berauschen
und endlich Meinungen zu vertreten, denen jede Beobachtung widersprochen hätte. Es scheint mir darum ungleich zweckmäßiger, abwei-
chende Auffassungen dadurch zu bekämpfen, daß man sie an einzelnen
Fällen und Problemen erprobt.

Ich habe oben (S. 157 f.) ausgeführt, es werde gewiß für unwahrscheinlich
gehalten werden, »daß ein Kind in dem zarten Alter von $1^{1}/_{2}$ Jahren
imstande sein sollte, die Wahrnehmungen eines so komplizierten Vorganges in sich aufzunehmen und sie so getreu in seinem Unbewußten
zu bewahren, zweitens, daß eine nachträglich zum Verständnis vordringende Bearbeitung dieses Materials zu vier Jahren möglich ist, und
endlich, daß es durch irgendein Verfahren gelingen sollte, die Einzelheiten einer solchen Szene, unter solchen Umständen erlebt und verstanden, in zusammenhängender und überzeugender Weise bewußt zu
machen«.

Die letzte Frage ist eine rein faktische. Wer sich die Mühe nimmt, die
Analyse mittels der vorgezeichneten Technik in solche Tiefen zu treiben,
wird sich überzeugen, daß es sehr wohl möglich ist; wer es unterläßt
und in irgendeiner höheren Schicht die Analyse unterbricht, hat sich des

Urteils darüber begeben. Aber die Auffassung des von der Tiefenanalyse Erreichten ist damit nicht entschieden.

Die beiden anderen Bedenken stützen sich auf eine Geringschätzung der frühinfantilen Eindrücke, denen so nachhaltige Wirkungen nicht zugetraut werden. Sie wollen die Verursachung der Neurosen fast ausschließlich in den ernsthaften Konflikten des späteren Lebens suchen, und nehmen an, die Bedeutsamkeit der Kindheit werde uns in der Analyse nur durch die Neigung der Neurotiker vorgespiegelt, ihre gegenwärtigen Interessen in Reminiszenzen und Symbolen der frühen Vergangenheit auszudrücken. Mit solcher Einschätzung des infantilen Moments fiele manches weg, was zu den intimsten Eigentümlichkeiten der Analyse gehört hat, freilich auch vieles, was ihr Widerstände schafft und das Zutrauen der Außenstehenden entfremdet.

Wir stellen also zur Diskussion die Auffassung ein, solche frühinfantile Szenen, wie sie eine erschöpfende Analyse der Neurosen, z. B. unseres Falles liefert, seien nicht Reproduktionen realer Begebenheiten, denen man Einfluß auf die Gestaltung des späteren Lebens und auf die Symptombildung zuschreiben dürfe, sondern Phantasiebildungen, die der Zeit der Reife ihre Anregung entnehmen, zur gewissermaßen symbolischen Vertretung realer Wünsche und Interessen bestimmt sind, und die einer regressiven Tendenz, einer Abwendung von den Aufgaben der Gegenwart ihre Entstehung verdanken. Wenn dem so ist, dann kann man sich natürlich alle die befremdenden Zumutungen an das Seelenleben und die intellektuelle Leistung von Kindern im unmündigsten Alter ersparen.

Dieser Auffassung kommt außer dem uns allen gemeinsamen Wunsch nach Rationalisierung und Vereinfachung der schwierigen Aufgabe mancherlei Tatsächliches entgegen. Auch kann man im vorhinein ein Bedenken aus dem Wege räumen, welches sich gerade beim praktischen Analytiker erheben könnte. Man muß zugestehen, wenn die besprochene Auffassung dieser infantilen Szenen die richtige ist, dann wird an der Ausübung der Analyse zunächst nichts geändert. Hat der Neurotiker einmal die üble Eigentümlichkeit, sein Interesse von der Gegenwart abzuwenden und es an solche regressive Ersatzbildungen seiner Phantasie zu heften, so kann man gar nichts anderes tun, als ihm auf seinen Wegen zu folgen und ihm diese unbewußten Produktionen zum Bewußtsein zu bringen, denn sie sind, von ihrem realen Unwert ganz abzusehen, für uns höchst wertvoll als die derzeitigen Träger und Besitzer des Interesses, welches wir frei machen wollen, um es auf die

Aufgaben der Gegenwart zu lenken. Die Analyse müßte genau ebenso verlaufen wie jene, die im naiven Zutrauen solche Phantasien für wahr nimmt. Erst am Ende der Analyse, nach der Aufdeckung dieser Phantasien, käme der Unterschied. Man würde dann dem Kranken sagen: »Nun gut; Ihre Neurose ist so verlaufen, als ob Sie in Ihren Kinderjahren solche Eindrücke empfangen und fortgesponnen hätten. Sie sehen wohl ein, daß dies nicht möglich ist. Es waren Produkte Ihrer Phantasietätigkeit zur Ablenkung von realen Aufgaben, die Ihnen bevorstanden. Nun lassen Sie uns nachforschen, welches diese Aufgaben waren, und welche Verbindungswege zwischen diesen und Ihren Phantasien bestanden haben.« Ein zweiter, dem realen Leben zugewendeter Abschnitt der Behandlung würde nach dieser Erledigung der infantilen Phantasien einsetzen können.

Eine Abkürzung dieses Weges, also eine Abänderung der bisher geübten psychoanalytischen Kur, wäre technisch unzulässig. Wenn man dem Kranken diese Phantasien nicht in ihrem vollen Umfange bewußt macht, kann man ihm die Verfügung über das an sie gebundene Interesse nicht geben. Wenn man ihn von ihnen ablenkt, sobald man ihre Existenz und allgemeine Umrisse ahnt, unterstützt man nur das Werk der Verdrängung, durch das sie für alle Bemühungen des Kranken unantastbar geworden sind. Wenn man sie ihm frühzeitig entwertet, etwa indem man ihm eröffnet, es werde sich nur um Phantasien handeln, die ja keine reale Bedeutung haben, wird man nie seine Mitwirkung bereit finden, um sie dem Bewußtsein zuzuführen. Die analytische Technik dürfte also bei korrektem Vorgehen keine Änderung erfahren, wie immer man diese Infantilszenen einschätzt.

Ich habe erwähnt, daß die Auffassung dieser Szenen als regressiver Phantasien manche tatsächlichen Momente zu ihrer Unterstützung anrufen kann. Vor allem das eine: Diese Infantilszenen werden in der Kur – soweit meine Erfahrung bis jetzt reicht – nicht als Erinnerungen reproduziert, sie sind Ergebnisse der Konstruktion. Gewiß wird manchem der Streit schon durch dieses eine Zugeständnis entschieden scheinen.

Ich möchte nicht mißverstanden werden. Jeder Analytiker weiß und hat es unzählige Male erfahren, daß in einer gelungenen Kur der Patient eine ganze Anzahl spontaner Erinnerungen aus seinen Kinderjahren mitteilt, an deren Auftauchen – vielleicht erstmaligem Auftauchen – der Arzt sich völlig unschuldig fühlt, indem er durch keinerlei Konstruktionsversuch dem Kranken einen ähnlichen Inhalt nahegelegt hat.

Diese vorher unbewußten Erinnerungen müssen nicht einmal immer wahr sein; sie können es sein, aber sie sind oft gegen die Wahrheit entstellt, mit phantasierten Elementen durchsetzt, ganz ähnlich wie die spontan erhalten gebliebenen sogenannten Deckerinnerungen. Ich will nur sagen: Szenen, wie die bei meinem Patienten, aus so früher Zeit und mit solchem Inhalt, die dann eine so außerordentliche Bedeutung für die Geschichte des Falles beanspruchen, werden in der Regel nicht als Erinnerungen reproduziert, sondern müssen schrittweise und mühselig aus einer Summe von Andeutungen erraten – konstruiert – werden. Es reicht auch für das Argument hin, wenn ich zugebe, daß solche Szenen bei den Fällen von Zwangsneurose nicht als Erinnerung bewußt werden, oder wenn ich die Angabe auf den einen Fall, den wir hier studieren, beschränke.

Ich bin nun nicht der Meinung, daß diese Szenen notwendigerweise Phantasien sein müßten, weil sie nicht als Erinnerungen wiederkommen. Es scheint mir durchaus der Erinnerung gleichwertig, daß sie sich – wie in unserem Falle – durch Träume ersetzen, deren Analyse regelmäßig zu derselben Szene zurückführt, die in unermüdlicher Umarbeitung jedes Stück ihres Inhalts reproduzieren. Träumen ist ja auch ein Erinnern, wenn auch unter den Bedingungen der Nachtzeit und der Traumbildung. Durch diese Wiederkehr in Träumen erkläre ich mir, daß sich bei den Patienten selbst allmählich eine sichere Überzeugung von der Realität dieser Urszenen bildet, eine Überzeugung, die der auf Erinnerung gegründeten in nichts nachsteht[1].

Die Gegner brauchen freilich den Kampf gegen diese Argumente nicht als aussichtslos aufzugeben. Träume sind bekanntlich lenkbar[2]. Und die Überzeugung des Analysierten kann ein Erfolg der Suggestion sein, für die immer noch eine Rolle im Kräftespiel der analytischen Behandlung gesucht wird. Der Psychotherapeut alten Schlages würde seinem Patienten suggerieren, daß er gesund ist, seine Hemmungen überwunden hat u. dgl.; der Psychoanalytiker aber, daß er als Kind dies oder jenes Er-

---

[1] Wie frühzeitig ich mich mit diesem Problem beschäftigt habe, mag eine Stelle aus der ersten Auflage meiner *Traumdeutung* (1900 *a*) beweisen. Dort heißt es S. 126 [Kap. V, der erste der »harmlosen« Träume am Ende des Abschnitts A.] zur Analyse der in einem Traum vorkommenden Rede: *Das ist nicht mehr zu haben*, diese Rede stammt von mir selbst; ich hatte ihr einige Tage vorher erklärt, »daß die ältesten Kindererlebnisse *nicht mehr* als solche *zu haben sind*, sondern durch ›Übertragungen‹ und Träume in der Analyse ersetzt werden.«

[2] Der Mechanismus des Traumes kann nicht beeinflußt werden, aber das Traummaterial läßt sich partiell kommandieren.

lebnis gehabt hat, das er jetzt erinnern müsse, um gesund zu werden. Das wäre der Unterschied zwischen beiden.

Machen wir uns klar, daß dieser letzte Erklärungsversuch der Gegner auf eine weit gründlichere Erledigung der Infantilszenen hinausläuft, als anfangs angekündigt wurde. Sie sollten nicht Wirklichkeiten sein, sondern Phantasien. Nun wird es offenbar: nicht Phantasien des Kranken, sondern des Analytikers selbst, die er aus irgendwelchen persönlichen Komplexen dem Analysierten aufdrängt. Der Analytiker freilich, der diesen Vorwurf hört, wird sich zu seiner Beruhigung vorführen, wie allmählich die Konstruktion dieser angeblich von ihm eingegebenen Phantasie zustande gekommen ist, wie unabhängig sich doch deren Ausgestaltung in vielen Punkten von der ärztlichen Anregung benommen hat, wie von einer gewissen Phase der Behandlung an alles auf sie hin zu konvergieren schien, und wie nun in der Synthese die verschiedensten merkwürdigen Erfolge von ihr ausstrahlen, wie die großen und die kleinsten Probleme und Sonderbarkeiten der Krankengeschichte ihre Lösung in der einen Annahme fänden, und wird geltend machen, daß er sich nicht den Scharfsinn zutraut, eine Begebenheit auszuhecken, welche alle diese Ansprüche in einem erfüllen kann. Aber auch dieses Plädoyer wird nicht auf den anderen Teil wirken, der die Analyse nicht selbst erlebt hat. Raffinierte Selbsttäuschung – wird es von der einen Seite lauten, Stumpfheit der Beurteilung – von der anderen; eine Entscheidung wird nicht zu fällen sein.

Wenden wir uns zu einem anderen Moment, welches die gegnerische Auffassung der konstruierten Infantilszenen unterstützt. Es ist folgendes: Alle die Prozesse, welche zur Aufklärung dieser fraglichen Bildungen als Phantasien herangezogen worden sind, bestehen wirklich und sind als bedeutungsvoll anzuerkennen. Die Abwendung des Interesses von den Aufgaben des realen Lebens[1], die Existenz von Phantasien als Ersatzbildungen für die unterlassenen Aktionen, die regressive Tendenz, die sich in diesen Schöpfungen ausspricht – regressiv in mehr als einem Sinne, insofern gleichzeitig ein Zurückweichen vor dem Leben und ein Zurückgreifen auf die Vergangenheit eintritt –, all das trifft zu und läßt sich regelmäßig durch die Analyse bestätigen. Man sollte meinen, es würde auch hinreichen, die in Rede stehenden angeblichen frühinfantilen Reminiszenzen aufzuklären, und diese Erklärung hätte nach den ökono-

---

[1] Ich ziehe aus guten Gründen vor zu sagen: Die Abwendung der *Libido* von den aktuellen *Konflikten*.

mischen Prinzipien der Wissenschaft das Vorrecht vor einer anderen, die
ohne neue und befremdliche Annahmen nicht ausreichen kann.

Ich gestatte mir, an dieser Stelle darauf aufmerksam zu machen, daß die
Widersprüche in der heutigen psychoanalytischen Literatur gewöhnlich
nach dem Prinzip des *pars pro toto* angefertigt werden. Man greift aus
einem hoch zusammengesetzten Ensemble einen Anteil der wirksamen
Faktoren heraus, proklamiert diesen als die Wahrheit und widerspricht
nun zu dessen Gunsten dem anderen Anteil und dem Ganzen. Sieht man
etwa näher zu, welcher Gruppe dieser Vorzug zugefallen ist, so findet
man, es ist die, welche das bereits anderswoher Bekannte enthält oder
sich am ehesten ihm anschließt. So bei Jung die Aktualität und die
Regression, bei Adler die egoistischen Motive. Zurückgelassen, als Irrtum verworfen, wird aber gerade das, was an der Psychoanalyse neu ist
und ihr eigentümlich zukommt. Auf diesem Wege lassen sich die revo-
lutionären Vorstöße der unbequemen Psychoanalyse am leichtesten
zurückweisen.

Es ist nicht überflüssig hervorzuheben, daß keines der Momente, welche
die gegnerische Auffassung zum Verständnis der Kindheitsszenen heran-
zieht, von Jung als Neuheit gelehrt zu werden brauchte. Der aktuelle
Konflikt, die Abwendung von der Realität, die Ersatzbefriedigung in
der Phantasie, die Regression auf Material der Vergangenheit, dies alles
hat, und zwar in der nämlichen Zusammenfügung, vielleicht mit geringer
Abänderung der Terminologie, von jeher einen integrierenden Bestand-
teil meiner eigenen Lehre gebildet. Es war nicht das Ganze derselben,
nur der Anteil der Verursachung, der von der Realität her zur Neurosenbildung in regressiver Richtung einwirkt. Ich habe daneben noch Raum
gelassen für einen zweiten progredienten Einfluß, der von den Kind-
heitseindrücken her wirkt, der vom Leben zurückweichenden Libido den
Weg weist und die sonst unerklärliche Regression auf die Kindheit verstehen läßt. So wirken die beiden Momente nach meiner Auffassung bei
der Symptombildung zusammen, aber ein früheres Zusammenwirken
scheint mir ebenso bedeutungsvoll. Ich behaupte, daß *der Kindheits-
einfluß sich bereits in der Anfangssituation der Neurosenbildung fühlbar
macht, indem er in entscheidender Weise mitbestimmt, ob und an welcher
Stelle das Individuum in der Bewältigung der realen Probleme des
Lebens versagt.*

Im Streit steht also die Bedeutung des infantilen Moments. Die Aufgabe
geht dahin, einen Fall zu finden, der diese Bedeutung, jedem Zweifel
entzogen, erweisen kann. Ein solcher ist aber der Krankheitsfall, den

wir hier so ausführlich behandeln, der durch den Charakter ausgezeichnet ist, daß der Neurose im späteren Leben eine Neurose in frühen Jahren der Kindheit vorhergeht. Gerade darum habe ich ja diesen Fall zur Mitteilung gewählt. Sollte jemand ihn etwa darum ablehnen wollen, weil ihm die Tierphobie nicht wichtig genug erscheint, um als selbständige Neurose anerkannt zu werden, so will ich ihn darauf verweisen, daß ohne Intervall an diese Phobie ein Zwangszeremoniell, Zwangshandlungen und Gedanken anschließen, von denen in den folgenden Abschnitten dieser Schrift die Rede sein wird.

Eine neurotische Erkrankung im vierten oder fünften Jahr der Kindheit beweist vor allem, daß die infantilen Erlebnisse für sich allein imstande sind, eine Neurose zu produzieren, ohne daß es dazu der Flucht vor einer im Leben gestellten Aufgabe bedürfte. Man wird einwenden, daß auch an das Kind unausgesetzt Aufgaben herantreten, denen es sich vielleicht entziehen möchte. Das ist richtig, aber das Leben eines Kindes vor der Schulzeit ist leicht zu übersehen, man kann ja untersuchen, ob sich eine die Verursachung der Neurose bestimmende »Aufgabe« darin findet. Man entdeckt aber nichts anderes als Triebregungen, deren Befriedigung dem Kind unmöglich, deren Bewältigung es nicht gewachsen ist, und die Quellen, aus denen diese fließen.

Die enorme Verkürzung des Intervalls zwischen dem Ausbruch der Neurose und der Zeit der in Rede stehenden Kindheitserlebnisse läßt, wie zu erwarten stand, das regressive Stück der Verursachung aufs äußerste einschrumpfen und bringt den progredienten Anteil derselben, den Einfluß früherer Eindrücke, unverdeckt zum Vorschein. Von diesem Verhältnis wird diese Krankengeschichte, wie ich hoffe, ein deutliches Bild geben. Auf die Frage nach der Natur der Urszenen oder frühesten in der Analyse eruierten Kindheitserlebnisse gibt die Kindheitsneurose noch aus anderen Gründen eine entscheidende Antwort.

Nehmen wir als unwidersprochene Voraussetzung an, daß eine solche Urszene technisch richtig entwickelt worden sei, daß sie unerläßlich sei zur zusammenfassenden Lösung aller Rätsel, welche uns die Symptomatik der Kindheitserkrankung aufgibt, daß alle Wirkungen von ihr ausstrahlen, wie alle Fäden der Analyse zu ihr hingeführt haben, so ist es mit Rücksicht auf ihren Inhalt unmöglich, daß sie etwas anderes sei als die Reproduktion einer vom Kinde erlebten Realität. Denn das Kind kann wie auch der Erwachsene Phantasien nur produzieren mit irgendwo erworbenem Material; die Wege dieser Erwerbung sind dem Kinde zum Teil (wie die Lektüre) verschlossen, der für die Erwerbung zu Gebote

stehende Zeitraum ist kurz und leicht nach solchen Quellen zu durch-
forschen.

In unserem Falle enthält die Urszene das Bild des geschlechtlichen Verkehrs zwischen den Eltern in einer für gewisse Beobachtungen besonders
günstigen Stellung. Es würde nun gar nichts für die Realität dieser Szene
beweisen, wenn wir sie bei einem Kranken fänden, dessen Symptome,
also die Wirkungen der Szene, irgendwann in seinem späteren Leben
hervorgetreten wären. Ein solcher kann zu den verschiedensten Zeit-
punkten des langen Intervalls die Eindrücke, Vorstellungen und Kennt-
nisse erworben haben, die er dann in ein Phantasiebild verwandelt, in
seine Kindheit zurückprojiziert und an seine Eltern heftet. Aber wenn
die Wirkungen einer solchen Szene im vierten und fünften Lebensjahr
hervortreten, so muß das Kind diese Szene in noch früherem Alter
mitangesehen haben. Dann bleiben aber alle die befremdenden Folgerungen aufrecht, die sich uns aus der Analyse der infantilen Neurose
ergeben haben. Es sei denn, es wolle jemand annehmen, der Patient habe
nicht nur diese Urszene unbewußt phantasiert, sondern ebenso seine Charakterveränderung, seine Wolfsangst und seinen religiösen Zwang kon-
fabuliert, welcher Auskunft aber sein sonstiges nüchternes Wesen und
die direkte Tradition in seiner Familie widersprechen würde. Es muß
also dabei bleiben – ich sehe keine andere Möglichkeit –, entweder
ist die von seiner Kindheitsneurose ausgehende Analyse überhaupt
ein Wahnwitz, oder es ist alles so richtig, wie ich es oben dargestellt
habe.

Wir haben an einer früheren Stelle [S. 160] auch an der Zweideutigkeit
Anstoß genommen, daß des Patienten Vorliebe für die weiblichen Nates
und für den Koitus in derjenigen Stellung, bei der diese besonders hervortreten, eine Ableitung von dem beobachteten Koitus der Eltern zu
fordern schien, während doch solche Bevorzugung ein allgemeiner Zug
der zur Zwangsneurose disponierten archaischen Konstitutionen ist.
Hier bietet sich eine naheliegende Auskunft, die den Widerspruch als
Überdeterminierung löst. Die Person, an welcher er diese Position beim
Koitus beobachtet, war doch sein leiblicher Vater, von dem er diese
konstitutionelle Vorliebe auch ererbt haben konnte. Weder die spätere
Krankheit des Vaters noch die Familiengeschichte sprechen dagegen; ein
Vatersbruder ist, wie bereits erwähnt [S. 141], in einem Zustand ge-
storben, der als Ausgang eines schweren Zwangsleidens aufgefaßt wer-
den muß.

Wir erinnern uns in diesem Zusammenhange, daß die Schwester bei der

Verführung des 3¹/₄jährigen[1] Knaben gegen die brave alte Kinderfrau die sonderbare Verleumdung ausgesprochen, sie stelle alle Leute auf den Kopf und greife ihnen dann an die Genitalien (S. 140). Es mußte sich uns da die Idee aufdrängen, daß vielleicht auch die Schwester in ähnlich zartem Alter dieselbe Szene mitangesehen wie später der Bruder und sich daher die Anregung für das Auf-den-Kopf-Stellen beim sexuellen Akt geholt hätte. Diese Annahme brächte auch einen Hinweis auf eine Quelle ihrer eigenen sexuellen Voreiligkeit.

[Ich[2] hatte ursprünglich nicht die Absicht, die Diskussion über den Realwert der »Urszenen« an dieser Stelle weiter zu führen, aber da ich unterdes veranlaßt worden bin, dieses Thema in meinen *Vorlesungen zur Einführung in die Psychoanalyse* [1916–17, Vorlesung XXIII] in breiterem Zusammenhange und nicht mehr in polemischer Absicht zu behandeln, so wäre es irreführend, wollte ich die Anwendung der dort bestimmenden Gesichtspunkte auf den uns hier vorliegenden Fall unterlassen. Ich setze also ergänzend und berichtigend fort: Es ist doch noch eine andere Auffassung der dem Traume zugrunde liegenden Urszene möglich, welche die vorhin getroffene Entscheidung um ein gutes Stück ablenkt und uns mancher Schwierigkeiten überhebt. Die Lehre, welche die Infantilszenen zu regressiven Symbolen herabdrücken will, wird zwar auch bei dieser Modifikation nichts gewinnen; sie scheint mir überhaupt durch diese – wie durch jede andere – Analyse einer Kinderneurose endgültig erledigt.

Ich meine nämlich, man kann sich den Sachverhalt auch in folgender Art zurechtlegen. Auf die Annahme, daß das Kind einen Koitus beobachtet, durch dessen Anblick es die Überzeugung gewonnen, daß die Kastration mehr sein könne als eine leere Drohung, können wir nicht verzichten; auch läßt uns die Bedeutung, welche späterhin den Stellungen von Mann und Weib für die Angstentwicklung und als Liebesbedingung zukommt, keine andere Wahl, als zu schließen, es müsse ein *coitus a tergo, more ferarum*, gewesen sein. Aber ein anderes Moment ist nicht so unersetzlich und mag fallengelassen werden. Es war vielleicht nicht ein Koitus der Eltern, sondern ein Tierkoitus, den das Kind beobachtet und dann auf die Eltern geschoben, als ob es erschlossen hätte, die Eltern machten es auch nicht anders.

Dieser Auffassung kommt vor allem zugute, daß die Wölfe des Traumes ja eigentlich Schäferhunde sind und auch in der Zeichnung als solche

---

[1] [In den Ausgaben vor 1924 hieß es »3¹/₂jährigen«.]
[2] [Eckige Klammer von Freud selbst. S. den Schluß der Anmerkung 1, oben, S. 129.]

erscheinen. Kurz vor dem Traum war der Knabe wiederholt zu den Schafherden mitgenommen worden [S. 150], wo er solche große weiße Hunde sehen und sie wahrscheinlich auch beim Koitus beobachten konnte. Ich möchte auch die Dreizahl, die der Träumer ohne jede weitere Motivierung hinstellte [S. 157, Anm. 3], hieher beziehen und annehmen, es sei ihm im Gedächtnis geblieben, daß er drei solcher Beobachtungen an den Schäferhunden gemacht. Was in der erwartungsvollen Erregtheit seiner Traumnacht hinzukam, war dann die Übertragung des kürzlich gewonnenen Erinnerungsbildes mit *allen* seinen Einzelheiten auf die Eltern, wodurch aber erst jene mächtigen Affektwirkungen ermöglicht wurden. Es gab jetzt ein nachträgliches Verständnis jener vielleicht vor wenigen Wochen oder Monaten empfangenen Eindrücke, ein Vorgang, wie ihn vielleicht jeder von uns an sich selbst erlebt haben mag. Die Übertragung von den koitierenden Hunden auf die Eltern vollzog sich nun nicht mittels eines an Worte gebundenen Schlußverfahrens, sondern indem eine reale Szene vom Beisammensein der Eltern in der Erinnerung aufgesucht wurde, welche sich mit der Koitussituation verschmelzen ließ. Alle in der Traumanalyse behaupteten Details der Szene mochten genau reproduziert sein. Es war wirklich an einem Sommernachmittag, während das Kind an Malaria litt, die Eltern waren in weißer Kleidung beide anwesend, als das Kind aus seinem Schlaf erwachte, aber – die Szene war harmlos. Das Übrige hatte der spätere Wunsch des Wißbegierigen, auch die Eltern bei ihrem Liebesverkehr zu belauschen, auf Grund seiner Erfahrungen an den Hunden hinzugefügt, und nun entfaltete die so phantasierte Szene alle die Wirkungen, die wir ihr nachgesagt haben, die nämlichen, als ob sie durchaus real gewesen und nicht aus zwei Bestandteilen, einem früheren indifferenten und einem späteren, höchst eindrucksvollen, zusammengekleistert worden wäre.

Es ist sofort ersichtlich, um wieviel das Maß der uns zugemuteten Glaubensleistung erleichtert wird. Wir brauchen nicht mehr anzunehmen, daß die Eltern den Koitus in Gegenwart des, wenn auch sehr jugendlichen, Kindes vollzogen haben, was für viele von uns eine unliebsame Vorstellung ist. Der Betrag der Nachträglichkeit wird sehr herabgesetzt; sie bezieht sich jetzt nur auf einige Monate des vierten Lebensjahres und greift überhaupt nicht in die dunklen ersten Kindheitsjahre zurück. An dem Verhalten des Kindes, welches von den Hunden auf die Eltern überträgt und sich vor dem Wolf anstatt vor dem Vater fürchtet, bleibt kaum etwas Befremdliches. Es befindet sich ja in der Entwicklungsphase seiner Weltanschauung, die in *Totem und Tabu* [1912–13, Aufsatz IV] als die Wiederkehr des Totemismus gekennzeichnet worden ist. Die Lehre, welche die Urszenen der Neurosen durch Zurückphantasieren aus späteren Zeiten aufklären will, scheint in unserer Beobachtung trotz des zarten Alters von vier Jahren bei unserem Neurotiker eine starke Unterstützung zu finden. So jung er ist, so hat er es doch zustande gebracht, einen Eindruck aus dem vierten Jahr durch ein phantasiertes Trauma mit 1½ Jahren zu ersetzen; diese Regression erscheint aber weder rätselhaft noch tendenziös. Die Szene, die herzustellen war, mußte gewisse Bedingungen erfüllen, welche infolge der Lebensumstände des Träumers gerade nur in dieser frühen Zeit zu finden waren, wie z. B. die eine, daß er sich im Schlafzimmer der Eltern im Bette befand.

Für die Richtigkeit der hier vorgeschlagenen Auffassung wird es aber den meisten Lesern geradezu entscheidend scheinen, was ich aus den analytischen Ergebnissen an anderen Fällen hinzugeben kann. Die Szene einer Beobachtung des Sexualverkehrs der Eltern in sehr früher Kindheit – sei sie nun reale Erinnerung oder Phantasie – ist in den Analysen neurotischer Menschenkinder wahrlich keine Seltenheit. Vielleicht findet sie sich ebenso häufig bei den nicht neurotisch Gewordenen. Vielleicht gehört sie zum regelmäßigen Bestand ihres – bewußten oder unbewußten – Erinnerungsschatzes. So oft ich aber eine solche Szene durch Analyse entwickeln konnte, zeigte sie dieselbe Eigentümlichkeit, die uns auch bei unserem Patienten stutzig machte, sie bezog sich auf den *coitus a tergo*, der allein dem Zuschauer die Inspektion der Genitalien ermöglicht. Da braucht man wohl nicht länger zu bezweifeln, daß es sich nur um eine Phantasie handelt, die vielleicht regelmäßig durch die Beobachtung des tierischen Sexualverkehrs angeregt wird. Ja noch mehr; ich habe angedeutet [S. 157], daß meine Darstellung der »Urszene« unvollständig geblieben ist, indem ich mir für später aufsparte mitzuteilen, auf welche Weise das Kind den Verkehr der Eltern stört. Ich muß jetzt hinzufügen, daß auch die Art dieser Störung in allen Fällen die nämliche ist.

Ich kann mir denken, daß ich mich jetzt schweren Verdächtigungen von seiten der Leser dieser Krankengeschichte ausgesetzt habe. Wenn mir diese Argumente zu Gunsten einer solchen Auffassung der »Urszene« zu Gebote standen, wie könnte ich es überhaupt verantworten, zuerst eine so absurd erscheinende andere zu vertreten? Oder sollte ich im Intervall zwischen der ersten Niederschrift der Krankengeschichte und diesem Zusatz jene neuen Erfahrungen gemacht haben, die mich zur Abände-

rung meiner anfänglichen Auffassung genötigt haben, und wollte dies
aus irgendwelchen Motiven nicht eingestehen? Ich gestehe dafür etwas
anderes ein: daß ich die Absicht habe, die Diskussion über den Realwert
der Urszene diesmal mit einem *non liquet* zu beschließen. Diese Krankengeschichte ist noch nicht zu Ende; in ihrem weiteren Verlauf wird ein
Moment auftauchen, welches die Sicherheit stört, deren wir uns jetzt zu
erfreuen glauben. Dann wird wohl nichts anderes übrig bleiben als der
Verweis auf die Stellen in meinen *Vorlesungen,* in denen ich das Problem
der Urphantasien oder Urszenen behandelt habe.]

VI

DIE ZWANGSNEUROSE

Zum dritten Mal erfuhr er nun eine Beeinflussung, die seine Entwicklung in entscheidender Weise abänderte. Als er 4¹/₂ Jahre alt war und sein Zustand von Reizbarkeit und Ängstlichkeit sich noch immer nicht gebessert hatte, entschloß sich die Mutter ihn mit der biblischen Geschichte bekannt zu machen, in der Hoffnung, ihn so abzulenken und zu erheben. Es gelang ihr auch, die Einführung der Religion machte der bisherigen Phase ein Ende, brachte aber eine Ablösung der Angstsymptome durch Zwangssymptome mit sich. Er hatte bisher nicht leicht einschlafen können, weil er fürchtete, ähnlich schlechte Dinge zu träumen wie in jener Nacht vor Weihnachten: er mußte jetzt vor dem Zubettgehen alle Heiligenbilder im Zimmer küssen, Gebete hersagen und ungezählte Kreuze über seine Person und sein Lager schlagen.

Seine Kindheit gliedert sich uns nun übersichtlich in folgende Epochen: erstens die Vorzeit bis zur Verführung (3¹/₄ J.), in welche die Urszene fällt, zweitens die Zeit der Charakterveränderung bis zum Angsttraum (4 J.), drittens die Tierphobie bis zur Einführung in die Religion (4¹/₂ J.), und von da an die der Zwangsneurose bis nach dem zehnten Jahr. Eine momentane und glatte Ersetzung einer Phase durch die nächstfolgende liegt weder in der Natur der Verhältnisse, noch in der unseres Patienten, für den im Gegenteil die Erhaltung alles Vorangegangenen und die Koexistenz der verschiedenartigsten Strömungen charakteristisch waren. Die Schlimmheit schwand nicht, als die Angst auftrat, und setzte sich langsam abnehmend in die Zeit der Frömmigkeit fort. Von der Wolfsphobie ist aber in dieser letzten Phase nicht mehr die Rede. Die Zwangsneurose verlief diskontinuierlich; der erste Anfall war der längste und intensivste, andere traten zu acht und zehn Jahren auf, jedesmal nach Veranlassungen, die in ersichtlicher Beziehung zum Inhalt der Neurose standen. Die Mutter erzählte ihm die heilige Geschichte selbst und ließ ihm außerdem durch die Nanja aus einem Buch, das mit Illustrationen geschmückt war, darüber vorlesen. Das Hauptgewicht bei der Mitteilung fiel natürlich auf die Passionsgeschichte. Die Nanja, die sehr fromm und abergläubisch war, gab ihre Erläuterungen dazu, mußte aber auch alle Einwendungen und Zweifel des kleinen Kritikers anhören. Wenn die

Kämpfe, die ihn nun zu erschüttern begannen, schließlich in einen Sieg des Glaubens ausliefen, so war der Einfluß der Nanja nicht unbeteiligt daran.

Was er mir als Erinnerung von seinen Reaktionen auf die Einführung in die Religion mitteilte, traf zunächst auf meinen entschiedenen Unglauben. Das konnten, meinte ich, nicht die Gedanken eines 4¹/₂- bis 5jährigen Kindes sein; wahrscheinlich schob er in diese frühe Vergangenheit zurück, was aus dem Nachdenken des bald 30jährigen Erwachsenen entsprang[1]. Allein der Patient wollte von dieser Korrektur nichts wissen; es gelang nicht, ihn wie bei so vielen anderen Urteilsverschiedenheiten zwischen uns zu überführen; der Zusammenhang seiner erinnerten Gedanken mit seinen berichteten Symptomen sowie deren Einfügung in seine sexuelle Entwicklung nötigten mich schließlich, vielmehr ihm Glauben zu schenken. Ich sagte mir dann auch, daß gerade die Kritik gegen die Lehren der Religion, die ich dem Kinde nicht zutrauen wollte, nur von einer verschwindenden Minderzahl der Erwachsenen zustande gebracht wird.

Ich werde nun das Material seiner Erinnerungen vorbringen und erst dann nach einem Weg suchen, der zum Verständnis desselben führt.

Der Eindruck, den er von der Erzählung der heiligen Geschichte empfing, war, wie er berichtet, anfangs kein angenehmer. Er sträubte sich zuerst gegen den Leidenscharakter der Person Christi, dann gegen den ganzen Zusammenhang seiner Geschichte. Er richtete seine unzufriedene Kritik gegen Gottvater. Wenn er allmächtig sei, so sei es seine Schuld, daß die Menschen schlecht seien und andere quälen, wofür sie dann in die Hölle kommen. Er hätte sie gut machen sollen; er sei selbst verantwortlich für alles Schlechte und alle Qualen. Er nahm Anstoß an dem Gebot, die andere Wange hinzuhalten, wenn man einen Schlag auf die eine empfangen habe, daran, daß Christus am Kreuz[2] gewünscht habe, der Kelch solle an ihm vorübergehen, aber auch daran, daß kein Wunder geschehen sei, um ihn als Gottes Sohn zu erweisen. So war also sein

---

[1] Ich machte auch wiederholt den Versuch, die Geschichte des Kranken wenigstens um ein Jahr vorzuschieben, also die Verführung auf 4¹/₄ Jahre, den Traum auf den fünften Geburtstag usw. zu verlegen. An den Intervallen war ja nichts zu gewinnen, allein der Patient blieb auch hierin unbeugsam, ohne mich übrigens vom letzten Zweifel daran befreien zu können. Für den Eindruck, den seine Geschichte macht, und alle daran geknüpften Erörterungen und Folgerungen wäre ein solcher Aufschub um ein Jahr offenbar gleichgültig.

[2] [Gemeint ist natürlich der Ölberg. Freud erklärte seinen englischen Übersetzern, daß der Irrtum dem Patienten selbst unterlaufen war.]

Scharfsinn geweckt und wußte mit unerbittlicher Strenge die Schwächen der heiligen Dichtung auszuspüren.

Zu dieser rationalistischen Kritik gesellten sich aber sehr bald Grübeleien und Zweifel, die uns die Mitarbeit geheimer Regungen verraten können. Eine der ersten Fragen, die er an die Nanja richtete, war, ob Christus auch einen Hintern gehabt habe. Die Nanja gab die Auskunft, er sei ein Gott gewesen und auch ein Mensch. Als Mensch habe er alles gehabt und getan wie die anderen Menschen. Das befriedigte ihn nun gar nicht, aber er wußte sich selbst zu trösten, indem er sich sagte, der Hintere sei ja nur die Fortsetzung der Beine. Die kaum beschwichtigte Angst, die heilige Person erniedrigen zu müssen, flammte wieder auf, als ihm die Frage auftauchte, ob Christus auch geschissen habe. Die Frage getraute er sich nicht, der frommen Nanja vorzulegen, aber er fand selbst eine Ausflucht, die sie ihm nicht hätte besser zeigen können. Da Christus Wein aus dem Nichts gemacht, hätte er auch das Essen zu nichts machen und sich so die Defäkation ersparen können.

Wir werden uns dem Verständnis dieser Grübeleien nähern, wenn wir an ein vorhin besprochenes Stück seiner Sexualentwicklung anknüpfen. Wir wissen, daß sich sein Sexualleben seit der Zurückweisung durch die Nanja [S. 143 f.] und die damit verbundene Unterdrückung der beginnenden Genitalbetätigung nach den Richtungen des Sadismus und Masochismus entwickelt hatte. Er quälte, mißhandelte kleine Tiere, phantasierte vom Schlagen der Pferde, anderseits vom Geschlagenwerden des Thronfolgers[1]. Im Sadismus hielt er die uralte Identifizierung mit dem Vater aufrecht, im Masochismus hatte er sich diesen zum Sexualobjekt erkoren. Er befand sich voll in einer Phase der prägenitalen Organisation, in welcher ich die Disposition zur Zwangsneurose[2] erblicke. Durch die Einwirkung jenes Traumes, der ihn unter den Einfluß der Urszene brachte, hätte er den Fortschritt zur genitalen Organisation machen und seinen Masochismus gegen den Vater in feminine Einstellung gegen ihn, in Homosexualität, verwandeln können. Allein dieser Traum brachte den Fortschritt nicht, er ging in Angst aus. Das Verhältnis zum Vater, das von dem Sexualziel, von ihm gezüchtigt zu werden, zum nächsten Ziel hätte führen sollen, vom Vater koitiert zu werden wie ein Weib, wurde durch den Einspruch seiner narzißtischen Männ-

---

[1] Besonders von Schlägen auf den Penis (S. 145 [und S. 165]).
[2] [S. die Arbeit Freuds (1913 *i*), die er kurz vor der vorliegenden zu diesem Thema verfaßt hatte.]

lichkeit auf eine noch primitivere Stufe zurückgeworfen und unter Verschiebung auf einen Vaterersatz als Angst, vom Wolf gefressen zu werden, abgespalten, aber keineswegs auf diese Weise erledigt. Vielmehr können wir dem kompliziert erscheinenden Sachverhalt nur gerecht werden, wenn wir an der Koexistenz der drei auf den Vater zielenden Sexualstrebungen festhalten. Er war vom Traume an im Unbewußten homosexuell, in der Neurose auf dem Niveau des Kannibalismus; herrschend blieb die frühere masochistische Einstellung. Alle drei Strömungen hatten passive Sexualziele; es war dasselbe Objekt, die nämliche Sexualregung, aber es hatte sich eine Spaltung derselben nach drei verschiedenen Niveaus herausgebildet.

Die Kenntnis der heiligen Geschichte gab ihm nun die Möglichkeit, die vorherrschende masochistische Einstellung zum Vater zu sublimieren. Er wurde Christus, was ihm durch den gleichen Geburtstag besonders erleichtert war. Damit war er etwas Großes geworden und auch – worauf vorläufig noch nicht genug Akzent fiel – ein Mann. In dem Zweifel, ob Christus einen Hintern haben kann, schimmert die verdrängte homosexuelle Einstellung durch, denn die Grübelei konnte nichts anderes bedeuten als die Frage, ob er vom Vater gebraucht werden könne wie ein Weib, wie die Mutter in der Urszene. Wenn wir zur Auflösung der anderen Zwangsideen kommen, werden wir diese Deutung bestätigt finden. Der Verdrängung der passiven Homosexualität entsprach nun das Bedenken, daß es schimpflich sei, die heilige Person mit solchen Zumutungen in Verbindung zu bringen. Man merkt, er bemühte sich, seine neue Sublimierung von dem Zusatz freizuhalten, den sie aus den Quellen des Verdrängten bezog. Aber es gelang ihm nicht.

Wir verstehen es noch nicht, warum er sich nun auch gegen den passiven Charakter Christi und gegen die Mißhandlung durch den Vater sträubte, und damit auch sein bisheriges masochistisches Ideal, selbst in seiner Sublimierung, zu verleugnen begann. Wir dürfen annehmen, daß dieser zweite Konflikt dem Hervortreten der erniedrigenden Zwangsgedanken aus dem ersten Konflikt (zwischen herrschender masochistischer und verdrängter homosexueller Strömung) besonders günstig war, denn es ist nur natürlich, daß sich in einem seelischen Konflikt alle Gegenstrebungen, wenn auch aus den verschiedensten Quellen, miteinander summieren. Das Motiv seines Sträubens und somit der an der Religion geübten Kritik werden wir aus neuen Mitteilungen kennenlernen.

Aus den Mitteilungen über die heilige Geschichte hatte auch seine Sexualforschung Gewinn gezogen. Bisher hatte er keinen Grund zur Annahme gehabt, daß die Kinder nur von der Frau kommen. Im Gegenteile, die Nanja hatte ihn glauben lassen, er sei das Kind des Vaters, die Schwester das der Mutter [S. 138], und diese nähere Beziehung zum Vater war ihm sehr wertvoll gewesen. Nun hörte er, daß Maria die Gottesgebärerin hieß. Also kamen die Kinder von der Frau und die Angabe der Nanja war nicht mehr zu halten. Ferner wurde er durch die Erzählungen irre gemacht, wer eigentlich der Vater Christi war. Er war geneigt, Josef dafür zu halten, denn er hörte ja, daß sie immer mitsammen gelebt hatten, aber die Nanja sagte: Josef war nur *wie* sein Vater, der eigentliche Vater sei Gott gewesen. Daraus konnte er nichts machen. Er verstand nur soviel: wenn man überhaupt darüber diskutieren konnte, so war das Verhältnis zwischen Vater und Sohn kein so inniges, wie er sich's immer vorgestellt hatte.

Der Knabe fühlte gewissermaßen die Gefühlsambivalenz gegen den Vater, die in allen Religionen niedergelegt ist, heraus und griff seine Religion wegen der Lockerung dieses Vaterverhältnisses an. Natürlich hörte seine Opposition bald auf, ein Zweifel an der Wahrheit der Lehre zu sein, und wandte sich dafür direkt gegen die Person Gottes. Gott hatte seinen Sohn hart und grausam behandelt, aber er war nicht besser gegen die Menschen. Er hatte seinen Sohn geopfert und dasselbe von Abraham gefordert. Er begann Gott zu fürchten.

Wenn er Christus war, so war der Vater Gott. Aber der Gott, den ihm die Religion aufdrängte, war kein richtiger Ersatz für den Vater, den er geliebt hatte, und den er sich nicht wollte rauben lassen. Die Liebe zu diesem Vater schuf ihm seinen kritischen Scharfsinn. Er wehrte sich gegen Gott, um am Vater festhalten zu können, verteidigte dabei eigentlich den alten Vater gegen den neuen. Er hatte da ein schwieriges Stück der Ablösung vom Vater zu vollbringen.

Es war also die alte, in frühester Zeit offenbar gewordene Liebe zu seinem Vater, der er die Energie zur Bekämpfung Gottes und den Scharfsinn zur Kritik der Religion entnahm. Aber anderseits war diese Feindseligkeit gegen den neuen Gott auch kein ursprünglicher Akt, sie hatte ein Vorbild in einer feindseligen Regung gegen den Vater, die unter dem Einfluß des Angsttraumes entstanden war, und war im Grunde nur ein Wiederaufleben derselben. Die beiden gegensätzlichen Gefühlsregungen, die sein ganzes späteres Leben regieren sollten, trafen sich hier zum Ambivalenzkampfe beim Thema der Religion. Was sich aus diesem Kampfe als Symptom ergab, die blasphemischen Ideen, der Zwang, der ihn überfiel, Gott – Dreck, Gott – Schwein zu denken, war darum auch

ein richtiges Kompromißergebnis, wie die Analyse dieser Ideen im Zusammenhange der Analerotik uns zeigen wird.

Einige andere Zwangssymptome von minder typischer Art führen ebenso
sicher auf den Vater, lassen aber auch den Zusammenhang der Zwangsneurose mit den früheren Zufällen erkennen.

Zu dem Frömmigkeitszeremoniell, mit dem er am Ende seine Gottes-
lästerungen sühnte, gehörte auch das Gebot, unter gewissen Bedingungen
in feierlicher Weise zu atmen. Beim Kreuzeschlagen mußte er jedesmal
tief einatmen oder stark aushauchen. Hauch ist in seiner Sprache gleich
Geist. Das war also die Rolle des Heiligen Geistes. Er mußte den Heiligen Geist einatmen oder die bösen Geister, von denen er gehört und
gelesen hatte[1], ausatmen. Diesen bösen Geistern schrieb er auch die blasphemischen Gedanken zu, für die er sich soviel Buße auferlegen mußte.
Er war aber genötigt auszuhauchen, wenn er Bettler, Krüppel, häßliche,
alte, erbarmenswerte Leute sah, und diesen Zwang verstand er nicht,
mit den Geistern zusammenzubringen. Er gab sich selbst nur die Rechen-
schaft, er tue es um nicht zu werden wie diese.

Dann brachte die Analyse im Anschluß an einen Traum die Aufklärung, daß das Ausatmen beim Anblick der bedauernswerten Personen
erst nach dem sechsten Jahre begonnen hatte und an den Vater anschloß.
Er hatte den Vater lange Monate nicht gesehen, als die Mutter einmal
sagte, sie würde mit den Kindern in die Stadt fahren und ihnen etwas
zeigen, was sie sehr erfreuen würde. Sie brachte sie dann in ein Sanatorium, in dem sie den Vater wiedersahen; er sah schlecht aus und tat
dem Sohne sehr leid. Der Vater war also auch das Urbild all der Krüppel, Bettler und Armen, vor denen er ausatmen mußte, wie er sonst das
Urbild der Fratzen ist, die man in Angstzuständen sieht, und der Kari-
katuren, die man zum Hohne zeichnet. Wir werden noch an anderer
Stelle erfahren [S. 202], daß diese Mitleidseinstellung auf ein besonderes
Detail der Urszene zurückgeht, welches so spät in der Zwangsneurose
zur Wirkung kam.

Der Vorsatz, nicht zu werden wie diese, der sein Ausatmen vor den
Krüppeln motivierte, war also die alte Vateridentifizierung, ins Negativ gewandelt. Doch kopierte er dabei den Vater auch im positiven
Sinne, denn das starke Atmen war eine Nachahmung des Geräusches, das
er beim Koitus vom Vater ausgehend gehört hatte[2]. Der Heilige Geist

---

[1] Dies Symptom hatte sich, wie wir hören werden, mit dem sechsten Jahr, als er lesen
konnte, entwickelt.

[2] Die reale Natur der Urszene vorausgesetzt!

dankte seinen Ursprung diesem Zeichen der sinnlichen Erregung des Mannes. Durch die Verdrängung wurde dies Atmen zum bösen Geist, für den noch eine andere Genealogie bestand, die Malaria nämlich [S. 156], an der er zur Zeit der Urszene gelitten hatte.

Die Ablehnung dieser bösen Geister entsprach einem unverkennbar asketischen Zug, der sich noch in anderen Reaktionen äußerte. Als er hörte, daß Christus einmal böse Geister in Säue gebannt hatte, die dann in einen Abgrund stürzten, dachte er daran, daß die Schwester in ihren ersten Kinderjahren vor seiner Erinnerung vom Klippenweg des Hafens an den Strand herabgerollt war. Sie war auch so ein böser Geist und eine Sau; von hier führte ein kurzer Weg zu Gott – Schwein. Der Vater selbst hatte sich als ebenso von Sinnlichkeit beherrscht erwiesen. Als er die Geschichte der ersten Menschen erfuhr, fiel ihm die Ähnlichkeit seines Schicksals mit dem Adams auf. Er wunderte sich heuchlerischerweise im Gespräch mit der Nanja, daß Adam sich durch ein Weib hatte ins Unglück stürzen lassen, und versprach der Nanja, er werde nie heiraten. Eine Verfeindung mit dem Weibe wegen der Verführung durch die Schwester schaffte sich um diese Zeit starken Ausdruck. Sie sollte ihn in seinem späteren Liebesleben noch oft genug stören. Die Schwester wurde ihm zur dauernden Verkörperung der Versuchung und der Sünde. Wenn er gebeichtet hatte, kam er sich rein und sündenfrei vor. Dann schien es ihm aber, als ob die Schwester darauf lauerte, ihn wieder in Sünde zu stürzen, und ehe er sich's versah, hatte er eine Streitszene mit der Schwester provoziert, durch die er wieder sündig wurde. So war er genötigt, die Tatsache der Verführung immer wieder von Neuem zu reproduzieren. Seine blasphemischen Gedanken hatte er übrigens, so sehr sie ihn drückten, niemals in der Beichte preisgegeben.

Wir sind unversehens in die Symptomatik der späteren Jahre der Zwangsneurose geraten und wollen darum mit Hinwegsetzung über soviel, was dazwischen liegt, über ihren Ausgang berichten. Wir wissen schon, daß sie, von ihrem permanenten Bestand abgesehen, zeitweise Verstärkungen erfuhr, das eine Mal, was uns noch nicht durchsichtig sein kann, als ein Knabe in derselben Straße starb, mit dem er sich identifizieren konnte. Als er zehn Jahre alt war, bekam er einen deutschen Hofmeister, der sehr bald großen Einfluß auf ihn gewann. Es ist sehr lehrreich, daß seine ganze schwere Frömmigkeit dahinschwand, um nie wieder aufzuleben, nachdem er gemerkt und in belehrenden Gesprächen mit dem Lehrer erfahren hatte, daß dieser Vaterersatz keinen Wert auf Frömmigkeit legte und nichts von der Wahrheit der Religion hielt. Die

Frömmigkeit fiel mit der Abhängigkeit vom Vater, der nun von einem neuen, umgänglicheren Vater abgelöst wurde. Dies geschah allerdings nicht ohne ein letztes Aufflackern der Zwangsneurose, von dem der Zwang besonders erinnert wurde, an die Heilige Dreieinigkeit zu denken, so oft er auf der Straße drei Häufchen Kot beisammenliegen sah. Er gab eben nie einer Anregung nach, ohne noch einen Versuch zu machen, das Entwertete festzuhalten. Als der Lehrer ihm von den Grausamkeiten gegen die kleinen Tiere abredete, machte er auch diesen Untaten ein Ende, aber nicht, ohne sich vorher noch einmal im Zerschneiden von Raupen gründlich genug getan zu haben. Er benahm sich noch in der analytischen Behandlung ebenso, indem er eine passagere »negative Reaktion« entwickelte; nach jeder einschneidenden Lösung versuchte er für eine kurze Weile, deren Wirkung durch eine Verschlechterung des gelösten Symptoms zu negieren. Man weiß, daß Kinder sich ganz allgemein ähnlich gegen Verbote benehmen. Wenn man sie angefahren hat, weil sie z. B. ein unleidliches Geräusch produzieren, so wiederholen sie es nach dem Verbot noch einmal, ehe sie damit aufhören. Sie haben dabei erreicht, daß sie anscheinend freiwillig aufgehört und dem Verbot getrotzt haben.

Unter dem Einfluß des deutschen Lehrers entstand eine neue und bessere Sublimierung seines Sadismus, der entsprechend der nahen Pubertät damals die Oberhand über den Masochismus gewonnen hatte. Er begann fürs Soldatenwesen zu schwärmen, für Uniformen, Waffen und Pferde, und nährte damit kontinuierliche Tagträume. So war er unter dem Einfluß eines Mannes von seinen passiven Einstellungen losgekommen und befand sich zunächst in ziemlich normalen Bahnen. Eine Nachwirkung der Anhänglichkeit an den Lehrer, der ihn bald darauf verließ, war es, daß er in seinem späteren Leben das deutsche Element (Ärzte, Anstalten, Frauen) gegen das heimische (Vertretung des Vaters) bevorzugte, woraus noch die Übertragung in der Kur großen Vorteil zog.

In die Zeit vor der Befreiung durch den Lehrer fällt noch ein Traum, den ich erwähne, weil er bis zu seinem Auftauchen in der Kur vergessen war. Er sah sich auf einem Pferd reitend von einer riesigen Raupe verfolgt. Er erkannte in dem Traum eine Anspielung auf einen früheren aus der Zeit vor dem Lehrer, den wir längst gedeutet hatten. In diesem früheren Traum sah er den Teufel im schwarzen Gewand und in der aufrechten Stellung, die ihn seinerzeit am Wolf und am Löwen so sehr erschreckt hatte. Mit dem ausgestreckten Finger wies er auf eine riesige Schnecke hin. Er hatte bald erraten, daß dieser Teufel der Dämon aus einer bekannten Dichtung[1], der Traum selbst die Umarbeitung eines sehr verbreiteten Bildes sei, das den Dämon in einer Liebesszene mit einem Mädchen darstellte. Die Schnecke war an der Stelle des Weibes als exquisit weibliches Sexualsymbol. Durch die zeigende Gebärde des Dämons geleitet, konnten wir bald als den Sinn des Traumes angeben, daß er sich nach jemand sehne, der ihm die letzten noch fehlenden Belehrungen über die Rätsel des Geschlechtsverkehrs geben sollte, wie seinerzeit der Vater in der Urszene die ersten.

Zu dem späteren Traum, in dem das weibliche Symbol durch das männliche ersetzt war, erinnerte er ein bestimmtes Erlebnis kurz vorher. Er ritt eines Tages auf dem Landgut an einem schlafenden Bauern vorüber, neben dem sein Junge lag. Dieser weckte den Vater und sagte ihm etwas, worauf der Vater den Reitenden zu beschimpfen und zu verfolgen begann, so daß er sich rasch auf seinem Pferd entfernte. Dazu die zweite Erinnerung, daß es auf demselben Gut Bäume gab, die ganz weiß, ganz von Raupen umsponnen waren. Wir verstehen, daß er auch vor der Realisierung der Phantasie die Flucht ergriff, daß der Sohn beim Vater schlafe, und daß er die weißen Bäume heranzog, um eine Anspielung an den Angsttraum von den weißen Wölfen auf dem Nußbaum herzustellen. Es war also ein direkter Ausbruch der Angst vor jener femininen Einstellung zum Mann, gegen die er sich zuerst durch die religiöse Sublimierung geschützt hatte und bald durch die militärische noch wirksamer schützen sollte [S. 185].

Es wäre aber ein großer Irrtum anzunehmen, daß nach der Aufhebung der Zwangssymptome keine permanenten Wirkungen der Zwangsneurose übrig geblieben wären. Der Prozeß hatte zu einem Sieg des frommen Glaubens über die kritisch forschende Auflehnung geführt und hatte die Verdrängung der homosexuellen Einstellung zur Voraussetzung gehabt. Aus beiden Faktoren ergaben sich dauernde Nachteile. Die intellektuelle Betätigung blieb seit dieser ersten großen Niederlage schwer geschädigt. Es entwickelte sich kein Lerneifer, es zeigte sich nichts mehr von dem Scharfsinn, der seinerzeit im zarten Alter von fünf Jahren die Lehren der Religion kritisch zersetzt hatte. Die während jenes Angsttraumes erfolgte Verdrängung der überstarken Homosexualität reservierte diese bedeutungsvolle Regung für das Unbewußte, erhielt sie so bei der ursprünglichen Zieleinstellung und entzog sie all den Sublimierungen, zu denen sie sich sonst bietet. Es fehlten dem Patienten darum

---

[1] [Lermontows ›Der Dämon‹.]

alle die sozialen Interessen, welche dem Leben Inhalt geben. Erst als in der analytischen Kur die Lösung dieser Fesselung der Homosexualität gelang, konnte sich der Sachverhalt zum Besseren wenden, und es war sehr merkwürdig mitzuerleben, wie – ohne direkte Mahnung des Arztes – jedes befreite Stück der homosexuellen Libido eine Anwendung im Leben und eine Anheftung an die großen gemeinsamen Geschäfte der Menschheit suchte.

VII

ANALEROTIK UND KASTRATIONSKOMPLEX

Ich bitte den Leser sich zu erinnern, daß ich diese Geschichte einer infantilen Neurose sozusagen als Nebenprodukt während der Analyse einer Erkrankung im reiferen Alter gewonnen habe. Ich mußte sie also aus noch kleineren Brocken zusammensetzen, als sonst der Synthese zu Gebote stehen. Diese sonst nicht schwierige Arbeit findet eine natürliche Grenze, wo es sich darum handelt, ein vieldimensionales Gebilde in die Ebene der Deskription zu bannen. Ich muß mich also damit begnügen, Gliederstücke vorzulegen, die der Leser zum lebenden Ganzen zusammenfügen mag. Die geschilderte Zwangsneurose entstand, wie wiederholt betont, auf dem Boden einer sadistisch-analen Konstitution. Es war aber bisher nur von dem einen Hauptfaktor, dem Sadismus und seinen Umwandlungen, die Rede. Alles, was die Analerotik betrifft, ist mit Absicht beiseite gelassen worden und soll hier gesammelt nachgetragen werden.

Die Analytiker sind längst einig darüber, daß den vielfachen Triebregungen, die man als Analerotik zusammenfaßt, eine außerordentliche, gar nicht zu überschätzende Bedeutung für den Aufbau des Sexuallebens und der seelischen Tätigkeit überhaupt zukommt. Ebenso, daß eine der wichtigsten Äußerungen der umgebildeten Erotik aus dieser Quelle in der Behandlung des Geldes vorliegt[1], welcher wertvolle Stoff im Laufe des Lebens das psychische Interesse an sich gezogen hat, das ursprünglich dem Kot, dem Produkt der Analzone, gebührte. Wir haben uns gewöhnt, das Interesse am Gelde, soweit es libidinöser und nicht rationeller Natur ist, auf Exkrementallust zurückzuführen und vom normalen Menschen zu verlangen, daß er sein Verhältnis zum Gelde durchaus von libidinösen Einflüssen frei halte und es nach realen Rücksichten regle.

Bei unserem Patienten war zur Zeit seiner späteren Erkrankung dies Verhältnis in besonders argem Maße gestört, und dies war nicht das Geringste an seiner Unselbständigkeit und Lebensuntüchtigkeit. Er war durch Erbschaft von Vater und Onkel sehr reich geworden, legte mani-

---

[1] [S. Freuds Schrift ›Charakter und Analerotik‹ (1908 *b*).]

festerweise viel Wert darauf, für reich zu gelten, und konnte sich sehr kränken, wenn man ihn darin unterschätzte. Aber er wußte nicht, wieviel er besaß, was er verausgabte, was er übrig behielt. Es war schwer zu sagen, ob man ihn geizig oder verschwenderisch heißen sollte. Er benahm sich bald so, bald anders, niemals in einer Art, die auf eine konsequente Absicht hindeuten konnte. Nach einigen auffälligen Zügen, die ich weiter unten anführen werde, konnte man ihn für einen verstockten Geldprotzen halten, der in dem Reichtum den größten Vorzug seiner Person erblickt und Gefühlsinteressen neben Geldinteressen nicht einmal in Betracht ziehen läßt. Aber er schätzte andere nicht nach ihrem Reichtum ein und zeigte sich bei vielen Gelegenheiten vielmehr bescheiden, hilfsbereit und mitleidig. Das Geld war eben seiner bewußten Verfügung entzogen und bedeutete für ihn irgendetwas anderes.

Ich habe schon erwähnt (S. 142), daß ich die Art sehr bedenklich fand, wie er sich über den Verlust der Schwester, die in den letzten Jahren sein bester Kamerad geworden war, mit der Überlegung tröstete: Jetzt brauche er die Erbschaft von den Eltern nicht mit ihr zu teilen. Auffälliger vielleicht war noch die Ruhe, mit welcher er dies erzählen konnte, als hätte er kein Verständnis für die so eingestandene Gefühlsroheit. Die Analyse rehabilitierte ihn zwar, indem sie zeigte, daß der Schmerz um die Schwester nur eine Verschiebung erfahren hatte, aber es wurde nun erst recht unverständlich, daß er in der Bereicherung einen Ersatz für die Schwester hatte finden wollen.

Sein Benehmen in einem anderen Falle erschien ihm selbst rätselhaft. Nach dem Tode des Vaters wurde das hinterlassene Vermögen zwischen ihm und der Mutter aufgeteilt. Die Mutter verwaltete es und kam seinen Geldansprüchen, wie er selbst zugab, in tadelloser, freigebiger Weise entgegen. Dennoch pflegte jede Besprechung über Geldangelegenheiten zwischen ihnen mit den heftigsten Vorwürfen von seiner Seite zu endigen, daß sie ihn nicht liebe, daß sie daran denke, an ihm zu sparen, und daß sie ihn wahrscheinlich am liebsten tot sehen möchte, um allein über das Geld zu verfügen. Die Mutter beteuerte dann weinend ihre Uneigennützigkeit, er schämte sich und konnte mit Recht versichern, daß er das gar nicht von ihr denke, aber er war sicher, dieselbe Szene bei nächster Gelegenheit zu wiederholen.

Daß der Kot für ihn lange Zeit vor der Analyse Geldbedeutung gehabt hat, geht aus vielen Zufällen hervor, von denen ich zwei mitteilen will. In einer Zeit, da der Darm noch unbeteiligt an seinem Leiden war, besuchte er einmal in einer großen Stadt einen armen Vetter. Als er wegging, machte er sich Vorwürfe, daß er diesen Verwandten nicht mit Geld unterstütze, und bekam unmittelbar darauf den »vielleicht stärksten Stuhldrang seines Lebens«. Zwei Jahre später setzte er wirklich diesem Vetter eine Rente aus. Der andere Fall: Mit 18 Jahren während der Vorbereitung zur Maturitätsprüfung besuchte er einen Kollegen und verabredete mit ihm, was die gemeinsame Angst, bei der Prüfung durchzufallen, ratsam erscheinen ließ[1]. Man hatte beschlossen, den Schuldiener zu bestechen, und sein Anteil an der aufzubringenden Summe war natürlicherweise der größte. Auf dem Heimwege dachte er, er wolle gern noch mehr geben, wenn er nur durchkomme, wenn ihm bei der Prüfung nur nichts passiere, und wirklich passierte ihm ein anderes Malheur, ehe er noch bei seiner Haustüre war[2].

Wir sind darauf vorbereitet zu hören, daß er in seiner späteren Erkrankung an sehr hartnäckigen, wenn auch mit verschiedenen Anlässen schwankenden Störungen der Darmfunktion litt. Als er in meine Behandlung trat, hatte er sich an Lavements gewöhnt, die ihm ein Begleiter machte; spontane Entleerungen kamen Monate hindurch nicht vor, wenn nicht eine plötzliche Erregung von einer bestimmten Seite her dazukam, in deren Folge sich normale Darmtätigkeit für einige Tage herstellen konnte. Seine Hauptklage war, daß die Welt für ihn in einen Schleier gehüllt sei, oder er durch einen Schleier von der Welt getrennt sei. Dieser Schleier zerriß nur in dem einen Moment, wenn beim Lavement der Darminhalt den Darm verließ, und dann fühlte er sich auch wieder gesund und normal[3].

Der Kollege, an den ich den Patienten zur Begutachtung seines Darmzustandes wies, war einsichtsvoll genug, denselben für einen funktionellen oder selbst psychisch bedingten zu erklären und sich eingreifender Medikation zu enthalten. Übrigens nützte weder diese noch die angeordnete Diät. In den Jahren der analytischen Behandlung gab es keinen spontanen Stuhlgang (von jenen plötzlichen Beeinflussungen abgesehen). Der Kranke ließ sich überzeugen, daß jede intensivere Bearbeitung des störrischen Organs den Zustand noch verschlimmern würde, und gab sich damit zufrieden, ein- oder zweimal in der Woche durch ein Lavement oder ein Abführmittel eine Darmentleerung zu erzwingen.

---

[1] Der Patient teilte mit, daß seine Muttersprache die im Deutschen bekannte Verwendung des Wortes »Durchfall« zur Bezeichnung von Darmstörungen nicht kennt.

[2] Diese Redensart ist in der Muttersprache des Patienten gleichsinnig wie im Deutschen.

[3] Dieselbe Wirkung, ob er das Lavement von einem anderen machen ließ oder es selbst besorgte.

Ich habe bei der Besprechung der Darmstörungen dem späteren Krankheitszustand des Patienten einen breiteren Raum gelassen, als es sonst im Plane dieser mit seiner Kindheitsneurose beschäftigten Arbeit liegt. Dafür waren zwei Gründe maßgebend, erstens, daß die Darmsymptomatik sich eigentlich wenig verändert aus der Kinderneurose in die spätere fortgesetzt hatte, und zweitens, daß ihr bei der Beendigung der Behandlung eine Hauptrolle zufiel.

Man weiß, welche Bedeutung der Zweifel für den Arzt hat, der eine Zwangsneurose analysiert. Er ist die stärkste Waffe des Kranken, das bevorzugte Mittel seines Widerstandes. Dank diesem Zweifel konnte auch unser Patient, hinter einer respektvollen Indifferenz verschanzt, Jahre hindurch die Bemühungen der Kur von sich abgleiten lassen. Es änderte sich nichts, und es fand sich kein Weg, ihn zu überzeugen. Endlich erkannte ich die Bedeutung der Darmstörung für meine Absichten; sie repräsentierte das Stückchen Hysterie, welches regelmäßig zu Grunde einer Zwangsneurose gefunden wird. Ich versprach dem Patienten die völlige Herstellung seiner Darmtätigkeit, machte seinen Unglauben durch diese Zusage offenkundig, und hatte dann die Befriedigung, seinen Zweifel schwinden zu sehen, als der Darm wie ein hysterisch affiziertes Organ bei der Arbeit »mitzusprechen« begann, und im Laufe weniger Wochen seine normale, so lange beeinträchtigte Funktion wiedergefunden hatte.

Ich kehre nun zur Kindheit des Patienten zurück, in eine Zeit, zu welcher der Kot unmöglich Geldbedeutung für ihn gehabt haben kann.

Darmstörungen sind sehr frühzeitig bei ihm aufgetreten, vor allem die häufigste und für das Kind normalste, die Inkontinenz. Wir haben aber gewiß recht, wenn wir für diese frühesten Vorfälle eine pathologische Erklärung ablehnen und in ihnen nur einen Beweis für die Absicht sehen, sich in der an die Entleerungsfunktion geknüpften Lust nicht stören oder aufhalten zu lassen. Ein starkes Vergnügen an analen Witzen und Schaustellungen, wie es sonst der natürlichen Derbheit mancher Gesellschaftsklassen entspricht, hatte sich bei ihm über den Beginn der späteren Erkrankung erhalten.

Zur Zeit der englischen Gouvernante traf es sich wiederholt, daß er und die Nanja das Schlafzimmer der Verhaßten teilen mußten. Die Nanja konstatierte dann mit Verständnis, daß er gerade in diesen Nächten ins Bett gemacht hatte, was sonst nicht mehr der Fall gewesen war. Er schämte sich dessen gar nicht; es war eine Äußerung des Trotzes gegen die Gouvernante.

Ein Jahr später (zu 4¹/₂ Jahren), in der Angstzeit, passierte es ihm, daß er bei Tage die Hose schmutzig machte. Er schämte sich entsetzlich, und jammerte, als er gereinigt wurde: er könne so nicht mehr leben. Dazwischen hatte sich also etwas verändert, auf dessen Spur wir durch die Verfolgung seiner Klage geführt wurden. Es stellte sich heraus, daß er die Worte: so könne er nicht mehr leben, jemand anderem nachgeredet hatte. Irgendeinmal[1] hatte ihn die Mutter mitgenommen, während sie den Arzt, der sie besucht hatte, zur Bahnstation begleitete. Sie klagte während dieses Weges über ihre Schmerzen und Blutungen und brach in die nämlichen Worte aus: So kann ich nicht mehr leben, ohne zu erwarten, daß das an der Hand geführte Kind sie im Gedächtnis behalten werde. Die Klage, die er übrigens in seiner späteren Krankheit ungezählte Male wiederholen sollte, bedeutete also eine – Identifizierung mit der Mutter.

Ein der Zeit und dem Inhalt nach fehlendes Mittelglied zwischen beiden Vorfällen stellte sich bald in der Erinnerung ein. Es geschah einmal zu Beginn seiner Angstzeit, daß die besorgte Mutter Warnungen ausgehen ließ, die Kinder vor der Dysenterie zu behüten, die in der Nähe des Gutes aufgetreten war. Er erkundigte sich, was das sei, und als er gehört hatte, bei der Dysenterie finde man Blut im Stuhl, wurde er sehr ängstlich und behauptete, daß auch in seinem Stuhlgang Blut sei; er fürchtete, an der Dysenterie zu sterben, ließ sich aber durch die Untersuchung überzeugen, daß er sich geirrt habe und nichts zu fürchten brauche. Wir verstehen, daß sich in dieser Angst die Identifizierung mit der Mutter durchsetzen wollte, von deren Blutungen er im Gespräch mit dem Arzt gehört hatte. Bei seinem späteren Identifizierungsversuch (mit 4¹/₂ Jahren) hatte er das Blut fallen gelassen; er verstand sich nicht mehr, vermeinte sich zu schämen und wußte nicht, daß er von Todesangst geschüttelt wurde, die sich in seiner Klage aber unzweideutig verriet.

Die unterleibsleidende Mutter war damals überhaupt ängstlich für sich und die Kinder; es ist durchaus wahrscheinlich, daß seine Ängstlichkeit sich neben ihren eigenen Motiven auf die Identifizierung mit der Mutter stützte.

Was sollte nun die Identifizierung mit der Mutter bedeuten?

Zwischen der kecken Verwendung der Inkontinenz mit 3¹/₂ Jahren und dem Entsetzen vor ihr mit 4¹/₂ Jahren liegt der Traum, mit dem seine

---

[1] Es ist nicht näher bestimmt worden, wann es war, aber jedenfalls vor dem Angsttraum mit vier Jahren, wahrscheinlich vor der Reise der Eltern.

Angstzeit begann, der ihm nachträgliches Verständnis der mit 1½ Jahren erlebten Szene[1] und Aufklärung über die Rolle der Frau beim Geschlechtsakt brachte. Es liegt nahe, auch die Wandlung in seinem Verhalten gegen die Defäkation mit dieser großen Umwälzung zusammenzubringen. Dysenterie war ihm offenbar der Name der Krankheit, über die er die Mutter klagen gehört hatte, mit der man nicht leben könne; die Mutter galt ihm nicht als unterleibs-, sondern als darmkrank. Unter dem Einfluß der Urszene erschloß sich ihm der Zusammenhang, daß die Mutter durch das, was der Vater mit ihr vorgenommen[2], krank geworden sei, und seine Angst, Blut im Stuhle zu haben, ebenso krank zu sein wie die Mutter, war die Ablehnung der Identifizierung mit der Mutter in jener sexuellen Szene, dieselbe Ablehnung, mit der er aus dem Traum erwacht war. Die Angst war aber auch der Beweis, daß er in der späteren Bearbeitung der Urszene sich an die Stelle der Mutter gesetzt, ihr diese Beziehung zum Vater geneidet hatte. Das Organ, an dem sich die Identifizierung mit dem Weibe, die passiv homosexuelle Einstellung zum Manne äußern konnte, war die Analzone. Die Störungen in der Funktion dieser Zone hatten nun die Bedeutung von femininen Zärtlichkeitsregungen bekommen und behielten sie auch während der späteren Erkrankung bei.

An dieser Stelle müssen wir nun einen Einwand anhören, dessen Diskussion viel zur Klärung der scheinbar verworrenen Sachlage beitragen kann. Wir haben ja annehmen müssen, daß er während des Traumvorganges verstanden, das Weib sei kastriert, habe anstatt des männlichen Gliedes eine Wunde, die dem Geschlechtsverkehr diene, die Kastration sei die Bedingung der Weiblichkeit, und dieses drohenden Verlustes wegen habe er die feminine Einstellung zum Manne verdrängt und sei mit Angst aus der homosexuellen Schwärmerei erwacht. Wie verträgt sich dies Verständnis des Geschlechtsverkehrs, diese Anerkennung der Vagina, mit der Auswahl des Darmes zur Identifizierung mit dem Weib? Ruhen die Darmsymptome nicht auf der wahrscheinlich älteren, der Kastrationsangst voll widersprechenden Auffassung, daß der Darmausgang die Stelle des sexuellen Verkehrs sei?

Gewiß, dieser Widerspruch besteht, und die beiden Auffassungen vertragen sich gar nicht miteinander. Die Frage ist nur, ob sie sich zu vertragen brauchen. Unser Befremden rührt daher, daß wir immer geneigt sind, die unbewußten seelischen Vorgänge wie die bewußten zu behan-

---

[1] Siehe vorhin S. 163–64.
[2] Wobei er ja wahrscheinlich nicht irreging.

deln und an die tiefgehenden Verschiedenheiten der beiden psychischen Systeme zu vergessen.

Als die erregte Erwartung des Weihnachtstraumes ihm das Bild des einst beobachteten (oder konstruierten) Geschlechtsverkehres der Eltern vorzauberte, trat gewiß zuerst die alte Auffassung desselben auf, derzufolge die das Glied aufnehmende Körperstelle des Weibes der Darmausgang war. Was konnte er auch anderes geglaubt haben, als er mit 1 1/2 Jahren Zuschauer dieser Szene war?[1] Aber nun kam das, was sich mit vier Jahren neu ereignete. Seine seitherigen Erfahrungen, die vernommenen Andeutungen der Kastration, wachten auf und warfen einen Zweifel auf die »Kloakentheorie«, legten ihm die Erkenntnis des Geschlechtsunterschiedes und der sexuellen Rolle des Weibes nahe. Er benahm sich dabei, wie sich überhaupt Kinder benehmen, denen man eine unerwünschte Aufklärung – eine sexuelle oder andersartige – gibt. Er verwarf das Neue – in unserem Falle aus Motiven der Kastrationsangst – und hielt am Alten fest. Er entschied sich für den Darm gegen die Vagina in derselben Weise und aus ähnlichen Motiven, wie er später gegen Gott für den Vater Partei nahm. Die neue Aufklärung wurde abgewiesen, die alte Theorie festgehalten; die letztere durfte das Material für die Identifizierung mit dem Weib abgeben, die später als Angst vor dem Darmtod auftrat, und für die ersten religiösen Skrupel, ob Christus einen Hintern gehabt habe u. dgl. Nicht als ob die neue Einsicht wirkungslos geblieben wäre; ganz im Gegenteile, sie entfaltete eine außerordentlich starke Wirkung, indem sie zum Motiv wurde, den ganzen Traumvorgang in der Verdrängung zu erhalten und von späterer bewußter Verarbeitung auszuschließen. Aber damit war ihre Wirkung erschöpft; auf die Entscheidung des sexuellen Problems nahm sie keinen Einfluß. Es war freilich ein Widerspruch, daß von da an Kastrationsangst bestehen konnte neben der Identifizierung mit dem Weib mittels des Darmes, aber doch nur ein logischer Widerspruch, was nicht viel besagt. Der ganze Vorgang ist vielmehr jetzt charakteristisch dafür, wie das Unbewußte arbeitet. Eine Verdrängung ist etwas anderes als eine Verwerfung.

Als wir die Genese der Wolfsphobie studierten, verfolgten wir die Wirkung der neuen Einsicht in den geschlechtlichen Akt; jetzt, wo wir die Störungen der Darmtätigkeit untersuchen, befinden wir uns auf dem Boden der alten Kloakentheorie. Die beiden Standpunkte bleiben durch

---

[1] Oder solange er den Koitus der Hunde nicht verstand.

eine Verdrängungsstufe voneinander getrennt. Die durch den Verdrängungsakt abgewiesene weibliche Einstellung zum Manne zieht sich gleichsam in die Darmsymptomatik zurück und äußert sich in den häufig auftretenden Diarrhöen, Obstipationen und Darmschmerzen der Kinderjahre. Die späteren sexuellen Phantasien, die auf der Grundlage richtiger Sexualerkenntnis aufgebaut sind, können sich nun in regressiver Weise als Darmstörungen äußern. Wir verstehen dieselben aber nicht, ehe wir den Bedeutungswandel des Kotes seit den ersten Kindheitstagen aufgedeckt haben [1].

Ich habe an einer früheren Stelle [S. 157] erraten lassen, daß vom Inhalt der Urszene ein Stück zurückgehalten ist, das ich nun nachtragen kann. Das Kind unterbrach endlich das Beisammensein der Eltern durch eine Stuhlentleerung, die sein Geschrei motivieren konnte. Für die Kritik dieses Zusatzes gilt alles das, was ich vorhin von dem anderen Inhalt derselben Szene in Diskussion gezogen habe. Der Patient akzeptierte diesen von mir konstruierten Schlußakt und schien ihn durch »passagere Symptombildung« zu bestätigen. Ein weiterer Zusatz, den ich vorgeschlagen hatte, daß der Vater über die Störung unzufrieden seinem Unmut durch Schimpfen Luft gemacht hatte, mußte wegfallen. Das Material der Analyse reagierte nicht darauf.

Das Detail, das ich jetzt hinzugefügt habe, darf natürlich mit dem anderen Inhalt der Szene nicht in eine Linie gestellt werden. Es handelt sich bei ihm nicht um einen Eindruck von außen, dessen Wiederkehr man in soviel späteren Zeichen zu erwarten hat, sondern um eine eigene Reaktion des Kindes. Es würde sich an der ganzen Geschichte nichts ändern, wenn diese Äußerung damals unterblieben oder wenn sie von später her in den Vorgang der Szene eingesetzt wäre. Ihre Auffassung ist aber nicht zweifelhaft. Sie bedeutet eine Erregtheit der Analzone (im weitesten Sinne). In anderen Fällen ähnlicher Art hat eine solche Beobachtung des Sexualverkehrs mit einer Harnentleerung geendigt; ein erwachsener Mann würde unter den gleichen Verhältnissen eine Erektion verspüren. Daß unser Knäblein als Zeichen seiner sexuellen Erregung eine Darmentleerung produziert, ist als Charakter seiner mitgebrachten Sexualkonstitution zu beurteilen. Er stellt sich sofort passiv ein, zeigt mehr Neigung zur späteren Identifizierung mit dem Weibe als mit dem Manne.

Er verwendet dabei den Darminhalt wie jedes andere Kind in einer

---

[1] Vgl.: ›Über Triebumsetzungen‹ usw. [(1917 c). Diese Arbeit wurde zwar vor der hier abgedruckten Fallstudie veröffentlicht, aber wahrscheinlich nach ihr geschrieben.]

seiner ersten und ursprünglichsten Bedeutungen. Der Kot ist das erste *Geschenk*, das erste Zärtlichkeitsopfer des Kindes, ein Teil des eigenen Leibes, dessen man sich entäußert, aber auch nur zu Gunsten einer geliebten Person[1]. Die Verwendung zum Trotz wie in unserem Falle mit 3¹/₂ Jahren gegen die Gouvernante ist nur die negative Wendung dieser früheren Geschenkbedeutung. Der *grumus merdae*, den die Einbrecher am Tatort hinterlassen, scheint beides zu bedeuten: den Hohn und die regressiv ausgedrückte Entschädigung. Immer, wenn eine höhere Stufe erreicht ist, kann die frühere noch im negativ erniedrigten Sinne Verwendung finden. Die Verdrängung findet ihren Ausdruck in der Gegensätzlichkeit[2].

Auf einer späteren Stufe der Sexualentwicklung nimmt der Kot die Bedeutung des *Kindes* an. Das Kind wird ja durch den After geboren wie der Stuhlgang. Die Geschenkbedeutung des Kotes läßt diese Wandlung leicht zu. Das Kind wird im Sprachgebrauch als ein »Geschenk« bezeichnet; es wird häufiger vom Weibe ausgesagt, daß sie dem Manne »ein Kind geschenkt« hat, aber im Gebrauch des Unbewußten wird mit Recht die andere Seite des Verhältnisses, daß das Weib das Kind vom Manne als Geschenk »empfangen« hat, ebenso berücksichtigt.

Die *Geld*bedeutung des Kotes zweigt nach einer anderen Richtung von der Geschenkbedeutung ab.

Die frühe Deckerinnerung unseres Kranken, daß er einen ersten Wutanfall produziert, weil er zu Weihnachten nicht genug Geschenke bekommen habe, enthüllt nun ihren tieferen Sinn. Was er vermißte, war die Sexualbefriedigung, die er anal gefaßt hatte. Seine Sexualforschung war vor dem Traum darauf vorbereitet und hatte es während des Traumvorganges begriffen, daß der Sexualakt das Rätsel der Herkunft der kleinen Kinder löse. Er hatte die kleinen Kinder schon vor dem Traum nicht gemocht. Einmal fand er einen kleinen, noch nackten

---

[1] Ich glaube, es läßt sich leicht bestätigen, daß Säuglinge nur die Personen, die von ihnen gekannt und geliebt werden, mit ihren Exkrementen beschmutzen; Fremde würdigen sie dieser Auszeichnung nicht. In den *Drei Abhandlungen zur Sexualtheorie* [1905 *d*], II. Abhandlung, erster Teil des vierten Abschnitts (›Die masturbatorischen Sexualäußerungen‹.] habe ich die allererste Verwendung des Kotes zur autoerotischen Reizung der Darmschleimhaut erwähnt; als Fortschritt schließt sich nun an, daß die Rücksicht auf ein Objekt für die Defäkation maßgebend wird, dem das Kind dabei gehorsam oder gefällig ist. Diese Relation setzt sich dann fort, indem sich auch das ältere Kind nur von gewissen bevorzugten Personen auf den Topf setzen, beim Urinieren helfen läßt, wobei aber auch andere Befriedigungsabsichten in Betracht kommen.

[2] Es gibt im Unbewußten bekanntlich kein »Nein«; Gegensätze fallen zusammen. Die Negation wird erst durch den Vorgang der Verdrängung eingeführt. [S. ›Das Unbewußte‹ (1915 *e*), Abschnitt V, und die spätere Arbeit über ›Die Verneinung‹ (1925 *h*).]

Vogel, der aus dem Nest gefallen war, hielt ihn für einen kleinen Menschen und grauste sich vor ihm. Die Analyse wies nach, daß all die kleinen Tiere, Raupen, Insekten, gegen die er wütete, ihm kleine Kinder bedeutet hatten[1]. Sein Verhältnis zur älteren Schwester hatte ihm Anlaß gegeben, viel über die Beziehung der älteren Kinder zu den jüngeren nachzudenken; als ihm die Nanja einmal gesagt hatte, die Mutter habe ihn so lieb, weil er der jüngste sei, hatte er ein begreifliches Motiv bekommen zu wünschen, daß ihm kein jüngeres Kind nachfolgen möge. Die Angst vor diesem jüngsten wurde dann unter dem Einfluß des Traumes, der ihm den Verkehr der Eltern vorführte, neu belebt.

Wir sollen also zu den uns bereits bekannten eine neue Sexualströmung hinzufügen, die wie die anderen von der im Traum reproduzierten Urszene ausgeht. In der Identifizierung mit dem Weibe (der Mutter) ist er bereit, dem Vater ein Kind zu schenken, und eifersüchtig auf die Mutter, die das schon getan hat und vielleicht wieder tun wird.

Auf dem Umweg über den gemeinsamen Ausgang der Geschenkbedeutung kann nun das Geld die Kindbedeutung an sich ziehen und solcherart den Ausdruck der femininen (homosexuellen) Befriedigung übernehmen. Dieser Vorgang vollzog sich bei unserem Patienten, als er einmal zur Zeit, da beide Geschwister in einem deutschen Sanatorium weilten, sah, daß der Vater der Schwester zwei große Geldnoten gab. Er hatte den Vater in seiner Phantasie immer mit der Schwester verdächtigt; nun erwachte seine Eifersucht, er stürzte sich auf die Schwester, als sie allein waren, und forderte mit solchem Ungestüm und mit solchen Vorwürfen seinen Anteil am Gelde, daß ihm die Schwester weinend das Ganze hinwarf. Es war nicht allein das reale Geld gewesen, das ihn gereizt hatte, viel mehr noch das Kind, die anale Sexualbefriedigung vom Vater. Mit dieser konnte er sich dann trösten, als – zu Lebzeiten des Vaters – die Schwester gestorben war. Sein empörender Gedanke bei der Nachricht ihres Todes [S. 189] bedeutete eigentlich nichts anderes als: Jetzt bin ich das einzige Kind, jetzt muß der Vater mich allein liebhaben. Aber der homosexuelle Hintergrund dieser durchaus bewußtseinsfähigen Erwägung war so unerträglich, daß ihre Verkleidung in schmutzige Habsucht wohl als große Erleichterung ermöglicht wurde.

Ähnlich wenn er nach dem Tode des Vaters der Mutter jene ungerechten Vorwürfe machte, daß sie ihn ums Geld betrügen wolle, daß sie das Geld lieber habe als ihn [S. 189]. Die alte Eifersucht, daß sie noch ein

---

[1] Ebenso das Ungeziefer, das in Träumen und Phobien häufig für die kleinen Kinder steht.

anderes Kind als ihn geliebt, die Möglichkeit, daß sie sich noch nach ihm ein anderes Kind gewünscht, zwangen ihn zu Beschuldigungen, deren Haltlosigkeit er selbst erkannte.

Durch diese Analyse der Kotbedeutung wird uns nun klargelegt, daß die Zwangsgedanken, die Gott in Verbindung mit Kot bringen mußten, noch etwas anderes bedeuteten als die Schmähung, für die er sie erkannte. Sie waren vielmehr echte Kompromißergebnisse, an denen eine zärtliche, hingebende Strömung ebenso Anteil hatte wie eine feindselig beschimpfende. »Gott – Kot« war wahrscheinlich eine Abkürzung für ein Anerbieten, wie man es im Leben auch in ungekürzter Form zu hören bekommt. »Auf Gott scheißen«, »Gott etwas scheißen« heißt auch, ihm ein Kind schenken, sich von ihm ein Kind schenken lassen. Die alte negativ erniedrigte Geschenkbedeutung und die später aus ihr entwickelte Kindbedeutung sind in den Zwangsworten miteinander vereinigt. In der letzteren kommt eine feminine Zärtlichkeit zum Ausdruck, die Bereitwilligkeit, auf seine Männlichkeit zu verzichten, wenn man dafür als Weib geliebt werden kann. Also gerade jene Regung gegen Gott, die in dem Wahnsystem des paranoischen Senatspräsidenten Schreber [1] in unzweideutigen Worten ausgesprochen wird.

Wenn ich später von der letzten Symptomlösung bei meinem Patienten berichten werde, wird sich noch einmal zeigen lassen, wie die Darmstörung sich in den Dienst der homosexuellen Strömung gestellt und die feminine Einstellung zum Vater ausgedrückt hatte. Eine neue Bedeutung des Kotes soll uns jetzt den Weg zur Besprechung des Kastrationskomplexes bahnen.

Indem die Kotsäule die erogene Darmschleimhaut reizt, spielt sie die Rolle eines aktiven Organs für dieselbe, benimmt sie sich wie der Penis gegen die Vaginalschleimhaut und wird gleichsam zum Vorläufer desselben in der Epoche der Kloake. Das Hergeben des Kotes zu Gunsten (aus Liebe zu) einer anderen Person wird seinerseits zum Vorbild der Kastration, es ist der erste Fall des Verzichts auf ein Stück des eigenen Körpers [2], um die Gunst eines geliebten Anderen zu gewinnen. Die sonst narzißtische Liebe zu seinem Penis entbehrt also nicht eines Beitrages von seiten der Analerotik. Der Kot, das Kind, der Penis ergeben also eine Einheit, einen unbewußten Begriff – *sit venia verbo* –, den des vom Körper abtrennbaren Kleinen. Auf diesen Verbindungswegen können sich Verschiebungen und Verstärkungen der Libidobesetzung voll-

---

[1] [Freud, 1911 c, Ende des Abschnitts I.]
[2] Als welches der Kot durchaus vom Kinde behandelt wird.

ziehen, die für die Pathologie von Bedeutung sind und von der Analyse aufgedeckt werden.

Die anfängliche Stellungnahme unseres Patienten gegen das Problem der Kastration ist uns bekannt geworden. Er verwarf sie und blieb auf dem Standpunkt des Verkehrs im After. Wenn ich gesagt habe, daß er sie verwarf, so ist die nächste Bedeutung dieses Ausdrucks, daß er von ihr nichts wissen wollte im Sinne der Verdrängung. Damit war eigentlich kein Urteil über ihre Existenz gefällt, aber es war so gut, als ob sie nicht existierte. Diese Einstellung kann aber nicht die definitive, nicht einmal für die Jahre seiner Kindheitsneurose geblieben sein. Späterhin finden sich gute Beweise dafür, daß er die Kastration als Tatsache anerkannt hatte. Er hatte sich auch in diesem Punkte benommen, wie es für sein Wesen kennzeichnend war, was uns allerdings die Darstellung wie die Einfühlung so außerordentlich erschwert. Er hatte sich zuerst gesträubt und dann nachgegeben, aber die eine Reaktion hatte die andere nicht aufgehoben. Am Ende bestanden bei ihm zwei gegensätzliche Strömungen nebeneinander, von denen die eine die Kastration verabscheute, die andere bereit war, sie anzunehmen und sich mit der Weiblichkeit als Ersatz zu trösten. Die dritte, älteste und tiefste, welche die Kastration einfach verworfen hatte, wobei das Urteil über ihre Realität noch nicht in Frage kam, war gewiß auch noch aktivierbar. Ich habe von eben diesem Patienten an anderer Stelle[1] eine Halluzination aus seinem fünften Jahr erzählt, zu der ich hier nur einen kurzen Kommentar hinzuzufügen habe:

»Als ich fünf Jahre alt war, spielte ich im Garten neben meiner Kinderfrau und schnitzelte mit meinem Taschenmesser an der Rinde eines jener Nußbäume, die auch in meinem Traum[2] eine Rolle spielen[3]. Plötzlich bemerkte ich mit unaussprechlichem Schrecken, daß ich mir den kleinen Finger der (rechten oder linken?) Hand so durchgeschnitten hatte, daß er nur noch an der Haut hing. Schmerz spürte ich keinen, aber eine große Angst. Ich getraute mich nicht, der wenige Schritte entfernten Kinderfrau etwas zu sagen, sank auf die nächste Bank und blieb da sitzen, unfähig, noch einen Blick auf den Finger zu werfen. Endlich wurde ich

---

[1] ›Über *fausse reconnaissance (»déjà raconté«)* während der psychoanalytischen Arbeit‹ [1914 *a*].

[2] Vgl. ›Märchenstoffe in Träumen‹ [1913 *d*].

[3] Korrektur bei späterer Erzählung: »Ich glaube, ich schnitt nicht in den Baum. Das ist eine Verschmelzung mit einer anderen Erinnerung, die auch halluzinatorisch gefälscht sein muß; daß ich in einen Baum einen Schnitt mit dem Messer machte und daß dabei *Blut* aus dem Baume kam.«

ruhig, faßte den Finger ins Auge, und siehe da, er war ganz unverletzt.«

Wir wissen, daß mit 4½ Jahren nach der Mitteilung der heiligen Geschichte bei ihm jene intensive Denkarbeit einsetzte, die in die Zwangsfrömmigkeit auslief. Wir dürfen also annehmen, daß diese Halluzination in die Zeit fällt, in der er sich zur Anerkennung der Realität der Kastration entschloß, und daß sie vielleicht gerade diesen Schritt markieren sollte. Auch die kleine Korrektur [s. letzte Anm.] des Patienten ist nicht ohne Interesse. Wenn er dasselbe schaurige Erlebnis halluzinierte, das Tasso im »Befreiten Jerusalem« von seinem Helden Tancred berichtet[1], so ist wohl die Deutung gerechtfertigt, daß auch für meinen kleinen Patienten der Baum ein Weib bedeutete. Er spielte also dabei den Vater und brachte die ihm bekannten Blutungen der Mutter mit der von ihm erkannten Kastration der Frauen, »der Wunde«, in Beziehung.

Die Anregung zur Halluzination vom abgeschnittenen Finger gab ihm, wie er später berichtete, die Erzählung, daß einer Verwandten, die mit sechs Zehen geboren wurde, dieses überzählige Glied gleich nachher mit einem Beil abgehackt wurde. Die Frauen hatten also keinen Penis, weil er ihnen bei der Geburt abgenommen worden war. Auf diesem Wege akzeptierte er zur Zeit der Zwangsneurose, was er schon während des Traumvorganges erfahren und damals durch Verdrängung von sich gewiesen hatte. Auch die rituelle Beschneidung Christi, wie der Juden überhaupt, konnte ihm während der Lektüre der heiligen Geschichte und der Gespräche über sie nicht unbekannt bleiben.

Es ist ganz unzweifelhaft, daß ihm um diese Zeit der Vater zu jener Schreckensperson wurde, von der die Kastration droht. Der grausame Gott, mit dem er damals rang, der die Menschen schuldig werden läßt, um sie dann zu bestrafen, der seinen Sohn und die Söhne der Menschen opfert, warf seinen Charakter auf den Vater zurück, den er anderseits gegen diesen Gott zu verteidigen suchte. Der Knabe hat hier ein phylogenetisches Schema zu erfüllen und bringt es zustande, wenngleich seine persönlichen Erlebnisse nicht dazu stimmen mögen. Die Kastrationsdrohungen oder Andeutungen, die er erfahren hatte, waren vielmehr von Frauen ausgegangen[2], aber das konnte das Endergebnis nicht für lange aufhalten. Am Ende wurde es doch der Vater, von dem er die

---

[1] [*Gerusalemme Liberata.* Die Seele der von Tancred geliebten Clorinda war in einen Baum gebannt. Als er in Unkenntnis dieses Schicksals einen Hieb mit dem Schwert gegen den Stamm führt, fließt Blut aus der Kerbe.]

[2] Wir wissen es von der Nanja und werden es von einer anderen Frau noch erfahren.

Kastration befürchtete. In diesem Punkte siegte die Heredität über das akzidentelle Erleben; in der Vorgeschichte der Menschheit ist es gewiß der Vater gewesen, der die Kastration als Strafe übte und sie dann zur Beschneidung ermäßigte. Je weiter er auch im Verlaufe des Prozesses der Zwangsneurose in der Verdrängung der Sinnlichkeit kam[1], desto natürlicher mußte es ihm werden, den Vater, den eigentlichen Vertreter der sinnlichen Betätigung, mit solchen bösen Absichten auszustatten.

Die Identifizierung des Vaters mit dem Kastrator[2] wurde bedeutungsvoll als die Quelle einer intensiven, bis zum Todeswunsch gesteigerten, unbewußten Feindseligkeit gegen ihn und der darauf reagierenden Schuldgefühle. Soweit benahm er sich aber normal, d. h. wie jeder Neurotiker, der von einem positiven Ödipuskomplex besessen ist. Das Merkwürdige war dann, daß auch hiefür bei ihm eine Gegenströmung existierte, bei der der Vater vielmehr der Kastrierte war und als solcher sein Mitleid herausforderte.

Ich habe bei der Analyse des Atemzeremoniells beim Anblick von Krüppeln, Bettlern usw. zeigen können, daß auch dieses Symptom auf den Vater zurückging, der ihm als Kranker bei dem Besuch in der Anstalt leid getan hatte [S. 183]. Die Analyse gestattete, diesen Faden noch weiter zurückzuverfolgen. Es gab in sehr früher Zeit, wahrscheinlich noch vor der Verführung (3¼ Jahre) auf dem Gute einen armen Taglöhner, der das Wasser ins Haus zu tragen hatte. Er konnte nicht sprechen, angeblich weil man ihm die Zunge abgeschnitten hatte. Wahrscheinlich war es ein Taubstummer. Der Kleine liebte ihn sehr und bedauerte ihn von Herzen. Als er gestorben war, suchte er ihn am Himmel[3]. Das war also der erste von ihm bemitleidete Krüppel; nach dem Zusammenhang und der Anreihung in der Analyse unzweifelhaft ein Vaterersatz.

Die Analyse schloß an ihn die Erinnerung an andere ihm sympathische Diener an, von denen er hervorhob, daß sie kränklich oder Juden (Beschneidung!) gewesen waren. Auch der Lakai, der ihn bei seinem Malheur mit 4½ Jahren reinigen half [S. 192], war ein Jude und schwind-

---

[1] Siehe die Belege dafür S. 184.

[2] Zu den quälendsten, aber auch groteskesten Symptomen seines späteren Leidens gehörte sein Verhältnis zu jedem – Schneider, bei dem er ein Kleidungsstück bestellt hatte, sein Respekt und seine Schüchternheit vor dieser hohen Person, seine Versuche, sie durch unmäßige Trinkgelder für sich einzunehmen, und seine Verzweiflung über den Erfolg der Arbeit, wie immer sie ausgefallen sein mochte. [Man erinnere sich, daß es ein Schneider war, der dem Wolf den Schwanz ausriß (S. 151).]

[3] Ich erwähne in diesem Zusammenhange Träume, die später als der Angsttraum, aber noch auf dem ersten Gut vorfielen und die Koitusszene als Vorgang zwischen Himmelskörpern darstellten.

süchtig und genoß sein Mitleid. Alle diese Personen fallen in die Zeit vor dem Besuch des Vaters im Sanatorium, also vor die Symptombildung, die vielmehr durch das Ausatmen eine Identifizierung mit den Bedauerten fernhalten sollte. Dann wandte sich die Analyse plötzlich im Anschluß an einen Traum in die Vorzeit zurück und ließ ihn die Behauptung aufstellen, daß er bei dem Koitus der Urszene das Verschwinden des Penis beobachtete, den Vater darum bemitleidet und sich über das Wiedererscheinen des verloren Geglaubten gefreut habe. Also eine neue Gefühlsregung, die wiederum von dieser Szene ausgeht. Der narzißtische Ursprung des Mitleids, für den das Wort selbst spricht, ist hier übrigens ganz unverkennbar.

VIII

NACHTRÄGE AUS DER URZEIT – LÖSUNG

In vielen Analysen geht es so zu, daß, wenn man sich dem Ende nähert, plötzlich neues Erinnerungsmaterial auftaucht, welches bisher sorgfältig verborgen gehalten wurde. Oder es wird einmal eine unscheinbare Bemerkung hingeworfen, in gleichgültigem Ton, als wäre es etwas Überflüssiges, zu dieser kommt ein andermal etwas hinzu, was den Arzt bereits aufhorchen läßt, und endlich erkennt man in jenem geringgeschätzten Brocken Erinnerung den Schlüssel zu den wichtigsten Geheimnissen, welche die Neurose des Kranken umkleidete.

Frühzeitig hatte mein Patient eine Erinnerung aus der Zeit erzählt, da seine Schlimmheit in Angst umzuschlagen pflegte. Er verfolgte einen schönen großen Schmetterling mit gelben Streifen, dessen große Flügel in spitze Fortsätze ausliefen – also einen Schwalbenschwanz [s. S. 136]. Plötzlich erfaßte ihn, als der Schmetterling sich auf eine Blume gesetzt hatte, eine schreckliche Angst vor dem Tier und er lief schreiend davon.

Diese Erinnerung kehrte von Zeit zu Zeit in der Analyse wieder und forderte ihre Erklärung, die sie lange nicht erhielt. Es war doch von vornherein anzunehmen, daß ein solches Detail nicht seinetwegen selbst einen Platz im Gedächtnis behalten hatte, sondern als Deckerinnerung Wichtigeres vertrat, womit es irgendwie verknüpft war. Er sagte eines Tages, ein Schmetterling heiße in seiner Sprache: Babuschka, altes Mütterchen; überhaupt seien ihm die Schmetterlinge wie Frauen und Mädchen, die Käfer und Raupen wie Knaben erschienen. Also mußte wohl die Erinnerung an ein weibliches Wesen bei jener Angstszene wach geworden sein. Ich will nicht verschweigen, daß ich damals die Möglichkeit vorschlug, die gelben Streifen des Schmetterlings hätten an die ähnliche Streifung eines Kleidungsstückes, das eine Frau trug, gemahnt. Ich tue das nur, um an einem Beispiel zu zeigen, wie unzureichend in der Regel die Kombination des Arztes zur Lösung der aufgeworfenen Fragen ist, wie sehr man Unrecht tut, die Phantasie und die Suggestion des Arztes für die Ergebnisse der Analyse verantwortlich zu machen.

In einem ganz anderen Zusammenhange, viele Monate später, machte dann der Patient die Bemerkung, das Öffnen und Schließen der Flügel, als der Schmetterling saß, hätte den unheimlichen Eindruck auf ihn gemacht. Dies wäre so gewesen, wie wenn eine Frau die Beine öffnet, und die Beine ergäben dann die Figur einer römischen V, bekanntlich die Stunde, um welche schon in seinen Knabenjahren, aber auch jetzt noch, eine Verdüsterung seiner Stimmung einzutreten pflegte [S. 156].

Das war ein Einfall, auf den ich nie gekommen wäre, dessen Schätzung aber durch die Erwägung gewann, daß der darin bloßgelegte Assoziationsvorgang so recht infantilen Charakter hatte. Die Aufmerksamkeit der Kinder, habe ich oft bemerkt, wird durch Bewegungen weit mehr angezogen als durch ruhende Formen, und sie stellen oft Assoziationen auf Grund von ähnlicher Bewegung her, die von uns Erwachsenen vernachlässigt oder unterlassen werden.

Dann ruhte das kleine Problem wieder für lange Zeit. Ich will noch die wohlfeile Vermutung erwähnen, daß die spitzen oder stangenartigen Fortsätze der Schmetterlingsflügel eine Bedeutung als Genitalsymbole gehabt haben könnten.

Eines Tages tauchte schüchtern und undeutlich eine Art von Erinnerung auf, es müßte sehr frühe, noch vor der Kinderfrau, ein Kindermädchen gegeben haben, das ihn sehr lieb hatte. Sie hatte denselben Namen wie die Mutter. Gewiß erwiderte er ihre Zärtlichkeit. Also eine verschollene erste Liebe. Wir einigten uns aber, irgend etwas müßte da vorgefallen sein, was später von Wichtigkeit wurde.

Dann korrigierte er ein anderes Mal seine Erinnerung. Sie könne nicht so geheißen haben wie die Mutter, das war ein Irrtum von ihm, der natürlich bewies, daß sie ihm in der Erinnerung mit der Mutter zusammengeflossen war. Ihr richtiger Name sei ihm auch auf einem Umwege eingefallen. Er habe plötzlich an einen Lagerraum auf dem ersten Gute denken müssen, in dem das abgenommene Obst aufbewahrt wurde, und an eine gewisse Sorte Birnen von ausgezeichnetem Geschmack, große Birnen mit gelben Streifen auf ihrer Schale. Birne heißt in seiner Sprache *Gruscha*, und dies war auch der Name des Kindermädchens.

Also wurde es klar, daß sich hinter der Deckerinnerung des gejagten Schmetterlings das Gedächtnis des Kindermädchens verbarg. Die gelben Streifen saßen aber nicht auf ihrem Kleid, sondern auf dem der Birne, die so hieß wie sie selbst. Aber woher die Angst bei der Aktivierung der Erinnerung an sie? Die nächste plumpe Kombination hätte lauten können, bei diesem Mädchen habe er als kleines Kind zuerst die Bewegungen der Beine gesehen, die er sich mit dem Zeichen der römischen V fixiert hatte, Bewegungen, die das Genitale zugänglich machen. Wir ersparten uns diese Kombination und warteten auf weiteres Material.

Sehr bald kam nun die Erinnerung an eine Szene, unvollständig, aber soweit sie erhalten war, bestimmt. Gruscha lag auf dem Boden, neben ihr ein Kübel und ein aus Ruten gebundener kurzer Besen; er war dabei und sie neckte ihn oder machte ihn aus.

Was daran fehlte, war von anderen Stellen her leicht einzusetzen. Er hatte in den ersten Monaten der Kur von einer zwanghaft aufgetretenen Verliebtheit in ein Bauernmädchen erzählt, bei der er sich mit 18 Jahren den Anlaß zu seiner späteren Erkrankung geholt hatte[1]. Damals hatte er sich in der auffälligsten Weise gesträubt, den Namen des Mädchens mitzuteilen. Es war ein ganz vereinzelter Widerstand; er war der analytischen Grundregel sonst ohne Rückhalt gehorsam. Aber er behauptete, er müsse sich so sehr schämen, diesen Namen auszusprechen, weil er rein bäuerlich sei; ein vornehmeres Mädchen würde ihn nie tragen. Der Name, den man endlich erfuhr, war *Matrona*. Er hatte mütterlichen Klang. Das Schämen war offenbar deplaciert. Der Tatsache selbst, daß diese Verliebtheiten ausschließlich die niedrigsten Mädchen betrafen, schämte er sich nicht, nur des Namens. Wenn das Abenteuer mit der Matrona etwas Gemeinsames mit der Gruschaszene haben konnte, dann war das Schämen in diese frühe Begebenheit zurückzuversetzen.

Er hatte ein anderes Mal erzählt, als er die Geschichte von Johannes Huß erfuhr, wurde er von ihr sehr ergriffen, und seine Aufmerksamkeit blieb an den Bündeln von Reisig hängen, die man zu seinem Scheiterhaufen schleppte. Die Sympathie für Huß erweckt nun einen ganz bestimmten Verdacht; ich habe sie bei jugendlichen Patienten oft gefunden und immer auf dieselbe Weise aufklären können. Einer derselben hatte sogar eine dramatische Bearbeitung der Schicksale des Huß geliefert; er begann sein Drama an dem Tage zu schreiben, der ihm das Objekt seiner geheim gehaltenen Verliebtheit entzog. Huß stirbt den Feuertod, er wird wie andere, welche die gleiche Bedingung erfüllen, der Held der ehemaligen Enuretiker. Die Reisigbündel beim Scheiterhaufen des Huß stellte mein Patient selbst mit dem Besen (Rutenbündel) des Kindermädchens zusammen.

Dieses Material fügte sich zwanglos zusammen, um die Lücke in der Erinnerung der Szene mit der Gruscha auszufüllen. Er hatte, als er dem Mädchen beim Aufwaschen des Bodens zusah, ins Zimmer uriniert und sie darauf eine gewiß scherzhafte Kastrationsdrohung ausgesprochen[2].

---

[1] [Eine gonorrhoische Infektion, vgl. S. 129 oben.]

[2] Es ist sehr merkwürdig, daß die Reaktion der Beschämung so innig mit der unfreiwilligen (täglichen wie nächtlichen) Harnentleerung verbunden ist und nicht, wie man

Ich weiß nicht, ob die Leser schon erraten können, warum ich diese frühinfantile Episode so ausführlich mitgeteilt habe [1]. Sie stellt eine wichtige
Verbindung her zwischen der Urszene und dem späteren Liebeszwang
[S. 160], der so entscheidend für sein Schicksal geworden ist, und führt
überdies eine Liebesbedingung ein, welche diesen Zwang aufklärt.

Als er das Mädchen auf dem Boden liegen sah, mit dem Aufwaschen
desselben beschäftigt, kniend, die Nates vorgestreckt, den Rücken hori-
zontal gehalten, fand er an ihr die Stellung wieder, welche die Mutter
in der Koitusszene eingenommen hatte. Sie wurde ihm zur Mutter, die
sexuelle Erregung infolge der Aktivierung jenes Bildes [2] ergriff ihn, und
er benahm sich männlich gegen sie wie der Vater, dessen Aktion er damals ja nur als ein Urinieren verstanden haben konnte. Sein auf den
Boden Urinieren war eigentlich ein Verführungsversuch, und das Mädchen antwortete darauf mit einer Kastrationsdrohung, als ob sie ihn
verstanden hätte.

Der von der Urszene ausgehende Zwang übertrug sich auf diese Szene
mit der Gruscha und wirkte durch sie fort. Die Liebesbedingung erfuhr
aber eine Abänderung, welche den Einfluß der zweiten Szene bezeugt;
sie übertrug sich von der Position des Weibes auf dessen Tätigkeit in
solcher Position. Dies wurde z. B. in dem Erlebnis mit der Matrona
evident. Er machte einen Spaziergang durch das Dorf, welches zu dem
(späteren) Gut gehörte [vgl. S. 136], und sah am Rand des Teiches ein
kniendes Bauernmädchen, damit beschäftigt, Wäsche im Teich zu waschen. Er verliebte sich in die Wäscherin augenblicklich und mit unwider-
stehlicher Heftigkeit, obwohl er ihr Gesicht noch gar nicht sehen konnte.
Sie war ihm durch Lage und Tätigkeit an die Stelle der Gruscha getreten. Wir verstehen nun, wie sich das Schämen, das dem Inhalt der
Szene mit der Gruscha galt, an den Namen der Matrona knüpfen
konnte.

Den zwingenden Einfluß der Gruschaszene zeigt noch deutlicher ein
anderer Anfall von Verliebtheit, einige Jahre vorher. Ein junges Bauern-

---

erwarten sollte, ebenso mit der Stuhlinkontinenz. Die Erfahrung läßt hierüber gar
keinen Zweifel bestehen. Auch die regelmäßige Beziehung der Harninkontinenz zum
Feuer gibt zu denken. Es ist möglich, daß in diesen Reaktionen und Zusammenhängen
Niederschläge aus der Kulturgeschichte der Menschheit vorliegen, die tiefer hinab-
reichen als alles, was uns durch seine Spuren im Mythus und im Folklore erhalten ist.
[Über die Beziehung zwischen Enuresis und Feuer s. eine späte Arbeit Freuds (1932 a).]
[1] Sie fällt etwa in die Zeit um 2½ Jahre, zwischen der angeblichen Koitusbeobachtung
und der Verführung.
[2] Vor dem Traume!

mädchen, das im Hause Dienste leistete, hatte ihm schon lange gefallen, aber er hatte es über sich vermocht, sich ihr nicht zu nähern. Eines Tages packte ihn die Verliebtheit, als er sie allein im Zimmer traf. Er fand sie auf dem Boden liegend, mit Aufwaschen beschäftigt, Kübel und Besen neben sich, also ganz wie das Mädchen in seiner Kindheit.

Selbst seine definitive Objektwahl, die für sein Leben so bedeutungsvoll wurde, erweist sich durch ihre näheren Umstände, die hier nicht anzuführen sind, als abhängig von der gleichen Liebesbedingung, als ein Ausläufer des Zwanges, der von der Urszene aus über die Szene mit Gruscha seine Liebeswahl beherrschte. Ich habe an früherer Stelle bemerkt, daß ich das Bestreben zur Erniedrigung des Liebesobjekts bei dem Patienten wohl anerkenne. Es ist auf Reaktion gegen den Druck der ihm überlegenen Schwester zurückzuführen. Aber ich versprach damals zu zeigen, daß dies Motiv (S. 142) selbstherrlicher Natur nicht das einzig bestimmende gewesen ist, sondern eine tiefere Determinierung durch rein erotische Motive verdeckt. Die Erinnerung an das den Boden aufwaschende, allerdings in seiner Position erniedrigte, Kindermädchen brachte diese Motivierung zum Vorschein. Alle späteren Liebesobjekte waren Ersatzpersonen dieser einen, die selbst durch den Zufall der Situation zum ersten Mutterersatz geworden war. Der erste Einfall des Patienten zum Problem der Angst vor dem Schmetterling läßt sich nachträglich leicht als fernliegende Anspielung an die Urszene erkennen (die fünfte Stunde). Die Beziehung der Gruschaszene zur Kastrationsdrohung bestätigte er durch einen besonders sinnreichen Traum, den er auch selbst zu übersetzen verstand. Er sagte: Ich habe geträumt, *ein Mann reißt einer Espe die Flügel aus.* Espe? mußte ich fragen, was meinen Sie damit? – Nun, das Insekt mit den gelben Streifen am Leib, das stechen kann. Es muß eine Anspielung an die Gruscha, die gelbgestreifte Birne, sein. – *Wespe,* meinen Sie also, konnte ich korrigieren. – Heißt es Wespe? Ich habe wirklich geglaubt, es heißt Espe. (Er bediente sich wie so viele andere seiner Fremdsprachigkeit zur Deckung von Symptomhandlungen.) Aber Espe, das bin ja ich, S. P. (die Initialen seines Namens). Die Espe ist natürlich eine verstümmelte Wespe. Der Traum sagt klar, er räche sich an der Gruscha für ihre Kastrationsandrohung.

Die Aktion des $2^1/_2$jährigen in der Szene mit Gruscha ist die erste uns bekanntgewordene Wirkung der Urszene, sie stellt ihn als Kopie des Vaters dar und läßt uns eine Entwicklungstendenz in der Richtung erkennen, die später den Namen der männlichen verdienen wird. Durch die Verführung wird er in eine Passivität gedrängt, die allerdings auch

schon durch sein Benehmen als Zuschauer beim elterlichen Verkehr vorbereitet ist.

Ich muß aus der Behandlungsgeschichte noch hervorheben, daß man den
Eindruck empfing, mit der Bewältigung der Gruschaszene, des ersten
Erlebnisses, das er wirklich erinnern konnte und ohne mein Vermuten
und Dazutun erinnerte, sei die Aufgabe der Kur gelöst gewesen. Es gab
von da an keine Widerstände mehr, man brauchte nur noch zu sammeln
und zusammenzusetzen. Die alte Traumatheorie, die ja auf Eindrücke
aus der psychoanalytischen Therapie aufgebaut war, kam mit einem
Male wieder zur Geltung. Aus kritischem Interesse machte ich noch
einmal den Versuch, dem Patienten eine andere Auffassung seiner Geschichte aufzudrängen, die dem nüchternen Verstand willkommener
wäre. An der Szene mit Gruscha sei ja nicht zu zweifeln, aber sie bedeute an und für sich nichts und sei hinterher verstärkt worden durch
Regression von den Ereignissen seiner Objektwahl, die sich infolge der
Erniedrigungstendenz von der Schwester weg auf die Dienstmädchen
geworfen hätte. Die Koitusbeobachtung aber sei eine Phantasie seiner
späteren Jahre, deren historischer Kern die Beobachtung oder das Erlebnis etwa eines harmlosen Lavements gewesen sein könnte. Vielleicht
meinen manche Leser, erst mit diesen Annahmen hätte ich mich dem
Verständnis des Falles genähert; der Patient sah mich verständnislos
und etwas verächtlich an, als ich ihm diese Auffassung vortrug, und
reagierte niemals wieder auf dieselbe. Meine eigenen Argumente gegen
solche Rationalisierung habe ich oben im Zusammenhange entwickelt
[Abschnitt V].

[Die[1] Gruschaszene enthält aber nicht nur die für das Leben des Patienten entscheidenden Bedingungen der Objektwahl und behütet uns
so vor dem Irrtum, die Bedeutung der Erniedrigungstendenz gegen das
Weib zu überschätzen. Sie vermag mich auch zu rechtfertigen, wenn ich
es vorhin abgelehnt habe, die Zurückführung der Urszene auf eine kurz
vor dem Traum angestellte Tierbeobachtung ohne jedes Bedenken als
die einzig mögliche Lösung zu vertreten (S. 176 f.). Sie war in der Erinnerung des Patienten spontan und ohne mein Dazutun aufgetaucht. Die
auf sie zurückgehende Angst vor dem gelbgestreiften Schmetterling bewies, daß sie einen bedeutungsvollen Inhalt gehabt hatte oder daß es
möglich geworden war, ihrem Inhalt nachträglich solche Bedeutung zu
verleihen. Dies Bedeutungsvolle, was in der Erinnerung fehlte, war
durch die sie begleitenden Einfälle und die daran zu knüpfenden Schlüsse

---

[1] [Eckige Klammer von Freud selbst. S. den Schluß der Anmerkung auf S. 129 oben.]

mit Sicherheit zu ergänzen. Es ergab sich dann, daß die Schmetterlingsangst durchaus analog war der Wolfsangst, in beiden Fällen Angst vor
der Kastration, zunächst bezogen auf die Person, welche die Kastrationsdrohung zuerst ausgesprochen hatte, sodann auf die andere verlegt, an der sie nach dem phylogenetischen Vorbild Anheftung finden
mußte. Die Szene mit Gruscha war mit $2^1/_2$ Jahren vorgefallen, das
Angsterlebnis mit dem gelben Schmetterling aber sicherlich nach dem
Angsttraum. Es ließ sich leicht verstehen, daß das spätere Verständnis
für die Möglichkeit der Kastration nachträglich aus der Szene mit Gruscha die Angst entwickelt hatte; aber diese Szene selbst enthielt nichts
Anstößiges oder Unwahrscheinliches, vielmehr durchaus banale Einzelheiten, an denen zu zweifeln man keinen Grund hatte. Nichts forderte
dazu auf, sie auf eine Phantasie des Kindes zurückzuführen; es erscheint
auch kaum möglich.

Es entsteht nun die Frage, sind wir berechtigt, in dem Urinieren des
stehenden Knaben, während das auf den Knien liegende Mädchen den
Boden aufwäscht, einen Beweis seiner sexuellen Erregtheit zu sehen?
Dann würde diese Erregung den Einfluß eines früheren Eindrucks
bezeugen, der ebensowohl die Tatsächlichkeit der Urszene, wie eine
vor $2^1/_2$ Jahren gemachte Beobachtung an Tieren sein könnte. Oder war
jene Situation durchaus harmlos, die Harnentleerung des Kindes eine
rein zufällige, und die ganze Szene wurde erst später in der Erinnerung
sexualisiert, nachdem ähnliche Situationen als bedeutungsvoll erkannt
worden waren?

Hier getraue ich mich nun zu keiner Entscheidung. Ich muß sagen, ich
rechne es der Psychoanalyse bereits hoch an, daß sie zu solchen Frage-
stellungen gekommen ist. Aber ich kann es nicht verleugnen, daß die
Szene mit Gruscha, die Rolle, die ihr in der Analyse zufiel, und die
Wirkungen, die im Leben von ihr ausgingen, sich doch am ungezwungen-
sten und vollständigsten erklären, wenn man die Urszene, die andere
Male eine Phantasie sein mag, hier als Realität gelten läßt. Sie behauptet
im Grunde nichts Unmögliches; die Annahme ihrer Realität verträgt
sich auch ganz mit dem anregenden Einfluß der Tierbeobachtungen, auf
welche die Schäferhunde des Traumbildes hindeuten.

Von diesem unbefriedigenden Abschluß wende ich mich zur Behandlung
der Frage, die ich in den *Vorlesungen zur Einführung in die Psychoanalyse* [Vorlesung XXIII] versucht habe. Ich möchte selbst gerne
wissen, ob die Urszene bei meinem Patienten Phantasie oder reales
Erlebnis war, aber mit Rücksicht auf andere ähnliche Fälle muß man

sagen, es sei eigentlich nicht sehr wichtig, dies zu entscheiden. Die Szenen von Beobachtung des elterlichen Sexualverkehrs, von Verführung in der Kindheit und von Kastrationsandrohung sind unzweifelhafter ererbter Besitz, phylogenetische Erbschaft, aber sie können ebensowohl Erwerb persönlichen Erlebens sein. Bei meinem Patienten war die Verführung durch die ältere Schwester eine unbestreitbare Realität; warum nicht auch die Beobachtung des elterlichen Koitus?

Wir sehen nur in der Urgeschichte der Neurose, daß das Kind zu diesem phylogenetischen Erleben greift, wo sein eigenes Erleben nicht ausreicht. Es füllt die Lücken der individuellen Wahrheit mit prähistorischer Wahrheit aus, setzt die Erfahrung der Vorahnen an die Stelle der eigenen Erfahrung ein. In der Anerkennung dieser phylogenetischen Erbschaft stimme ich mit Jung *(Die Psychologie der unbewußten Prozesse,* 1917, eine Schrift, die meine *Vorlesungen* nicht mehr beeinflussen konnte) völlig zusammen; aber ich halte es für methodisch unrichtig, zur Erklärung aus der Phylogenese zu greifen, ehe man die Möglichkeiten der Ontogenese erschöpft hat; ich sehe nicht ein, warum man der kindheitlichen Vorzeit hartnäckig eine Bedeutung bestreiten will, die man der Ahnenvorzeit bereitwillig zugesteht; ich kann nicht verkennen, daß die phylogenetischen Motive und Produktionen selbst der Aufklärung bedürftig sind, die ihnen in einer ganzen Reihe von Fällen aus der individuellen Kindheit zuteil werden kann, und zum Schlusse verwundere ich mich nicht darüber, wenn die Erhaltung der nämlichen Bedingungen beim einzelnen organisch wiedererstehen läßt, was diese einst in Vorzeiten geschaffen und als Disposition zum Wiedererwerb vererbt haben.]

In die Zwischenzeit zwischen Urszene und Verführung (1½–3¼ Jahre) ist noch der stumme Wasserträger [S. 201] einzuschieben, der für ihn Vaterersatz war wie die Gruscha Mutterersatz. Ich glaube, es ist unberechtigt, hier von einer Erniedrigungstendenz zu reden, wiewohl sich beide Eltern durch dienende Personen vertreten finden. Das Kind setzt sich über die sozialen Unterschiede hinweg, die ihm noch wenig bedeuten, und reiht auch geringere Leute an die Eltern an, wenn sie ihm ähnlich wie die Eltern Liebe entgegenbringen. Ebensowenig Bedeutung hat diese Tendenz für die Ersetzung der Eltern durch Tiere, deren Geringschätzung dem Kinde ganz ferne liegt. Ohne Rücksicht auf solche Erniedrigung werden Onkel und Tanten zum Elternersatz herangezogen, wie auch für unseren Patienten durch mehrfache Erinnerungen bezeugt ist.

In dieselbe Zeit gehört noch eine dunkle Kunde von einer Phase, in der er nichts essen wollte außer Süßigkeiten, so daß man Sorge für sein Fortkommen hatte. Man erzählte ihm von einem Onkel, der ebenso das Essen verweigert hatte und dann jung an der Auszehrung starb. Er hörte auch, daß er im Alter von drei Monaten so schwer krank gewesen war (an einer Lungenentzündung?), daß man schon das Totenhemd für ihn bereit gemacht hatte. Es gelang, ihn ängstlich zu machen, so daß er wieder aß; in späteren Kindheitsjahren übertrieb er sogar diese Verpflichtung, wie um sich gegen den angedrohten Tod zu schützen. Die Todesangst, die man damals zu seinem Schutz wachgerufen hatte, zeigte sich später wieder, als die Mutter vor der Dysenteriegefahr warnte [S. 192]; sie provozierte noch später einen Anfall der Zwangsneurose (S. 184). Wir wollen versuchen, ihren Ursprüngen und Bedeutungen an späterer Stelle nachzugehen [S. 218].

Für die Eßstörung möchte ich die Bedeutung einer allerersten neurotischen Erkrankung in Anspruch nehmen; so daß Eßstörung, Wolfsphobie, Zwangsfrömmigkeit die vollständige Reihe der infantilen Erkrankungen ergeben, welche die Disposition für den neurotischen Zusammenbruch in den Jahren nach der Pubertät mit sich bringen. Man wird mir entgegenhalten, daß wenige Kinder solchen Störungen wie einer vorübergehenden Eßunlust oder einer Tierphobie entgehen. Aber dies Argument ist mir sehr willkommen. Ich bin bereit zu behaupten, daß jede Neurose eines Erwachsenen sich über seiner Kinderneurose aufbaut, die aber nicht immer intensiv genug ist, um aufzufallen und als solche erkannt zu werden. Die theoretische Bedeutung der infantilen Neurosen für die Auffassung der Erkrankungen, die wir als Neurosen behandeln und nur von den Einwirkungen des späteren Lebens ableiten wollen, wird durch jenen Einwand nur gehoben. Hätte unser Patient nicht zu seiner Eßstörung und seiner Tierphobie noch die Zwangsfrömmigkeit hinzubekommen, so würde sich seine Geschichte von der anderer Menschenkinder nicht auffällig unterscheiden, und wir wären um wertvolle Materialien, die uns vor naheliegenden Irrtümern bewahren können, ärmer.

Die Analyse wäre unbefriedigend, wenn sie nicht das Verständnis jener Klage brächte, in die der Patient sein Leiden zusammenfaßte. Sie lautete, daß ihm die Welt durch einen Schleier verhüllt sei [S. 190], und die psychoanalytische Schulung weist die Erwartung ab, daß diese Worte bedeutungslos und wie zufällig gewählt sein sollten. Der Schleier zerriß – merkwürdigerweise – nur in einer Situation, nämlich, wenn infolge eines Lavements der Stuhlgang den After passierte. Dann fühlte er sich wieder wohl und sah die Welt für eine ganz kurze Weile klar. Mit der Deutung dieses »Schleiers« ging es ähnlich schwierig wie bei der Schmetterlingsangst. Auch hielt er nicht an dem Schleier fest, dieser verflüchtigte sich ihm weiter zu einem Gefühl von Dämmerung, *»ténèbres«*, und anderen ungreifbaren Dingen.

Erst kurz vor dem Abschied von der Kur besann er sich, er habe gehört, daß er in einer »Glückshaube« zur Welt gekommen sei. Darum habe er sich immer für ein besonderes Glückskind gehalten, dem nichts Böses widerfahren könne. Erst dann verließ ihn diese Zuversicht, als er die gonorrhoische Erkrankung als schwere Beschädigung an seinem Körper anerkennen mußte. Vor dieser Kränkung seines Narzißmus brach er zusammen. Wir werden sagen, er wiederholte damit einen Mechanismus, der schon einmal bei ihm gespielt hatte. Auch seine Wolfsphobie brach aus, als er vor die Tatsache, daß eine Kastration möglich sei, gestellt wurde, und die Gonorrhöe reihte er offenbar der Kastration an.

Die Glückshaube ist also der Schleier, der ihn vor der Welt und ihm die Welt verhüllte. Seine Klage ist eigentlich eine erfüllte Wunschphantasie, sie zeigt ihn wieder in den Mutterleib zurückgekehrt, allerdings die Wunschphantasie der Weltflucht. Sie ist zu übersetzen: Ich bin so unglücklich im Leben, ich muß wieder in den Mutterschoß zurück.

Was soll es aber bedeuten, daß dieser symbolische, einmal real gewesene, Schleier in dem Moment der Stuhlentleerung nach dem Klysma zerreißt, daß seine Krankheit unter dieser Bedingung von ihm weicht? Der Zusammenhang gestattet uns zu antworten: Wenn der Geburtsschleier zerreißt, so erblickt er die Welt und wird wiedergeboren. Der Stuhlgang ist das Kind, als welches er zum zweitenmal zu einem glücklicheren Leben geboren wird. Das wäre also die Wiedergeburtsphantasie, auf die Jung kürzlich die Aufmerksamkeit gelenkt und der er eine so dominierende Stellung im Wunschleben der Neurotiker eingeräumt hat.

Das wäre schön, wenn es vollständig wäre. Gewisse Einzelheiten der Situation und die Rücksicht auf den erforderlichen Zusammenhang mit der speziellen Lebensgeschichte nötigen uns, die Deutung weiter zu führen. Die Bedingung der Wiedergeburt ist, daß ihm ein Mann ein Klysma verabreicht (diesen Mann hat er erst später notgedrungen selbst ersetzt). Das kann nur heißen, er hat sich mit der Mutter identifiziert, der Mann spielt den Vater, das Klysma wiederholt den Begattungsakt, als dessen Frucht das Kotkind – wiederum er – geboren wird. Die Wiedergeburtsphantasie ist also eng mit der Bedingung der sexuellen Befriedigung durch den Mann verknüpft. Die Übersetzung lautet jetzt also: Nur wenn er sich dem Weib substituieren, die Mutter ersetzen darf, um sich vom Vater befriedigen zu lassen und ihm ein Kind zu gebären, dann ist seine Krankheit von ihm gewichen. Die Wiedergeburtsphantasie war also hier nur eine verstümmelte, zensurierte Wiedergabe der homosexuellen Wunschphantasie.

Sehen wir näher zu, so müssen wir eigentlich bemerken, daß der Kranke in dieser Bedingung seiner Heilung nur die Situation der sogenannten Urszene wiederholt: Damals wollte er sich der Mutter unterschieben; das Kotkind hat er, wie wir längst vorher angenommen hatten, in jener Szene selbst produziert. Er ist noch immer fixiert, wie gebannt, an die Szene, die für sein Sexualleben entscheidend wurde, deren Wiederkehr in jener Traumnacht sein Kranksein eröffnete. Das Zerreißen des Schleiers ist analog dem Öffnen der Augen, dem Aufgehen der Fenster. Die Urszene ist zur Heilbedingung umgebildet worden.

Das, was durch die Klage, und was durch die Ausnahme dargestellt ist, kann man leicht zu einer Einheit zusammenziehen, die dann ihren ganzen Sinn offenbart. Er wünscht sich in den Mutterleib zurück, nicht um dann einfach wiedergeboren zu werden, sondern um dort beim Koitus vom Vater getroffen zu werden, von ihm die Befriedigung zu bekommen, ihm ein Kind zu gebären.

Vom Vater geboren worden zu sein, wie er anfänglich gemeint hatte, von ihm sexuell befriedigt zu werden, ihm ein Kind zu schenken, dies unter Preisgebung seiner Männlichkeit, und in der Sprache der Analerotik ausgedrückt: mit diesen Wünschen ist der Kreis der Fixierung an den Vater geschlossen, hiemit hat die Homosexualität ihren höchsten und intimsten Ausdruck gefunden[1].

Ich meine, von diesem Beispiel her fällt auch ein Licht auf Sinn und Ursprung der Mutterleibs- wie der Wiedergeburtsphantasie. Die erstere ist häufig so wie in unserem Falle aus der Bindung an den Vater hervorgegangen. Man wünscht sich in den Leib der Mutter, um sich ihr beim Koitus zu substituieren, ihre Stelle beim Vater einzunehmen. Die Wiedergeburtsphantasie ist wahrscheinlich regelmäßig eine Milderung, sozusagen ein Euphemismus, für die Phantasie des inzestuösen Verkehrs mit der Mutter, eine *anagogische* Abkürzung derselben, um den Aus-

---

[1] Der mögliche Nebensinn, daß der Schleier das Hymen darstellt, welches beim Verkehr mit dem Manne zerreißt, trifft nicht genau mit der Heilbedingung zusammen und hat keine Beziehung zum Leben des Patienten, für den die Virginität keine Bedeutung hatte.

druck von H. Silberer zu gebrauchen [1]. Man wünscht sich in die Situation
zurück, in der man sich in den Genitalien der Mutter befand, wobei sich
der Mann mit seinem Penis identifiziert, durch ihn vertreten läßt. Dann
enthüllen sich die beiden Phantasien als Gegenstücke, die je nach der
männlichen oder weiblichen Einstellung des Betreffenden dem Wunsch
nach dem Sexualverkehr mit dem Vater oder der Mutter Ausdruck
geben. Es ist die Möglichkeit nicht abzuweisen, daß in der Klage und
Heilbedingung unseres Patienten beide Phantasien, also auch beide In-
zestwünsche, vereinigt sind [2].

Ich will noch einmal den Versuch machen, die letzten Ergebnisse der
Analyse nach dem gegnerischen Vorbild umzudeuten: Der Patient be-
klagt seine Weltflucht in einer typischen Mutterleibsphantasie, erblickt
seine Heilung allein in einer typischgefaßten Wiedergeburt. Diese letztere drückt er in analen Symptomen entsprechend seiner vorwiegenden
Veranlagung aus. Nach dem Vorbild der analen Wiedergeburtsphantasie hat er sich eine Kinderszene zurechtgemacht, die seine Wünsche in
archaisch symbolischen Ausdrucksmitteln wiederholt. Seine Symptome
verketten sich dann, als ob sie von einer solchen Urszene ausgingen. Zu
diesem ganzen Rückweg mußte er sich entschließen, weil er auf eine
Lebensaufgabe stieß, für deren Lösung er zu faul war, oder weil er allen
Grund hatte, seinen Minderwertigkeiten zu mißtrauen und sich durch
solche Veranstaltungen am besten vor Zurücksetzung zu schützen
meinte.

Das wäre alles gut und schön, wenn der Unglückliche nur nicht schon mit
vier Jahren einen Traum gehabt hätte, mit dem seine Neurose begann,
der durch die Erzählung des Großvaters vom Schneider und vom Wolf
angeregt wurde und dessen Deutung die Annahme einer solchen Urszene
notwendig macht. An diesen kleinlichen, aber unantastbaren Tatsachen
scheitern leider die Erleichterungen, die uns die Theorien von Jung und
Adler verschaffen wollen. Wie die Sachen liegen, scheint mir die Wiedergeburtsphantasie eher ein Abkömmling der Urszene, als umgekehrt die
Urszene eine Spiegelung der Wiedergeburtsphantasie zu sein. Vielleicht
darf man auch annehmen, der Patient sei damals, vier Jahre nach seiner
Geburt, doch zu jung gewesen, um sich bereits eine Wiedergeburt zu

---

[1] [Vgl. Silberer, 1914, Teil II, Abschnitt 5. Dieser Terminus wird von Freud in einem
Zusatz erklärt und diskutiert, den er 1919 in der *Traumdeutung* (1900 *a*) hinzufügte,
und zwar in Kap. VII, Anfang der zweiten Hälfte von Abschnitt A.]
[2] [S. die Diskussion des »vollständigen« Ödipuskomplexes in Kap. III von *Das Ich und
das Es* (1923 *b*).]

wünschen. Aber dieses letztere Argument muß ich doch zurückziehen; meine eigenen Beobachtungen beweisen, daß man die Kinder unterschätzt hat und daß man nicht mehr weiß, was man ihnen zutrauen darf [1].

---

[1] Ich gebe zu, daß diese Frage die heikelste der ganzen analytischen Lehre ist. Ich habe nicht der Mitteilungen von Adler oder Jung bedurft, um mich mit der Möglichkeit kritisch zu beschäftigen, daß die von der Analyse behaupteten, vergessenen Kindheitserlebnisse – in unwahrscheinlich früher Kindheit erlebt! – vielmehr auf Phantasien beruhen, die bei späten Anlässen geschaffen werden, und daß man überall dort die Äußerung eines konstitutionellen Moments oder einer phylogenetisch erhaltenen Disposition anzunehmen habe, wo man die Nachwirkung eines solchen infantilen Eindrucks in den Analysen zu finden glaubt. Im Gegenteile, kein Zweifel hat mich mehr in Anspruch genommen, keine andere Unsicherheit entschiedener von Publikationen zurückgehalten. Sowohl die Rolle der Phantasien für die Symptombildung als auch das »Zurückphantasieren« von späten Anregungen her in die Kindheit und das nachträgliche Sexualisieren derselben habe ich als erster kennengelehrt, worauf keiner der Gegner hingewiesen hat. (Siehe *Traumdeutung*, I. Auflage, S. 49, und ›Bemerkungen über einen Fall von Zwangsneurose‹ [(1909 d), die lange Anmerkung in Teil I, Abschnitt G.]. Wenn ich dennoch die schwierigere und unwahrscheinlichere Auffassung als die meinige festgehalten habe, so geschah es mit Argumenten, wie sie der hier beschriebene Fall oder jede andere infantile Neurose dem Untersucher aufdrängen und die ich jetzt neuerdings den Lesern zur Entscheidung vorlege.
[Der Verweis auf S. 49 in der ersten Ausgabe der *Traumdeutung*, der in allen deutschen Ausgaben der vorliegenden Arbeit abgedruckt ist, beruht offenbar auf einem Irrtum. Wahrscheinlich dachte Freud an eine Passage in Kapitel VI, A, gegen Ende des Abschnitts II (S. 198 der ersten Ausgabe der *Traumdeutung*). Dort verwendet er ebenfalls den Terminus »zurückphantasieren« wie in dieser Anmerkung.]

IX

ZUSAMMENFASSUNGEN UND PROBLEME

Ich weiß nicht, ob es dem Leser des vorstehenden Analysenberichtes gelungen ist, sich ein deutliches Bild von der Entstehung und Entwicklung des Krankseins bei meinem Patienten zu machen. Vielmehr ich fürchte, es ist nicht der Fall gewesen. Aber, so wenig ich sonst für die Kunst meiner Darstellung Partei genommen habe, diesmal möchte ich doch auf mildernde Umstände plädieren. Es ist eine Aufgabe gewesen, die noch niemals zuvor in Angriff genommen wurde, in die Beschreibung so frühe Phasen und so tiefe Schichten des Seelenlebens einzuführen, und es ist besser, man löst sie schlecht, als man ergreift vor ihr die Flucht, was ja überdies mit gewissen Gefahren für den Verzagten verbunden sein soll. Man zeigt also lieber kühnlich, daß man sich durch das Bewußtsein seiner Minderwertigkeiten nicht hat abhalten lassen.

Der Fall selbst war nicht besonders günstig. Was den Reichtum der Auskünfte über die Kindheit ermöglichte, daß man das Kind durch das Medium des Erwachsenen studieren konnte, mußte mit den ärgsten Zerstücklungen der Analyse und den entsprechenden Unvollständigkeiten in der Darstellung erkauft werden. Persönliche Eigentümlichkeiten, ein dem unsrigen fremder Nationalcharakter, machten die Einfühlung mühsam. Der Abstand zwischen der liebenswürdig entgegenkommenden Persönlichkeit des Kranken, seiner scharfen Intelligenz, vornehmen Denkungsart und seinem völlig ungebändigten Triebleben machte eine überlange Vorbereitungs- und Erziehungsarbeit notwendig, durch welche die Übersicht erschwert wurde. An dem Charakter des Falles, welcher der Beschreibung die härtesten Aufgaben stellte, ist der Patient selbst aber völlig unschuldig. Wir haben es in der Psychologie des Erwachsenen glücklich dahin gebracht, die seelischen Vorgänge in bewußte und unbewußte zu scheiden und beide in klaren Worten zu beschreiben. Beim Kinde läßt diese Unterscheidung uns beinahe im Stiche. Man ist oft in Verlegenheit anzugeben, was man als bewußt und was man als unbewußt bezeichnen möchte. Vorgänge, die die herrschenden geworden sind und die nach ihrem späteren Verhalten den bewußten gleichgestellt werden müssen, sind beim Kinde dennoch nicht bewußt gewesen. Man kann leicht verstehen, warum; das Bewußte hat beim Kinde noch nicht alle seine Charaktere gewonnen, es ist noch in der Entwicklung begriffen und besitzt nicht recht die Fähigkeit, sich in Sprachvorstellungen umzusetzen. Die Verwechslung, deren wir uns sonst regelmäßig schuldig machen, zwischen dem Phänomen, als Wahrnehmung im Bewußtsein aufzutreten, und der Zugehörigkeit zu einem angenommenen psychischen System, das wir irgendwie konventionell benennen sollten, das wir aber gleichfalls Bewußtsein (System *Bw*) heißen, diese Verwechslung ist harmlos bei der psychologischen Beschreibung des Erwachsenen, aber irreführend für die des kleinen Kindes. Auch die Einführung des »Vorbewußten« nützt hier nicht viel, denn das Vorbewußte des Kindes braucht sich mit dem des Erwachsenen ebensowenig zu decken. Man begnügt sich also damit, die Dunkelheit klar erkannt zu haben.

Es ist selbstverständlich, daß ein Fall wie der hier beschriebene Anlaß geben könnte, alle Ergebnisse und Probleme der Psychoanalyse in Diskussion zu ziehen. Es wäre eine unendliche und eine ungerechtfertigte Arbeit. Man muß sich sagen, daß man aus einem einzigen Fall nicht alles erfahren, an ihm nicht alles entscheiden kann, und sich darum begnügen, ihn für das zu verwerten, was er am deutlichsten zeigt. Die Erklärungsaufgabe in der Psychoanalyse ist überhaupt enge begrenzt. Zu erklären sind die auffälligen Symptombildungen durch Aufdeckung ihrer Genese; die psychischen Mechanismen und Triebvorgänge, zu denen man so geführt wird, sind nicht zu erklären, sondern zu beschreiben. Um aus den Feststellungen über diese beiden letzteren Punkte neue Allgemeinheiten zu gewinnen, sind zahlreiche solche gut und tief analysierte Fälle erforderlich. Sie sind nicht leicht zu haben, jeder einzelne verbraucht jahrelange Arbeit. Der Fortschritt in diesen Gebieten kann sich also nur langsam vollziehen. Die Versuchung liegt freilich sehr nahe, sich damit zu begnügen, daß man bei einer Anzahl von Personen die psychische Oberfläche »ankratzt« und das Unterlassene dann durch Spekulation ersetzt, die man unter die Patronanz irgendeiner philosophischen Richtung stellt. Man kann auch praktische Bedürfnisse zu Gunsten dieses Verfahrens geltend machen, aber die Bedürfnisse der Wissenschaft lassen sich durch kein Surrogat befriedigen.

Ich will versuchen, eine synthetische Übersicht der Sexualentwicklung meines Patienten zu entwerfen, bei der ich mit den frühesten Anzeichen beginnen kann. Das erste, was wir über ihn hören, ist die Störung der Eßlust [S. 211], die ich nach anderen Erfahrungen, aber doch mit aller

Zurückhaltung, als den Erfolg eines Vorgangs auf sexuellem Gebiet auffassen will. Als die erste kenntliche Sexualorganisation habe ich die
sogenannte *kannibale* oder *orale* betrachten müssen, in welcher die ursprüngliche Anlehnung der Sexualerregung an den Eßtrieb noch die
Szene beherrscht. Direkte Äußerungen dieser Phase werden nicht zu
erwarten sein, wohl aber Anzeichen bei eingetretenen Störungen. Die
Beeinträchtigung des Eßtriebs – die natürlich sonst auch andere Ur-
sachen haben kann – macht uns dann aufmerksam, daß eine Bewältigung sexueller Erregung dem Organismus nicht gelungen ist. Das Sexualziel dieser Phase könnte nur der Kannibalismus, das Fressen sein;
es kommt bei unserem Patienten durch Regression von einer höheren
Stufe her in der Angst zum Vorschein: vom Wolf gefressen zu werden.
Diese Angst mußten wir uns ja übersetzen: vom Vater koitiert zu
werden. Es ist bekannt, daß es in weit vorgerückteren Jahren, bei Mädchen in den Zeiten der Pubertät oder bald nachher, eine Neurose gibt,
welche die Sexualablehnung durch Anorexie ausdrückt; man wird sie
in Beziehung zu dieser oralen Phase des Sexuallebens bringen dürfen.
Auf der Höhe des verliebten Paroxysmus (»ich könnte dich fressen vor
Liebe«) und im zärtlichen Verkehr mit kleinen Kindern, wobei der
Erwachsene sich selbst wie infantil gebärdet, tritt das Liebesziel der
oralen Organisation wieder auf. Ich habe an anderer Stelle die Vermutung ausgesprochen, daß der Vater unseres Patienten selbst das »zärtliche Schimpfen« gehabt, mit dem Kleinen Wolf oder Hund gespielt und
ihn im Scherz mit dem Auffressen bedroht hat (S. 152). Der Patient hat
diese Vermutung durch sein auffälliges Benehmen in der Übertragung
nur bestätigt. So oft er vor Schwierigkeiten der Kur auf die Übertragung zurückwich, drohte er mit dem Auffressen und später mit allen
anderen möglichen Mißhandlungen, was alles nur Ausdruck von Zärtlichkeit war.

Der Sprachgebrauch hat gewisse Prägungen dieser oralen Sexualphase
dauernd angenommen, er spricht von einem »appetitlichen« Liebes-
objekt, nennt die Geliebte »süß«. Wir erinnern uns, daß unser kleiner
Patient auch nur Süßes essen wollte. Süßigkeiten, Bonbons vertreten im
Traume regelmäßig Liebkosungen, sexuelle Befriedigungen.

Es scheint, daß zu dieser Phase auch eine Angst gehört (im Falle von
Störung natürlich), die als Lebensangst auftritt und sich an alles heften
kann, was dem Kinde als geeignet bezeichnet wird. Bei unserem Patienten wurde sie dazu benützt, um ihn zur Überwindung seiner Eßunlust, ja zur Überkompensation derselben anzuleiten. Auf die mög-

liche Quelle seiner Eßstörung werden wir geleitet, wenn wir – auf dem Boden jener vielberedeten Annahme – daran erinnern, daß die Koitusbeobachtung, von welcher so viele nachträgliche Wirkungen ausgingen, in das Alter von 1½ Jahren, sicherlich vor der Zeit der Eßschwierigkeiten fällt. Vielleicht dürfen wir annehmen, daß sie die Prozesse der Sexualreifung beschleunigt und so auch direkte, wenn auch unscheinbare Wirkungen entfaltet hat.

Ich weiß natürlich auch, daß man die Symptomatik dieser Periode, die Wolfsangst, die Eßstörung anders und einfacher erklären kann, ohne Rücksicht auf die Sexualität und eine prägenitale Organisationsstufe derselben. Wer die Zeichen der Neurotik und den Zusammenhang der Erscheinungen gern vernachlässigt, wird diese andere Erklärung vorziehen, und ich werde ihn daran nicht hindern können. Es ist schwer, über diese Anfänge des Sexuallebens anders als auf den angezeigten Umwegen etwas Zwingendes zu eruieren.

Die Szene mit der Gruscha um (2½ Jahre) zeigt uns unseren Kleinen zu Beginn einer Entwicklung, welche die Anerkennung als normal verdient, vielleicht bis auf ihre Vorzeitigkeit: Identifizierung mit dem Vater, Harnerotik in Vertretung der Männlichkeit. Sie steht ja auch ganz unter dem Einfluß der Urszene. Die Vateridentifizierung haben wir bisher als eine narzißtische aufgefaßt, mit Rücksicht auf den Inhalt der Urszene können wir es nicht abweisen, daß sie bereits der Stufe der Genitalorganisation entspricht. Das männliche Genitale hat seine Rolle zu spielen begonnen und setzt sie unter dem Einfluß der Verführung durch die Schwester fort.

Man bekommt aber den Eindruck, daß die Verführung nicht bloß die Entwicklung fördert, sondern sie noch in höherem Grade stört und ablenkt. Sie gibt ein passives Sexualziel, welches mit der Aktion des männlichen Genitales im Grunde unverträglich ist. Beim ersten äußeren Hindernis, bei der Kastrationsandeutung der Nanja, bricht (mit 3½ Jahren[1]) die noch zaghafte genitale Organisation zusammen und regrediert auf die ihr vorhergehende Stufe der sadistisch-analen Organisation, welche vielleicht sonst mit ebenso leichten Anzeichen wie bei anderen Kindern durchlaufen worden wäre.

Die sadistisch-anale Organisation ist leicht als Fortbildung der oralen zu erkennen. Die gewaltsame Muskelbetätigung am Objekt, die sie auszeichnet, findet ihre Stelle als vorbereitender Akt für das Fressen, das

---

[1] [In den Ausgaben vor 1924 hieß es an dieser Stelle »mit 3¾ Jahren«.]

dann als Sexualziel ausfällt. Der vorbereitende Akt wird ein selbständiges Ziel. Die Neuheit gegen die vorige Stufe besteht wesentlich darin, daß das aufnehmende, passive Organ, von der Mundzone abgesondert, an der Analzone ausgebildet wird. Biologische Parallelen oder die Auffassung der prägenitalen menschlichen Organisationen als Reste von Einrichtungen, die in manchen Tierklassen dauernd festgehalten werden, liegen hier sehr nahe. Die Konstituierung des Forschertriebes aus seinen Komponenten ist für diese Stufe gleichfalls charakteristisch.

Die Analerotik macht sich nicht auffällig bemerkbar. Der Kot hat unter dem Einfluß des Sadismus seine zärtliche gegen seine offensive Bedeutung vertauscht. An der Verwandlung des Sadismus in Masochismus ist ein Schuldgefühl mitbeteiligt, welches auf Entwicklungsvorgänge in anderen als den sexuellen Sphären hinweist.

Die Verführung setzt ihren Einfluß fort, indem sie die Passivität des Sexualziels aufrechterhält. Sie verwandelt jetzt den Sadismus zu einem großen Teil in sein passives Gegenstück, den Masochismus. Es ist fraglich, ob man den Charakter der Passivität ganz auf ihre Rechnung setzen darf, denn die Reaktion des $1^{1}/_{2}$jährigen Kindes auf die Koitusbeobachtung war bereits vorwiegend eine passive. Die sexuelle Miterregung äußerte sich in einer Stuhlentleerung, an der allerdings auch ein aktiver Anteil zu unterscheiden ist. Neben dem Masochismus, der seine Sexualstrebung beherrscht und sich in Phantasien äußert, bleibt auch der Sadismus bestehen und betätigt sich gegen kleine Tiere. Seine Sexualforschung hat von der Verführung an eingesetzt, wesentlich zwei Probleme in Angriff genommen, woher die Kinder kommen, und ob ein Verlust des Genitales möglich ist, und verwebt sich mit den Äußerungen seiner Triebregungen. Sie lenkt seine sadistischen Neigungen auf die kleinen Tiere als Repräsentanten der kleinen Kinder.

Wir haben die Schilderung bis in die Nähe des vierten Geburtstages geführt, zu welchem Zeitpunkt der Traum die Koitusbeobachtung von $1^{1}/_{2}$ Jahren zur nachträglichen Wirkung bringt. Die Vorgänge, die sich nun abspielen, können wir weder vollständig erfassen, noch sie hinreichend beschreiben. Die Aktivierung des Bildes, das nun dank der vorgeschrittenen intellektuellen Entwicklung verstanden werden kann, wirkt wie ein frisches Ereignis, aber auch wie ein neues Trauma, ein fremder Eingriff analog der Verführung. Die abgebrochene genitale Organisation wird mit einem Schlage wieder eingesetzt, aber der im Traum vollzogene Fortschritt kann nicht festgehalten werden. Es kommt vielmehr durch einen Vorgang, den man nur einer Verdrängung gleichstellen kann, zur Ablehnung des Neuen und dessen Ersetzung durch eine Phobie.

Die sadistisch-anale Organisation bleibt also auch in der jetzt einsetzenden Phase der Tierphobie fortbestehen, nur sind ihr die Angsterscheinungen beigemengt. Das Kind setzt die sadistischen wie die masochistischen Betätigungen fort, doch reagierte es mit Angst gegen einen Teil derselben; die Verkehrung des Sadismus in sein Gegenteil macht wahrscheinlich weitere Fortschritte.

Aus der Analyse des Angsttraumes entnehmen wir, daß die Verdrängung sich an die Erkenntnis der Kastration anschließt. Das Neue wird verworfen, weil seine Annahme den Penis kosten würde. Eine sorgfältigere Überlegung läßt etwa folgendes erkennen: Das Verdrängte ist die homosexuelle Einstellung im genitalen Sinne, die sich unter dem Einfluß der Erkenntnis gebildet hatte. Sie bleibt nun aber fürs Unbewußte erhalten, als eine abgesperrte tiefere Schichtung konstituiert. Der Motor dieser Verdrängung scheint die narzißtische Männlichkeit des Genitales zu sein, die in einen längst vorbereiteten Konflikt mit der Passivität des homosexuellen Sexualzieles gerät. Die Verdrängung ist also ein Erfolg der Männlichkeit.

Man käme in Versuchung, von hier aus ein Stück der psychoanalytischen Theorie abzuändern. Man glaubt doch mit Händen zu greifen, daß es der Konflikt zwischen männlichen und weiblichen Strebungen, also die Bisexualität, ist, aus der die Verdrängung und Neurosenbildung hervorgeht. Allein diese Auffassung ist lückenhaft. Von den beiden widerstreitenden Sexualregungen ist die eine ichgerecht, die andere beleidigt das narzißtische Interesse; sie verfällt darum der Verdrängung. Es ist auch in diesem Falle das Ich, von dem die Verdrängung ins Werk gesetzt wird, zu Gunsten einer der sexuellen Strebungen. In anderen Fällen existiert ein solcher Konflikt zwischen Männlichkeit und Weiblichkeit nicht; es ist nur eine Sexualstrebung da, die Annahme heischt, aber gegen gewisse Mächte des Ichs verstößt und darum selbst verstoßen wird. Weit häufiger als Konflikte innerhalb der Sexualität selbst finden sich ja die anderen vor, die sich zwischen der Sexualität und den moralischen Ichtendenzen ergeben. Ein solcher moralischer Konflikt fehlt in unserem Falle. Die Betonung der Bisexualität als Motiv der Verdrängung wäre also zu enge; die des Konflikts zwischen Ich und Sexualstreben (Libido) deckt alle Vorkommnisse.

Der Lehre vom »männlichen Protest«, wie sie Adler [1910] ausgebildet hat, ist entgegenzuhalten, daß die Verdrängung keineswegs immer die

Partei der Männlichkeit nimmt und die Weiblichkeit betrifft; in ganzen großen Klassen von Fällen ist es die Männlichkeit, die sich vom Ich die Verdrängung gefallen lassen muß.

Eine gerechtere Würdigung des Verdrängungsvorganges in unserem Falle würde übrigens der narzißtischen Männlichkeit die Bedeutung des einzigen Motivs bestreiten. Die homosexuelle Einstellung, die während des Traumes zustande kommt, ist eine so intensive, daß das Ich des kleinen Menschen an ihrer Bewältigung versagt und sich durch den Verdrängungsvorgang ihrer erwehrt. Als Helfer bei dieser Absicht wird die ihr gegensätzliche narzißtische Männlichkeit des Genitales herangezogen. Daß alle narzißtischen Regungen vom Ich aus wirken und beim Ich verbleiben, die Verdrängungen gegen libidinöse Objektbesetzungen gerichtet sind, soll nur zur Vermeidung von Mißverständnissen ausgesprochen werden[1].

Wenden wir uns von dem Vorgang der Verdrängung, dessen restlose Bewältigung uns vielleicht nicht geglückt ist, zu dem Zustand, der sich beim Erwachen aus dem Traum ergibt. Wäre es wirklich die Männlichkeit gewesen, die während des Traumvorganges über die Homosexualität (Weiblichkeit) gesiegt hat, so müßten wir nun eine aktive Sexualstrebung von bereits ausgesprochen männlichem Charakter als die herrschende finden. Davon ist keine Rede, das Wesentliche der Sexualorganisation hat sich nicht geändert, die sadistisch-anale Phase setzt ihren Bestand fort, sie ist die herrschende geblieben. Der Sieg der Männlichkeit zeigt sich bloß darin, daß nun auf die passiven Sexualziele der herrschenden Organisation (die masochistisch, aber nicht weiblich sind) mit Angst reagiert wird. Es ist keine sieghafte männliche Sexualregung vorhanden, sondern nur eine passive und ein Sträuben gegen dieselbe.

Ich kann mir vorstellen, welche Schwierigkeiten die ungewohnte, aber unerläßliche scharfe Scheidung von aktiv-männlich und passiv-weiblich dem Leser bereitet und will darum Wiederholungen nicht vermeiden. Den Zustand nach dem Traume kann man also in folgender Art beschreiben: Die Sexualstrebungen sind zerspalten worden, im Unbewußten ist die Stufe der genitalen Organisation erreicht und eine sehr intensive Homosexualität konstituiert, darüber besteht (virtuell im Bewußten) die frühere sadistische und überwiegend masochistische Sexualströmung, das Ich hat seine Stellung zur Sexualität im ganzen geändert, es befindet sich in Sexualablehnung und weist die herrschenden maso-

---

[1] [Adlers Verdrängungstheorie wird von Freud noch detaillierter im letzten Teil seiner Arbeit über Schlagephantasien (1919 *e*) erörtert.]

chistischen Ziele mit Angst ab, wie es auf die tieferen homosexuellen mit der Bildung einer Phobie reagiert hat. Der Erfolg des Traumes war also nicht so sehr der Sieg einer männlichen Strömung, sondern die Reaktion gegen eine feminine und eine passive. Es wäre gewaltsam, dieser Reaktion den Charakter der Männlichkeit zuzuschreiben. Das Ich hat eben keine Sexualstrebungen, sondern nur das Interesse an seiner Selbstbewahrung und der Erhaltung seines Narzißmus.

Fassen wir nun die Phobie ins Auge. Sie ist auf dem Niveau der genitalen Organisation entstanden, zeigt uns den relativ einfachen Mechanismus einer Angsthysterie. Das Ich schützt sich durch Angstentwicklung vor dem, was es als übermächtige Gefahr wertet, vor der homosexuellen Befriedigung. Doch hinterläßt der Verdrängungsvorgang eine nicht zu übersehende Spur. Das Objekt, an das sich das gefürchtete Sexualziel geknüpft hat, muß sich vor dem Bewußtsein durch ein anderes vertreten lassen. Nicht die Angst vor dem *Vater*, sondern die vor dem *Wolf* wird bewußt. Es bleibt auch nicht bei der Bildung der Phobie mit dem einen Inhalt. Der Wolf ersetzt sich eine ganze Weile später durch den Löwen [S. 159]. Mit den sadistischen Regungen gegen die kleinen Tiere konkurriert eine Phobie vor ihnen als Vertreter der Nebenbuhler, der möglichen kleinen Kinder. Besonders interessant ist die Entstehung der Schmetterlingsphobie. Es ist wie eine Wiederholung des Mechanismus, der im Traum die Wolfsphobie erzeugt hat. Durch eine zufällige Anregung wird ein altes Erlebnis aktiviert, die Szene mit Gruscha, deren Kastrationsdrohung nachträglich zur Wirkung kommt, während sie, als sie vorfiel, ohne Eindruck geblieben war[1].

---

[1] Die Gruschaszene war, wie erwähnt, eine spontane Erinnerungsleistung des Patienten, an welcher eine Konstruktion oder Anregung des Arztes keinen Anteil hatte; die Lücke in ihr wurde von der Analyse in einer Weise ausgefüllt, die tadellos genannt werden muß, wenn man auf die Arbeitsweise der Analyse überhaupt Wert legt. Eine rationalistische Aufklärung dieser Phobie könnte nur sagen: Es sei nichts Ungewöhnliches, daß ein zur Ängstlichkeit disponiertes Kind auch einmal vor einem gelbstreifigen Schmetterling einen Angstanfall bekomme, wahrscheinlich infolge einer ererbten Angstneigung. (Vgl. Stanley Hall, ›A Synthetic Genetic Study of Fear‹, 1914). In Unwissenheit dieser Ursache suche es nun nach einer Kindheitsanknüpfung für diese Angst und benütze den Zufall der Namensgleichheit und der Wiederkehr der Streifen, um sich die Phantasie eines Abenteuers mit dem noch erinnerten Kindermädchen zu konstruieren. Wenn aber die Nebensachen der an sich harmlosen Begebenheit, Aufwaschen, Kübel, Besen im späteren Leben die Macht zeigen, dauernd und zwanghaft die Objektwahl des Menschen zu bestimmen, so fällt der Schmetterlingsphobie eine unbegreifliche Bedeutung zu. Der Sachverhalt wird mindestens ebenso merkwürdig wie der von mir behauptete, und der Gewinn aus der rationalistischen Auffassung dieser Szenen ist zerronnen. Die Gruschaszene wird uns also besonders wertvoll, da wir an ihr unser Urteil über die minder gesicherte Urszene vorbereiten können.

Man kann sagen, die Angst, welche in die Bildung dieser Phobien eingeht, ist Kastrationsangst. Diese Aussage enthält keinen Widerspruch gegen die Auffassung, die Angst sei aus der Verdrängung homosexueller Libido hervorgegangen. In beiden Ausdrucksweisen meint man den nämlichen Vorgang, daß das Ich der homosexuellen Wunschregung Libido entzieht, welche in freischwebende Angst umgesetzt wird und sich dann in Phobien binden läßt[1]. In der ersten Ausdrucksweise hat man nur das Motiv, welches das Ich treibt, mitbezeichnet.

Bei näherem Zusehen findet man nun, daß diese erste Erkrankung unseres Patienten (von der Eßstörung abzusehen) durch das Herausgreifen der Phobie nicht erschöpft wird, sondern als eine echte Hysterie verstanden werden muß, der neben Angstsymptomen auch Konversionserscheinungen zukommen. Ein Anteil der homosexuellen Regung wird in dem bei ihr beteiligten Organ festgehalten; der Darm benimmt sich von dann an und ebenso in der Spätzeit wie ein hysterisch affiziertes Organ. Die unbewußte, verdrängte Homosexualität hat sich in den Darm zurückgezogen. Gerade dieses Stück Hysterie hat dann bei der Lösung des späteren Krankseins die besten Dienste geleistet.

Nun soll es uns auch nicht am Mute mangeln, die noch komplizierteren Verhältnisse der Zwangsneurose in Angriff zu nehmen. Halten wir uns nochmals die Situation vor: eine herrschende masochistische und eine verdrängte homosexuelle Sexualströmung, dagegen ein in hysterischer Ablehnung befangenes Ich; welche Vorgänge wandeln diesen Zustand in den der Zwangsneurose um?

Die Verwandlung geschieht nicht spontan, durch innere Fortentwicklung, sondern durch fremden Einfluß von außen. Ihr sichtbarer Erfolg ist, daß das im Vordergrund stehende Verhältnis zum Vater, welches bisher in der Wolfsphobie Ausdruck gefunden hatte, sich nun in Zwangsfrömmigkeit äußert. Ich kann es nicht unterlassen, darauf hinzuweisen, daß der Vorgang bei diesem Patienten eine unzweideutige Bestätigung einer Behauptung liefert, die ich in *Totem und Tabu* über das Verhältnis des Totemtieres zur Gottheit aufgestellt habe[2]. Ich entschied mich dort dafür, daß die Gottesvorstellung nicht eine Fortentwicklung des Totem sei, sondern sich unabhängig von ihm aus der gemeinsamen Wurzel beider zu seiner Ablösung erhebe. Der Totem sei der erste Vaterersatz,

---

[1] [Seine spätere Meinungsänderung hinsichtlich der Beziehung zwischen Verdrängung und Angst erklärt Freud in *Hemmung, Symptom und Angst* (1926d), besonders in den Kapiteln IV und XI, A (b).]

[2] *Totem und Tabu* [(1912–13). Aufsatz IV (6), am Anfang].

der Gott aber ein späterer, in dem der Vater seine menschliche Gestalt wiedergewinne. So finden wir es auch bei unserem Patienten. Er macht in der Wolfsphobie das Stadium des totemistischen Vaterersatzes durch, welches nun abbricht und infolge neuer Relationen zwischen ihm und dem Vater durch eine Phase von religiöser Frömmigkeit ersetzt wird.

Der Einfluß, welcher diese Wandlung hervorruft, ist die durch die Mutter vermittelte Bekanntschaft mit den Lehren der Religion und mit der heiligen Geschichte. Das Ergebnis wird das von der Erziehung gewünschte. Der sadistisch-masochistischen Sexualorganisation wird ein langsames Ende bereitet, die Wolfsphobie verschwindet rasch, an Stelle der Angstablehnung der Sexualität tritt eine höhere Form der Unterdrückung derselben. Die Frömmigkeit wird zur herrschenden Macht im Leben des Kindes. Allein diese Überwindungen gehen nicht ohne Kämpfe vor sich, als deren Zeichen die blasphemischen Gedanken erscheinen und als deren Folge eine zwanghafte Übertreibung des religiösen Zeremoniells sich festsetzt.

Wenn wir von diesen pathologischen Phänomenen absehen, können wir sagen, die Religion hat in diesem Falle alles das geleistet, wofür sie in der Erziehung des Individuums eingesetzt wird. Sie hat seine Sexualstrebungen gebändigt, indem sie ihnen eine Sublimierung und feste Verankerung bot, seine familiären Beziehungen entwertet und damit einer drohenden Isolierung vorgebeugt, dadurch, daß sie ihm den Anschluß an die große Gemeinschaft der Menschen eröffnete. Das wilde, verängstigte Kind wurde sozial, gesittet und erziehbar.

Der Hauptmotor des religiösen Einflusses war die Identifizierung mit der Christusgestalt, die ihm durch die Zufälligkeit seines Geburtsdatums besonders nahegelegt war. Hier fand die übergroße Liebe zum Vater, welche die Verdrängung notwendig gemacht hatte, endlich einen Ausweg in eine ideale Sublimierung. Als Christus durfte man den Vater, der nun Gott hieß, mit einer Inbrunst lieben, die beim irdischen Vater vergeblich nach Entladung gesucht hatte. Die Wege, auf denen man diese Liebe bezeugen konnte, waren von der Religion angezeigt, an ihnen haftete auch nicht das Schuldbewußtsein, das sich von den individuellen Liebesstrebungen nicht ablösen ließ. Wenn so die tiefste, bereits als unbewußte Homosexualität niedergeschlagene Sexualströmung noch drainiert werden konnte, so fand die oberflächlichere masochistische Strebung eine unvergleichliche Sublimierung ohne viel Verzicht in der Leidensgeschichte Christi, der sich im Auftrage und zu Ehren des göttlichen Vaters hatte mißhandeln und opfern lassen. So tat die Religion ihr

Werk bei dem kleinen Entgleisten durch Mischung von Befriedigung, Sublimierung, Ablenkung vom Sinnlichen auf rein geistige Prozesse, und die Eröffnung sozialer Beziehungen, die sie dem Gläubigen bietet[1].

Sein anfängliches Sträuben gegen die Religion hatte drei verschiedene Ausgangspunkte. Erstens war es überhaupt, wovon wir schon Beispiele gesehen haben, seine Art, alle Neuheiten abzuwehren. Er verteidigte jede einmal eingenommene Libidoposition in der Angst vor dem Verlust bei ihrem Aufgeben und im Mißtrauen gegen die Wahrscheinlichkeit eines vollen Ersatzes durch die neu zu beziehende. Es ist das eine wichtige und fundamentale psychologische Besonderheit, die ich in den *Drei Abhandlungen zur Sexualtheorie* [1905 d] als Fähigkeit zur *Fixierung* aufgestellt habe[2]. Jung hat sie unter dem Namen der psychischen »Trägheit« zur Hauptverursachung aller Mißerfolge der Neurotiker machen wollen. Ich glaube, mit Unrecht, sie reicht viel weiter hinaus und spielt auch im Leben nicht Nervöser ihre bedeutsame Rolle. Die Leichtbeweglichkeit oder Schwerflüssigkeit der libidinösen, und ebenso der andersartigen Energiebesetzungen ist ein besonderer Charakter, der vielen Normalen und nicht einmal allen Nervösen eignet, und der bisher noch nicht in Zusammenhang mit anderem gebracht ist, etwas wie eine Primzahl nicht weiter zerteilbares. Wir wissen nur das eine, daß die Eigenschaft der Beweglichkeit psychischer Besetzungen mit dem Lebensalter auffällig zurückgeht. Sie hat uns eine der Indikationen für die Grenzen der psychoanalytischen Beeinflussung geliefert. Es gibt aber Personen, bei denen diese psychische Plastizität weit über die gewöhnliche Altersgrenze hinaus bestehen bleibt, und andere, bei denen sie sehr frühzeitig verloren geht. Sind es Neurotiker, so macht man mit Unbehagen die Entdeckung, daß unter scheinbar gleichen Verhältnissen bei ihnen Veränderungen nicht rückgängig zu machen sind, die man bei anderen mit Leichtigkeit bewältigt hat. Es ist also auch bei den Umsetzungen psychischer Vorgänge der Begriff einer *Entropie* in Betracht zu ziehen, deren Maß sich einer Rückbildung des Geschehenen widersetzt[3].

Einen zweiten Angriffspunkt bot ihm die Tatsache, daß die Religions-

---

[1] [Die Bedeutung der Religion für das Individuum wird ferner in *Die Zukunft einer Illusion* (1927 c) diskutiert.]

[2] [Drei Absätze vor Schluß dieser Arbeit.]

[3] [Entropie ist nach dem zweiten thermodynamischen Hauptsatz ein Maß für die Wahrscheinlichkeit, daß gewisse physikalische Änderungen des Zustandes eines Körpers unumkehrbar sind. Der Endzustand, dem die Entropie zustrebt, wird als Wärmetod bezeichnet.]

lehre selbst kein eindeutiges Verhältnis zu Gott-Vater zu ihrer Grundlage hat, sondern von den Anzeichen der ambivalenten Einstellung durchsetzt ist, welche über ihrer Entstehung gewaltet hat. Diese Ambivalenz spürte er mit der hochentwickelten eigenen heraus und knüpfte an sie jene scharfsinnige Kritik, welche uns von einem Kinde im fünften Lebensjahr so sehr Wunder nehmen mußte. Am bedeutsamsten war aber gewiß ein drittes Moment, auf dessen Wirkung wir die pathologischen Ergebnisse seines Kampfes gegen die Religion zurückführen dürfen. Die zum Manne drängende Strömung, welche von der Religion sublimiert werden sollte, war ja nicht mehr frei, sondern zum Teil durch Verdrängung abgesondert und damit der Sublimierung entzogen, an ihr ursprüngliches sexuelles Ziel gebunden. Kraft dieses Zusammenhanges strebte der verdrängte Anteil sich den Weg zum sublimierten Anteil zu bahnen oder ihn zu sich herabzuziehen. Die ersten Grübeleien, die die Person Christi umspannen, enthielten bereits die Frage, ob dieser sublime Sohn auch das im Unbewußten festgehaltene sexuelle Verhältnis zum Vater erfüllen könne. Die Abweisungen dieses Bestrebens hatten keinen anderen Erfolg, als scheinbar blasphemische Zwangsgedanken entstehen zu lassen, in denen sich die körperliche Zärtlichkeit für Gott in der Form seiner Erniedrigung durchsetzte. Ein heftiger Abwehrkampf gegen diese Kompromißbildungen mußte dann zur zwanghaften Übertreibung aller der Tätigkeiten führen, in denen die Frömmigkeit, die reine Liebe zu Gott, ihren vorgezeichneten Ausweg fand. Endlich hatte die Religion gesiegt, aber ihre triebhafte Fundierung erwies sich unvergleichlich stärker als die Haftbarkeit ihrer Sublimierungsprodukte. Sowie das Leben einen neuen Vaterersatz brachte, dessen Einfluß sich gegen die Religion richtete, wurde sie fallen gelassen und durch anderes ersetzt. Gedenken wir noch der interessanten Komplikation, daß die Frömmigkeit unter dem Einfluß von Frauen entstand (Mutter und Kinderfrau), während männlicher Einfluß die Befreiung von ihr ermöglichte.

Die Entstehung der Zwangsneurose auf dem Boden der sadistisch-analen Sexualorganisation bestätigt im ganzen, was ich an anderer Stelle »über die Disposition zur Zwangsneurose« (1913 *i*) ausgeführt habe. Aber der vorherige Bestand einer starken Hysterie macht unseren Fall in dieser Hinsicht undurchsichtiger. Ich will die Übersicht über die Sexualentwicklung unseres Kranken beschließen, indem ich ein kurzes Streiflicht auf deren spätere Wandlungen werfe. Mit den Pubertätsjahren trat bei ihm die normal zu nennende, stark sinnliche, männliche Strömung mit dem Sexualziel der Genitalorganisation auf, deren Schicksale die Zeit bis zu seiner Späterkrankung füllen. Sie knüpfte direkt an die Gruscha- szene an, entlehnte von ihr den Charakter zwanghafter, anfallsweise kommender und schwindender Verliebtheit und hatte mit den Hem- mungen zu kämpfen, die von den Resten der infantilen Neurosen aus- gingen. Mit einem gewaltsamen Durchbruch zum Weib hatte er sich endlich die volle Männlichkeit erkämpft; dies Sexualobjekt wurde von nun an festgehalten, aber er wurde des Besitzes nicht froh, denn eine starke, nun völlig unbewußte Hinneigung zum Manne, die alle Kräfte der früheren Phasen in sich vereinigte, zog ihn immer wieder vom weib- lichen Objekt ab und nötigte ihn, in den Zwischenzeiten die Abhängig- keit vom Weib zu übertreiben. Er legte der Kur die Klage vor, daß er es beim Weibe nicht aushalten könne, und alle Arbeit richtete sich darauf, sein ihm unbewußtes Verhältnis zum Manne aufzudecken. Seine Kindheit war, um es formelhaft zusammenzufassen, durch das Schwan- ken zwischen Aktivität und Passivität ausgezeichnet gewesen, seine Pubertätszeit durch das Ringen um die Männlichkeit, und die Zeit von seiner Erkrankung an durch den Kampf um das Objekt der männlichen Strebung. Der Anlaß seiner Erkrankung fällt nicht unter die »neuro- tischen Erkrankungstypen«, die ich als Spezialfälle der »Versagung« zusammenfassen konnte[1], und macht so auf eine Lücke in dieser Reihen- bildung aufmerksam. Er brach zusammen, als eine organische Affektion des Genitales seine Kastrationsangst aufleben machte, seinem Narziß- mus Abbruch tat und ihn zwang, die Erwartung einer persönlichen Be- vorzugung durch das Schicksal aufzugeben. Er erkrankte also an einer narzißtischen »Versagung«. Diese Überstärke seines Narzißmus stand in vollem Einklang mit den anderen Anzeichen einer gehemmten Sexual- entwicklung, daß seine heterosexuelle Liebeswahl bei aller Energie so wenig psychische Strebungen in sich konzentrierte, und daß die homo- sexuelle Einstellung, die dem Narzißmus um so vieles näher liegt, sich als unbewußte Macht bei ihm mit solcher Zähigkeit behauptet hatte. Natürlich kann die psychoanalytische Kur bei solchen Störungen nicht einen momentanen Umschwung und eine Gleichstellung mit einer nor- malen Entwicklung herbeiführen, sondern nur die Hindernisse besei- tigen und die Wege gangbar machen, damit die Einflüsse des Lebens die Entwicklung nach den besseren Richtungen durchsetzen können. Als Besonderheiten seines psychischen Wesens, die von der psychoana-

---

[1] ›Über neurotische Erkrankungstypen‹ (1912 c).

lytischen Kur aufgedeckt, aber nicht weiter aufgeklärt und dementsprechend auch nicht unmittelbar beeinflußt werden konnten, stelle ich zusammen: die bereits besprochene Zähigkeit der Fixierung, die außerordentliche Ausbildung der Ambivalenzneigung, und als dritten Zug einer archaisch zu nennenden Konstitution die Fähigkeit, die verschiedenartigsten und widersprechendsten libidinösen Besetzungen alle nebeneinander funktionsfähig zu erhalten. Das beständige Schwanken zwischen denselben, durch welches Erledigung und Fortschritt lange Zeit ausgeschlossen erschienen, beherrschten das Krankheitsbild der Spätzeit, das ich ja hier nur streifen konnte. Ohne allen Zweifel war dies ein Zug aus der Charakteristik des Unbewußten, der sich bei ihm in die bewußt gewordenen Vorgänge fortgesetzt hatte; aber er zeigte sich nur an den Ergebnissen affektiver Regungen, auf rein logischen Gebieten bewies er vielmehr ein besonderes Geschick in der Aufspürung von Widersprüchen und Unverträglichkeiten. So empfing man von seinem Seelenleben einen Eindruck, wie ihn die altägyptische Religion macht, die dadurch für uns so unvorstellbar wird, daß sie die Entwicklungsstufen neben den Endprodukten konserviert, die ältesten Götter und Gottesbedeutungen wie die jüngsten fortsetzt, in eine Fläche ausbreitet, was in anderen Entwicklungen zu einem Tiefengebilde wird.

Ich habe nun zu Ende gebracht, was ich über diesen Krankheitsfall mitteilen wollte. Nur noch zwei der zahlreichen Probleme, die er anregt, scheinen mir einer besonderen Hervorhebung würdig. Das erste betrifft die phylogenetisch mitgebrachten Schemata, die wie philosophische »Kategorien« die Unterbringung der Lebenseindrücke besorgen. Ich möchte die Auffassung vertreten, sie seien Niederschläge der menschlichen Kulturgeschichte. Der Ödipuskomplex, der die Beziehung des Kindes zu den Eltern umfaßt, gehört zu ihnen, ist vielmehr das bestgekannte Beispiel dieser Art. Wo die Erlebnisse sich dem hereditären Schema nicht fügen, kommt es zu einer Umarbeitung derselben in der Phantasie, deren Werk im einzelnen zu verfolgen, gewiß nutzbringend wäre. Gerade diese Fälle sind geeignet, uns die selbständige Existenz des Schemas zu erweisen. Wir können oft bemerken, daß das Schema über das individuelle Erleben siegt, so wenn in unserem Falle der Vater zum Kastrator und Bedroher der kindlichen Sexualität wird, trotz eines sonst umgekehrten Ödipuskomplexes. Eine andere Wirkung ist es, wenn die Amme an die Stelle der Mutter tritt oder mit ihr verschmolzen wird. Die Widersprüche des Erlebens gegen das Schema scheinen den infantilen Konflikten reichlichen Stoff zuzuführen.

Das zweite Problem liegt von diesem nicht fernab, es ist aber ungleich bedeutsamer. Wenn man das Verhalten des vierjährigen Kindes gegen die reaktivierte Urszene in Betracht zieht[1], ja wenn man nur an die weit einfacheren Reaktionen des 1½jährigen Kindes beim Erleben dieser Szene denkt, kann man die Auffassung schwer von sich weisen, daß eine Art von schwer bestimmbarem Wissen, etwas wie eine Vorbereitung zum Verständnis, beim Kinde dabei mitwirkt[2]. Worin dies bestehen mag, entzieht sich jeder Vorstellung; wir haben nur die eine ausgezeichnete Analogie mit dem weitgehenden *instinktiven* Wissen der Tiere zur Verfügung.

Gäbe es einen solchen instinktiven Besitz auch beim Menschen, so wäre es nicht zu verwundern, wenn er die Vorgänge des Sexuallebens ganz besonders beträfe, wenngleich er auf sie keineswegs beschränkt sein kann. Dieses Instinktive wäre der Kern des Unbewußten, eine primitive Geistestätigkeit, die später durch die zu erwerbende Menschheitsvernunft entthront und überlagert wird, aber so oft, vielleicht bei allen, die Kraft behält, höhere seelische Vorgänge zu sich herabzuziehen. Die Verdrängung wäre die Rückkehr zu dieser instinktiven Stufe, und der Mensch würde so mit seiner Fähigkeit zur Neurose seine große Neuerwerbung bezahlen und durch die Möglichkeit der Neurosen die Existenz der früheren instinktartigen Vorstufe bezeugen. Die Bedeutung der frühen Kindheitstraumen läge aber darin, daß sie diesem Unbewußten einen Stoff zuführen, der es gegen die Aufzehrung durch die nachfolgende Entwicklung schützt.

Ich weiß, daß ähnliche Gedanken, die das hereditäre, phylogenetisch erworbene Moment im Seelenleben betonen, von verschiedenen Seiten ausgesprochen worden sind, ja ich meine, daß man allzu bereit war, ihnen einen Platz in der psychoanalytischen Würdigung einzuräumen. Sie erscheinen mir erst zulässig, wenn die Psychoanalyse in Einhaltung des korrekten Instanzenzuges auf die Spuren des Ererbten gerät, nachdem sie durch die Schichtung des individuell Erworbenen hindurchgedrungen ist[3].

---

[1] Ich darf davon absehen, daß dies Verhalten erst zwei Dezennien später in Worte gefaßt werden konnte, denn alle Wirkungen, die wir von der Szene ableiten, haben sich ja in Form von Symptomen, Zwängen usw. bereits in der Kindheit und lange vor der Analyse geäußert. Dabei ist es gleichgültig, ob man sie als Urszene oder als Urphantasie gelten lassen will.

[2] Von neuem muß ich betonen, daß diese Überlegungen müßig wären, wenn Traum und Neurose nicht der Kindheitszeit selbst angehörten.

[3] *(Zusatz 1923:)* Ich stelle hier nochmals die Chronologie der in dieser Geschichte erwähnten Begebenheiten zusammen:

Geboren am Weihnachtstag.

1½ Jahre: Malaria. Beobachtung des Koitus der Eltern oder jenes Beisammenseins derselben, in das er später die Koitusphantasie eintrug.

Kurz vor 2½ Jahren: Szene mit Gruscha.

2½ Jahre: Deckerinnerung an Abreise der Eltern mit Schwester.

Sie zeigt ihn allein mit der Nanja und verleugnet so Gruscha und Schwester.

Vor 3¼ Jahren: Klage der Mutter vor dem Arzt.

3¼ Jahre: Beginn der Verführung durch die Schwester, bald darauf Kastrationsdrohung der Nanja.

3½ Jahre: Die englische Gouvernante, Beginn der Charakterveränderung.

4 Jahre: Wolfstraum, Entstehung der Phobie.

4½ Jahre: Einfluß der biblischen Geschichte. Auftreten der Zwangssymptome.

Kurz vor 5 Jahren: Halluzination des Fingerverlustes.

5 Jahre: Verlassen des ersten Gutes.

Nach 6 Jahren: Besuch beim kranken Vater [Ausatmungszwang].

8 Jahre: ⎱
10 Jahre: ⎰ Letzte Ausbrüche der Zwangsneurose.

[17: Von der Gonorrhoe ausgelöster Zusammenbruch.]

[23: Beginn der Behandlung.]

[Die Daten folgender Ereignisse sind nicht exakt festzustellen:

Zwischen Urszene (1½) und Verführung (3¼): Appetitstörung.

Im gleichen Zeitabschnitt: Der stumme Wasserträger.

Vor dem 4. Lebensjahr: Möglicherweise Beobachtung kopulierender Hunde.

Nach dem 4. Geburtstag: Angst vor dem Schmetterling (dem Schwalbenschwanz).]

Meine Darstellung hat es leicht gemacht zu erraten, daß der Patient Russe war. Ich entließ ihn nach meiner Schätzung als geheilt wenige Wochen vor dem unerwarteten Ausbruch des [Ersten] Weltkrieges und sah ihn erst wieder, als die Wechselfälle des Krieges den Zentralmächten den Zugang nach Südrußland eröffnet hatten. Dann kam er nach Wien und berichtete von einem unmittelbar nach Beendigung der Kur aufgetretenem Bestreben, sich vom Einfluß des Arztes loszureißen. In einigen Monaten Arbeit wurde nun ein noch nicht überwundenes Stück der Übertragung bewältigt; seither hat [der] Patient, dem der Krieg Heimat, Vermögen und alle Familienbeziehungen geraubt hatte, sich normal gefühlt und tadellos benommen. Vielleicht hat gerade sein Elend durch die Befriedigung seines Schuldgefühls zur Befestigung seiner Herstellung beigetragen.

[Es dürfte von Interesse sein, die spätere Lebensgeschichte des Patienten um einige Daten ergänzt zu erhalten. Die ursprüngliche Behandlung dauerte von Februar 1910 bis Juli 1914. Im Frühjahr 1919 kam der Patient nach Wien zurück, und Freud nahm ihn von November 1919 bis Februar 1920 noch einmal in Behandlung. In einigen späteren Bemerkungen über den Fall zu Beginn seiner Arbeit ›Die endliche und die unendliche Analyse‹ (1937 c), *Studienausgabe*, Ergbd., S. 351, berichtet Freud, daß der Patient nach dieser zweiten Behandlung weiter in Wien lebte und sein Gesundheitszustand, wenn auch mit gelegentlichen Unterbrechungen, im großen und ganzen befriedigend war. Diese späteren Episoden wurden auf Freuds Rat von einer seiner Schülerinnen, Dr. Ruth Mack Brunswick, behandelt. Sie selbst hat ausführlich über diese spätere Behandlungsphase berichtet, die sich von Oktober 1926 bis Februar 1927 erstreckte (Brunswick, 1928). Ihr Bericht wurde (1948) noch einmal in *The Psycho-Analytic Reader*, herausgegeben von R. Fließ, abgedruckt, ergänzt um eine Anmerkung von Dr. Ruth Mack Brunswick (vom September 1945), in der sie eine kurze Darstellung der weiteren Lebensgeschichte des Patienten bis 1940 gibt. Ein noch späterer Bericht über seine großen äußeren Schwierigkeiten während des Zweiten Weltkrieges und seine Reaktionen darauf ist inzwischen von Muriel Gardiner (1952) veröffentlicht worden. Ein Gesamtbericht über den Fall findet sich im zweiten Band der Freud-Biographie von

Ernst Jones (1962, Bd. II, S. 325–331). 1971 erschien in New York das von Muriel Gardiner herausgegebene Buch vom und über den »Wolfsmann« (Wolfsmann, 1971), die deutsche Ausgabe wurde ein Jahr später veröffentlicht.]

Anhang

BIBLIOGRAPHIE

Vorbemerkung: Titel von Büchern und Zeitschriften sind kursiv, Titel von Beiträgen zu Zeitschriften oder Büchern in einfache Anführungszeichen gesetzt. Die Abkürzungen entsprechen der *World List of Scientific Periodicals* (London, 1952). Weitere in diesem Band verwendete Abkürzungen finden sich in der *Liste der Abkürzungen* auf Seite 240. Die in runde Klammern gesetzten Zahlen am Ende bibliographischer Eintragungen geben die Seite bzw. Seiten des vorliegenden Bandes an, wo auf das betreffende Werk hingewiesen wird. Die kursivierten Kleinbuchstaben hinter den Jahreszahlen der unten aufgeführten Freud-Schriften beziehen sich auf die verbindliche Freud-Gesamtbibliographie, die im letzten Band der englischen Gesamtausgabe, der *Standard Edition of the Complete Psychological Works of Sigmund Freud*, enthalten ist. Eine deutsche Fassung dieser Gesamtbibliographie ist 1975 in der Broschüre *Sigmund-Freud-Konkordanz und -Gesamtbibliographie*, S. Fischer, Frankfurt am Main, 3., korr. Aufl. 1980, erschienen. Für nicht-wissenschaftliche Autoren und für wissenschaftliche Autoren, von denen kein spezielles Werk zitiert wird, siehe das *Namen- und Sachregister*.

ABRAHAM, K.
(1909) *Traum und Mythus*, Wien. Neuausgabe in: K. Abraham, *Psychoanalytische Studien zur Charakterbildung* (Und andere Schriften), hrsg. von J. Cremerius, *Conditio humana*, Frankfurt am Main 1969. (87)

ADLER, A.
(1908) ›Der Aggressionstrieb im Leben und in der Neurose‹, *Fortschr. Med.*, Bd. 26, S. 577. (93, 117)

(1910) ›Der psychische Hermaphroditismus im Leben und in der Neurose‹, *Fortschr. Med.*, Bd. 28, S. 486. (221–2)

ALEXANDER, F.
(1922) ›Kastrationskomplex und Charakter‹, *Int. Z. Psychoanal.*, Bd. 8, S. 121. (15)

ANDREAS-SALOMÉ, L. (1916) ›»Anal« und »Sexual«‹, *Imago*, Bd. 4, S. 249. (15)

BELL, J. SANFORD
(1902) ›A Preliminary Study of the Emotion of Love between the Sexes‹, *Am. J. Psychol.*, Bd. 13, S. 325. (118)

BRUNSWICK, R. MACK
(1928) ›A Supplement to Freud's »History of an Infantile Neurosis«‹, *Int. J. Psycho-Analysis*, Bd. 9, S. 439; abgedruckt mit einem Zusatz in *The Psycho-Analytic Reader*, hrsg. von R. Fliess, London und New York, 1948, S. 86. (231)

FERENCZI, S.
(1912) ›Über passagère Symptombildungen während der Analyse‹, *Zentbl. Psychoanal.*, Bd. 2, S. 588. (159)

FREUD, S.

(1900 *a*) *Die Traumdeutung*, Wien. *G. W.*, Bd. 2–3; *Studienausgabe*, Bd. 2. (15, 17, 25, 55, 96, 98, 101, 123, 153, 154, 169, 214, 215)

(1905 *c*) *Der Witz und seine Beziehung zum Unbewußten*, Wien. *G. W.*, Bd. 6; *Studienausgabe*, Bd. 4. (55)

(1905 *d*) *Drei Abhandlungen zur Sexualtheorie*, Wien. *G. W.*, Bd. 5, S. 29; *Studienausgabe*, Bd. 5. (13, 18, 40, 89, 94–6, 119, 196, 226)

(1905 *e*) ›Bruchstück einer Hysterie-Analyse‹, *G. W.*, Bd. 5, S. 163; *Studienausgabe*, Bd. 6. (14)

(1907 *c*) ›Zur sexuellen Aufklärung der Kinder‹, *G. W.*, Bd. 7, S. 19; *Studienausgabe*, Bd. 5. (11)

(1908 *b*) ›Charakter und Analerotik‹, *G. W.*, Bd. 7, S. 203; *Studienausgabe*, Bd. 7. (188)

(1908 *c*) ›Über infantile Sexualtheorien‹, *G. W.*, Bd. 7, S. 171; *Studienausgabe*, Bd. 5. (11, 15, 18, 95)

(1908 *f*) Vorwort zu Stekel *Nervöse Angstzustände und ihre Behandlung*, *G. W.*, Bd. 7, S. 467. (99)

(1909 *b*) ›Analyse der Phobie eines fünfjährigen Knaben‹, *G. W.*, Bd. 7, S. 243; *Studienausgabe*, Bd. 8, S. 9 (128, 130)

(1909 *d*) ›Bemerkungen über einen Fall von Zwangsneurose‹, *G. W.*, Bd. 7, S. 381; *Studienausgabe*, Bd. 7. (106, 215)

(1910 *c*) *Eine Kindheitserinnerung des Leonardo da Vinci*, Wien. *G. W.*, Bd. 8, S. 128; *Studienausgabe*, Bd. 10, S. 87. (140)

(1911 *c*) ›Psychoanalytische Bemerkungen über einen autobiographisch beschriebenen Fall von Paranoia (Dementia paranoides)‹, *G. W.*, Bd. 8, S. 240; *Studienausgabe*, Bd. 7, (198)

(1912 *c*) ›Über neurotische Erkrankungstypen‹, *G. W.*, Bd. 8, S. 322; *Studienausgabe*, Bd. 6. (228)

(1912 *d*) ›Über die allgemeinste Erniedrigung des Liebeslebens‹, *G. W.*, Bd. 8, S. 78; *Studienausgabe*, Bd. 5. (142)

(1912–13) *Totem und Tabu*, Wien, 1913. *G. W.*, Bd. 9; *Studienausgabe*, Bd. 9. (11, 36, 128, 176, 224)

(1913 *b*) Geleitwort zu Pfister *Die psychanalytische Methode*, *G. W.*, Bd. 10, S. 448. (122)

(1913 *d*) ›Märchenstoffe in Träumen‹, *G. W.*, Bd. 10, S. 2. (127, 149, 199)

FREUD, S. (Forts.) (1913 *i*) ›Die Disposition zur Zwangsneurose‹, *G. W.*, Bd. 8, S. 442; *Studienausgabe*, Bd. 7. (180, 227)

(1913 *j*) ›Das Interesse an der Psychoanalyse‹, *G. W.*, Bd. 8, S. 390. (122)

(1914 *a*) ›Über fausse reconnaissance (»déjà raconté«) während der psychoanalytischen Arbeit‹, *G. W.*, Bd. 10, S. 116. (127–8, 199)

(1914 *c*) ›Zur Einführung des Narzißmus‹, *G. W.*, Bd. 10, S. 138; *Studienausgabe*, Bd. 3. (128)

(1914 *d*) ›Zur Geschichte der psychoanalytischen Bewegung‹, *G. W.*, Bd. 10, S. 44. (117, 129, 142)

(1915 *d*) ›Die Verdrängung‹, *G. W.*, Bd. 10, S. 248; *Studienausgabe*, Bd. 3. (128)

(1915 *e*) ›Das Unbewußte‹, *G. W.*, Bd. 10, S. 264; *Studienausgabe*, Bd. 3. (132, 196)

(1916 *d*) ›Einige Charaktertypen aus der psychoanalytischen Arbeit‹, *G. W.*, Bd. 10, S. 364; *Studienausgabe*, Bd. 10, S. 229. (41, 147)

(1916–17) *Vorlesungen zur Einführung in die Psychoanalyse*, Wien. *G. W.*, Bd. 11; *Studienausgabe*, Bd. 1. (11, 15, 90, 99, 128, 129, 174, 177, 209, 210)

(1917 *b*) ›Eine Kindheitserinnerung aus *Dichtung und Wahrheit*‹, *G. W.*, Bd. 12, S. 15; *Studienausgabe*, Bd. 10, S. 255. (109)

(1917 *c*) ›Über Triebumsetzungen insbesondere der Analerotik‹, *G. W.*, Bd. 10, S. 402; *Studienausgabe*, Bd. 7. (128, 195)

(1917 *e*) ›Trauer und Melancholie‹, *G. W.*, Bd. 10, S. 428; *Studienausgabe*, Bd. 3. (128)

(1918 *b* [1914]) ›Aus der Geschichte einer infantilen Neurose‹, *G. W.*, Bd. 12, S. 29; *Studienausgabe*, Bd. 8, S. 125. (12, 13, 15)

(1919 *e*) ›»Ein Kind wird geschlagen«‹, *G. W.*, Bd. 12, S. 197; *Studienausgabe*, Bd. 7. (128)

(1920 *g*) *Jenseits des Lustprinzips*, Wien. *G. W.*, Bd. 13, S. 3; *Studienausgabe*, Bd. 3. (117)

(1921 *c*) *Massenpsychologie und Ich-Analyse*, Wien. *G. W.*, Bd. 13, S. 73; *Studienausgabe*, Bd. 9. (146)

(1922 *c*) ›Nachschrift zur Analyse des kleinen Hans‹, *G. W.*, Bd. 13, S. 431; *Studienausgabe*, Bd. 8, S. 123.

(1923 *b*) *Das Ich und das Es*. Wien. *G. W.*, Bd. 13, S. 237; *Studienausgabe*, Bd. 3. (117, 121, 128, 214)

FREUD, S. (Forts.) (1923 *e*) ›Die infantile Genitalorganisation‹, *G. W.*, Bd. 13, S. 293; *Studienausgabe*, Bd. 5. (95–6)

(1924 *d*) ›Der Untergang des Ödipuskomplexes‹, *G. W.*, Bd. 13, S. 395; *Studienausgabe*, Bd. 5. (16)

(1925 *f*) Geleitwort zu August Aichhorn *Verwahrloste Jugend*, *G. W.*, Bd. 14, S. 565. (122)

(1925 *h*) ›Die Verneinung‹, *G. W.*, Bd. 14, S. 11; *Studienausgabe*, Bd. 3. (196)

(1925 *j*) ›Einige psychische Folgen des anatomischen Geschlechtsunterschieds‹, *G. W.*, Bd. 14, S. 19; *Studienausgabe*, Bd. 5. (112)

(1926 *d*) *Hemmung, Symptom und Angst*, Wien. *G. W.*, Bd. 14, S. 113; *Studienausgabe*, Bd. 6. (11, 100, 128, 224)

(1927 *c*) *Die Zukunft einer Illusion*, Wien. *G. W.*, Bd. 14, S. 325; *Studienausgabe*, Bd. 9. (226)

(1930 *a*) *Das Unbehagen in der Kultur*, Wien. *G. W.*, Bd. 14, S. 421; *Studienausgabe*, Bd. 9. (117)

(1932 *a*) ›Zur Gewinnung des Feuers‹, *G. W.*, Bd. 16, S. 3; *Studienausgabe*, Bd. 9. (206)

(1933 *a*) *Neue Folge der Vorlesungen zur Einführung in die Psychoanalyse*, Wien. *G. W.*, Bd. 15; *Studienausgabe*, Bd. 1. (117, 122)

(1937 *c*) ›Die endliche und die unendliche Analyse‹, *G. W.*, Bd. 16, S. 59. (231)

(1939 *a* [1934–38]) *Der Mann Moses und die monotheistische Religion*, *G. W.*, Bd. 16, S. 103; *Studienausgabe*, Bd. 9. (36)

(1950 *a* [1887–1902]) *Aus den Anfängen der Psychoanalyse*, London. (158)

GARDINER, M. (1952) ›Meetings with the Wolf-Man‹, *Bull. Philadelphia Ass. Psychoanal.*, Bd. 2, S. 32; abgedruckt in *Bull. Meninger Clin.*, Bd. 17 (1953), S. 41. (231)

HALL, G. S. (1914) ›A Synthetic Genetic Study of Fear‹, *Am. J. Psychol.*, Bd. 25, S. 149. (223)

JONES, E. (1962) *Das Leben und Werk von Sigmund Freud*, Bd. 2, Bern und Stuttgart. (127, 232)

JUNG, C. G. (1917) *Die Psychologie der unbewußten Prozesse*, Zürich. (210)

MOLL, A. (1898) *Untersuchungen über die Libido Sexualis*, Bd. 1, Berlin. (96)

Bibliographie

RANK, O. (1909) *Der Mythus von der Geburt des Helden,* Wien. (63)

(1912) ›Völkerpsychologische Parallelen zu den infantilen Sexualtheorien‹, *Zentbl. Psychoanal.,* Bd. 2, S. 372 und S. 425. (152)

SADGER, I. (1908) ›Fragment der Psychoanalyse eines Homosexuellen‹, *Jb. sex. Zwischenstufen,* Bd. 9. (95)

(1909) ›Zur Ätiologie der konträren Sexualempfindung‹, *Medsche Klin.,* Nr. 2. (95)

SILBERER, H. (1914) *Probleme der Mystik und ihre Symbolik,* Wien und Leipzig. (214)

STÄRCKE, A. (1910) ›Der Kastrationskomplex‹, *Int. Z. Psychoanal.,* Bd. 1, S. 9. (15)

STEKEL, W. (1908) *Nervöse Angstzustände und ihre Behandlung,* Wien. (99)

WEININGER, O. (1903) *Geschlecht und Charakter,* Wien. (36)

WOLFSMANN (1971) *The Wolf-Man,* New York. Deutsche Ausgabe: *Der Wolfsmann,* mit der Krankengeschichte des Wolfsmannes von Sigmund Freud, dem Nachtrag von Ruth Mack Brunswick und einem Vorwort von Anna Freud, herausgegeben, mit Anmerkungen, einer Einleitung und zusätzlichen Kapiteln versehen von Muriel Gardiner, Frankfurt am Main 1972.

LISTE DER ABKÜRZUNGEN

G. S.   Freud, *Gesammelte Schriften* (12 Bände), Wien, 1924–34.

G. W.   Freud, *Gesammelte Werke* (18 Bände), Bände 1–17 London, 1940–1952, Band 18 Frankfurt am Main, 1968. Die ganze Edition seit 1960 bei S. Fischer Verlag, Frankfurt am Main.

Studienausgabe   Freud, *Studienausgabe* (10 Bände), S. Fischer Verlag, Frankfurt am Main, seit 1969.

Neurosenlehre und   Freud, *Schriften zur Neurosenlehre und zur psychoana-*
Technik   *lytischen Technik (1913–1926)*, Wien, 1931.

S. K. S. N.   Freud, *Sammlung kleiner Schriften zur Neurosenlehre* (5 Bände), Wien, 1906–22.

Vier   Freud, *Vier psychoanalytische Krankengeschichten*, Wien,
Krankengeschichten   1932.

Conditio humana   Reihe *Conditio humana, Ergebnisse aus den Wissenschaften vom Menschen*, S. Fischer Verlag, Frankfurt am Main, seit 1969.

Sonstige in diesem Band verwendeten Abkürzungen entsprechen der *World List of Scientific Periodicals* (4. Auflage), London, 1963–65.

NAMEN- UND SACHREGISTER

In dieses Register sind sämtliche Namen nicht-wissenschaftlicher Autoren aufgenommen. Es enthält auch Namen wissenschaftlicher Autoren; die angegebenen Seitenzahlen beziehen sich jedoch auf Textstellen, wo Freud nur den Namen des betreffenden Autors, nicht aber ein spezielles Werk erwähnt. Für Hinweise auf bestimmte Werke wissenschaftlicher Autoren möge der Leser die Bibliographie konsultieren.

---

* [Im übrigen wird der editorische Apparat in diesem Gesamtinhaltsplan, der lediglich zeigen soll, welche Werke Sigmund Freuds in die einzelnen Bände der *Studienausgabe* aufgenommen wurden, nicht berücksichtigt.]

Aus der Geschichte der Psychoanalyse: Protokolle der Wiener Psychoanalytischen Vereinigung

Herausgegeben von Herman Nunberg † und Ernst Federn
Übersetzung der Einleitung und Anmerkungen von Margarete Nunberg

Band 1: 1906–1908
Band 2: 1908–1910
Band 3: 1910–1911
Band 4: 1912–1918

Die Bände 1 bis 3 sind bereits publiziert

»Vom Jahre 1902 an«, schrieb Freud in seiner ›Geschichte der psychoanalytischen Bewegung‹, »scharte sich eine Anzahl jüngerer Ärzte um mich mit der ausgesprochenen Absicht, die Psychoanalyse zu erlernen, auszuüben und zu verbreiten ... Man kam an bestimmten Abenden in meiner Wohnung zusammen, diskutierte nach gewissen Regeln ... Der Kreis umfaßte übrigens nicht nur Ärzte, sondern auch andere Gebildete ..., Schriftsteller, Künstler usw.«
Zwischen 1906 und 1918 wurden diese Sitzungen regelmäßig protokolliert. Als Freud 1938 nach London emigrierte, übergab er das Originalmanuskript der Protokolle dem Psychoanalytiker Paul Federn; ihm gelang es, das unschätzbare Dokument aus den Anfängen der Psychoanalyse zu retten. Freuds Diktum, es sei schwer, Psychoanalyse als Vereinzelter zu treiben, sie sei ein »exquisit geselliges Unternehmen«, wird hier höchst anschaulich demonstriert. Der Leser kann sich als stummen Zeugen eines spontanen schöpferischen Gruppenprozesses erleben, sich vom Entzücken über die frühen Funde anstecken lassen und in Freuds Beiträgen und Diskussionsvoten dessen Denk- und Argumentationsstil sowie seinen Umgang mit den Schülern unmittelbar kennenlernen. Die verschiedenen Gruppenmitglieder und Gäste werden als Personen lebendig, die in den Kreis nicht nur ihre zum Teil kontroversen und konkurrierenden Ideen einbrachten, sondern auch ihre persönlichen Schwierigkeiten und Nöte.
Alle vier Bände der ungekürzten Protokolle sind ausführlich von den Herausgebern kommentiert. Der letzte Band enthält das Gesamtregister.

Sigmund Freud-Konkordanz und -Gesamtbibliographie

Zusammengestellt von Ingeborg Meyer-Palmedo

Dieses kleine Buch hat sich längst als wichtiges Arbeitsinstrument für Freud-Leser erwiesen. Die *Konkordanz* enthält einen detaillierten Seitenvergleich zwischen den drei am meisten benutzten Freud-Editionen – der ›Studienausgabe‹, den ›Gesammelten Werken‹ und der englischen ›Standard Edition of the Complete Psychological Works of Sigmund Freud‹. In Seminaren beispielsweise, in denen die Teilnehmer verschiedene Freud-Ausgaben verwenden, ermöglicht die Konkordanz eine rasche Lokalisierung der jeweils diskutierten Freud-Passagen. In der deutschen wissenschaftlichen Literatur werden häufig die ›Gesammelten Werke‹ zitiert. Die Besitzer der ›Studienausgabe‹ können mit Hilfe der Konkordanz leicht feststellen, wo die betreffende Arbeit in ihrer Edition zu finden ist. In der umfangreichen anglo-amerikanischen psychoanalytischen Literatur wird vorwiegend die ›Standard Edition‹ zitiert. Die Konkordanz erleichtert das Auffinden der betreffenden Stellen in den deutschen Freud-Editionen. Als zweiten Teil enthält das Bändchen die definitive Freud-*Gesamtbibliographie* mit genauer Datierung und bibliographischer Lokalisierung der einzelnen Arbeiten. Aufgeführt sind auch Freuds voranalytische Schriften sowie von ihm verfaßte Rezensionen und Übersetzungen. Der nach Daten geordneten Gesamtbibliographie ist noch eine alphabetische Werkliste beigefügt.

S. Fischer